OBSEQUIO A

....

DE

....

CON MOTIVO DE

....

FECHA

....

MICHELLE
MEDLOCK ADAMS

SABIDURÍA
DIARIA PARA
madres

meditaciones
para 365 días

Desarrollo General: *Semantics Inc.* semantics01@comcast.net

Publicado por Barbour Español, un sello de Barbour Publishing, Inc, 1810 Barbour Drive, Uhrichsville, Ohio 44683 www.barbourbooks.com

Nuestra misión es inspirar al mundo con el mensaje transformador de la Biblia.

Member of the
Evangelical Christian
Publishers Association

Impreso en Estados Unidos de América.

MICHELLE
MEDLOCK ADAMS

SABIDURÍA DIARIA PARA

madres

meditaciones
para 365 días

BARBOUR
ESPAÑOL
Un Sello de Barbour Publishing

DEDICATORIA

A mi madre, Marion, tan llena de sabiduría.
Gracias porque siempre has creído en mí.
Y a mi suegra, Martha.
Gracias por formar a tan magnífico hijo.
¡Las amo!

Michelle (también conocida como Missy)

INTRODUCCIÓN

Enfrentémoslo. La vida está llena de trajines, especialmente para las mamás. Como madre de dos niñas, algunos días me parece un desafío hacerme tiempo incluso para tomar una ducha, y mucho menos aún encontrar tiempo para estar con Dios. Estoy segura que a usted le ocurre lo mismo —desea una relación más profunda con el Señor, pero no encuentra el momento para concentrarse en Su Palabra diariamente.

Esa es la razón por la que este libro es justamente para mamás como nosotras. Lo escribí teniéndola a usted en mente. En sus páginas encontrará un breve y sencillo devocionario para cada día del año. Una porción de la Escritura y una breve oración complementan la lectura diaria. Cada mes abordaremos un aspecto diferente de la tarea de ser mamá. Así, hacia fines de año, ¡nos habremos puesto más firmes y seremos más sabias en todas las áreas de nuestra vida!

El tema de enero es «Librándonos de ansiedades». Trataremos con las preocupaciones, expectativas, y obligaciones de ser madres. En febrero, el tema es «Amando incondicionalmente». Aprenderemos a demostrar amor a los hijos, pase lo que pase. Marzo es «Dándose tiempo», para valorar cada momento de la crianza de nuestros niños, ¡incluso los biberones de las 2 de la mañana! El tema de abril es «Cómo ser la Madre del Año», dejando de lado la búsqueda de la perfección y aprendiendo a vernos a nosotras mismas, tal como Dios nos ve. En mayo nos ocuparemos de la importancia de tener «Un corazón agradecido» y de apreciar las bendiciones diarias, grandes y pequeñas. El tema de junio es «Soñando en grande», los sueños que usted puede permitirse incluso en medio de los entrenamientos de fútbol y las kermeses. En julio corresponde «Sobreviviendo a lo bueno, lo malo, y lo feo», es decir, depender de Dios cuando ser mamá parece algo muy complejo. El tema de agosto, «Dominando la lengua», se refiere a permitir que Dios use nuestras palabras para edificar y para sembrar sabiduría en las vidas de los hijos. En septiembre trataremos «Atreviéndose a disciplinar», y cómo seguir la dirección de Dios para criar hijos piadosos. El tema de octubre es «Viviendo para dar», es decir, aceptar el rol de la maternidad y ¡darse entera a los suyos! En noviembre, nos animaremos a «Más oración» y a reconocer la importancia de pasar tiempo de rodillas en lo que se refiere a nuestros niños. Finalmente, en diciembre, el tema es «Dando sus hijos a Dios». Exploraremos cómo confiar plenamente en Dios absolutamente en lo que se refiere a nuestros hijos, y también a enseñarles a ellos a tener una relación real con Él.

Espero que usted separe tiempo para la reflexión de cada día. Tome una bebida de dieta o una taza de café, y pase hoy un rato con Dios. Tal vez pueda hacerlo mientras los niños duermen la siesta. O quizás su mejor momento con Dios es justo después de acostarlos por la noche. En realidad no importa; cualquiera sea la hora en que usted se siente con este libro, será el tiempo adecuado. Oro a Dios para que abra sus ojos y su corazón cuando emprendamos juntas este viaje diario.

Michele Medlock Adams

1 DE ENERO

*«Vengan a mí todos ustedes que están cansados
y agobiados, y yo les daré descanso».*
MATEO 11.28

Ahhh... descanso. ¿Quién no querría un día de descanso? Pero seamos francas. Las madres realmente no consiguen un día de descanso. Si descansamos, ¿quién prepararía el desayuno? ¿Quién dejaría a los niños listos para ir a la iglesia? ¿Quién lavaría sus calcetas de la buena suerte para el gran partido del lunes?

No, no hay mucho descanso en el horario de una madre. Pero no es esa la clase de descanso de la cual habla este versículo. El descanso al cual se refiere es del tipo que solo Jesús puede dar. Descansar en Jesús significa sentirse segura en Él, y permitir que Su Paz llene nuestro espíritu. Ese tipo de descanso está al alcance de todos, incluso de las madres.

Así, en medio de su ajetreada vida (aunque tenga los codos hundidos en el lavaplatos), puede descansar en Él. Empiece meditando sobre las promesas del Señor y Su eterno Amor por usted. Haga una lista mental de las cosas en su vida por las cuales usted está agradecida, y alabe a Dios por cada una. Permita que Su amor la envuelva... y descanse.

AL MAESTRO

*Señor, ayúdame a descansar en Ti, incluso
cuando estoy abrumada con el trajín de cada día.
Quiero más de Ti en mi vida. Te amo. Amén.*

2 DE ENERO

«Depositen en él toda ansiedad, porque él cuida de ustedes».
1 PEDRO 5.7

¿Alguna vez ha tenido uno de esos días? El reloj despertador no sonó. Los niños llegaron tarde al colegio. El perro vomitó sobre la alfombra. Usted derramó el café en su nueva blusa blanca. ¡Ahhh! Es uno de esos días en los que le gustaría gritar: «¡Tierra, trágame!», ¿cierto?

Pero no tiene por qué ser así. Sin importar cuántos desafíos deba enfrentar hoy, se puede reír en la cara hasta del peor problema. ¿Cómo? Entregando sus preocupaciones al Señor. A eso nos invita el Señor en Su Palabra. Muchas de nosotras todavía nos sentimos obligadas a cargar con todas nuestras preocupaciones. Después de todo, somos madres. Somos componedoras. Somos las que reunimos la manada. Llevamos cinco o seis sombreros de fieltro a la vez, podemos manejar cualquier cosa que venga, a nuestro modo, ¿no es así?

¡Falso! No podemos, pero Dios puede. Cuando el día empieza a nublarse, ponga sus preocupaciones sobre Él. ¡Él quiere que usted lo haga! Como madres, podemos hacer mucho, pero es cierto lo que dicen los hijos, papá realmente lo hace mejor. Así que, entregue todo a Dios. Vamos, usted sabe que quiere hacerlo...

AL MAESTRO

Señor, ayúdame a recurrir a Ti cuando mis problemas se vean muy grandes para enfrentarlos sola, e incluso cuando no lo sean. Ayúdame a confiar en Ti con todas mis preocupaciones. Te amo Señor. Amén.

3 DE ENERO

*«Dios es nuestro amparo y nuestra fortaleza,
nuestra ayuda segura en momentos de angustia».*
SALMOS 46.1

«¡Mami!» chilló Allyson.

Fue uno de esos «gritos a la mami» que hacen que las madres entremos en pánico inmediato. Escuché a mi niña, entonces de cinco años, gritándome, pero no podía encontrarla.

«Mami, ¡apúrese!».

Finalmente, la vi. Estaba encaramada en el roble del antejardín. Y estaba atrapada. Tratando de acordarme cómo se trepa a un árbol, empecé lentamente mi escalada. Finalmente, cuando pude alcanzarla, se aferró a mí con todas sus fuerzas. Una vez que estuvimos a salvo en tierra, le hice ver que no se habría quedado atrapada en el árbol si hubiera obedecido. Después de todo, se suponía que no debía salir del patio de atrás, y se daba por hecho que no podía escalar nuestro gran árbol, al menos sin ayuda.

La experiencia de Allyson con el árbol es similar a la forma en que muchas de nosotras caminamos con Dios. Hacemos nuestras cosas, y cuando nos vemos atascadas, gritamos: «¡Socorro, Dios, y rápido!». Después que nos rescata, nos aferramos a Él hasta que estamos a salvo. Luego, continuamos con nuestra vida hasta que lo necesitamos de nuevo.

¿No sería mejor quedarnos cerca de Dios todo el tiempo, no solo cuando hay problemas? Entonces no tendríamos que gritar por ayuda. Él ya estaría ahí.

AL MAESTRO
*Padre, ayúdame para que me quede
cerca Tuyo todo el tiempo. Amén.*

4 DE ENERO

*«¿Quién de ustedes, por mucho que se preocupe,
puede añadir una sola hora al curso de su vida?».*
MATEO 6.27

Si usted es una mujer de los años 80, probablemente recuerda esa pegajosa canción "Don't Worry, Be Happy". (No te preocupes y sé feliz). (Apuesto que la está cantando ahora mismo, ¿sí?) Sabe, esa absurda cancioncita tiene mucho de cierto.

A veces, como madres, pensamos que nuestro deber es preocuparnos. Después de todo, si no nos preocupamos por los niños, ¿quién lo hará? Alguien tiene que interesarse por sus notas, su salud y su futuro, ¿no es así?

Bueno... no exactamente. Dios nos dice en Su Palabra que preocuparse es una actividad improductiva. Preocuparnos por nuestros hijos podría entenderse como algo natural en las madres, pero en realidad es un pecado. He aquí el por qué. Si constantemente nos estamos preocupando por nuestros niños, significa que no confiamos en que Dios los cuide. Es como decirle a Él: «Sé que Tú creaste el Universo, pero no estoy segura de que sepas qué es lo mejor para mis hijos. Así que, Señor, yo me haré cargo de estos niños».

Cuando usted lo presenta así, parece ridículo, ¿no es cierto? Nunca le diríamos eso a Dios, sin embargo cada vez que empezamos a preocuparnos, ese es el mensaje que comunicamos. De modo que, haga como dice la canción: "Don't Worry, Be Happy". ¡El Señor la tiene protegida!

AL MAESTRO
*Padre, te doy todas mis preocupaciones.
Te confío mis niños. Te amo. Amén.*

ENERO: *«Librándonos de ansiedades»*

5 DE ENERO

«Ustedes no han sufrido ninguna tentación que no sea común al género humano. Pero Dios es fiel, y no permitirá que ustedes sean tentados más allá de lo que puedan aguantar. Más bien, cuando llegue la tentación, él les dará también una salida a fin de que puedan resistir».

1 CORINTIOS 10.13

Agobiada. Sí, a veces creo que ese es mi apellido, «Michelle Agobiada Adams». Le apuesto que usted también se siente así de vez en cuando, ¿cierto?

Ser mamá es el trabajo más duro que cualquiera de nosotras puede tener. Las demandas a veces son tan grandes, que no estoy segura de poder cumplir con todas. De la lavandería a las reuniones de apoderados para ayudar en las tareas, es mucho para un solo día. Y, aunque estamos agradecidas por ser madres, igual estamos estresadas.

Ya sea que usted trabaja fuera de su casa o en ella, siempre está ocupada. Cuando sienta aparecer esa abrumadora sensación de «creo que no puedo hacer ni una cosa más hoy», ¡deténgase! Respire profundo y recuerde que Dios prometió que nunca le daría más de lo que puede resistir. ¿Acaso esas no son buenas noticias?

Así que, cuando vaya en camino al centro comercial a las 10 de la noche para buscar los materiales que su niño necesita para el proyecto que debe entregar mañana, ¡no sude! No permita que las tensiones del día la agobien. Solo sonría y piense que Dios la ha equipado para resistir cualquier cosa.

AL MAESTRO

Por favor, sé el Señor sobre las pequeñas y grandes cosas en mi vida. Gracias, Padre, porque no debo sentirme agobiada hoy. Amén.

6 DE ENERO

«A ti clamo, oh Dios, porque tú me respondes;
inclina a mí tu oído, y escucha mi oración».
SALMOS 17.6

Cuando Allyson tenía solamente tres años, tropezó con una amiga de ocho patas nada amigable. Esa araña dejó su marca, un gran círculo negro en la pequeña pantorrilla derecha de mi niña. No noté el mordisco esa mañana porque Allyson se vistió sola, pero poco después que llegué al trabajo, sonó el teléfono.

«Michelle, tiene que llevar a Allyson a un médico ahora mismo», me dijeron de la guardería. «Creo que la mordió una araña de rincón».

De inmediato partí a la guardería, retiré a Allyson, y me dirigí a la consulta del doctor. Con pánico, llamé a mi marido y me descargué. Luego llamé a mi madre y lloré un poco más mientras Allyson se sentaba tranquilamente en su silla del auto, sin lágrimas y sin miedo.

Entonces escuché su pequeña y dulce voz diciéndome: «No llores mamá. Yo ya oré y Jesús me está cuidando».

En medio de la confusión, yo había olvidado llamar al Gran Médico. Pero afortunadamente, Allyson no lo había olvidado. Supo a quién acudir, aunque su madre histérica no lo hiciera.

Allyson me enseñó mucho ese día. Me demostró que la oración debe ser instintiva. Dios debe ser el primero a quien «llamar» en cada situación. Asegúrese que Él sea el primero en su lista de contactos.

AL MAESTRO

Señor, ayúdame a orar sin cesar, especialmente
en lo que tiene que ver con mis niños. Amén.

7 DE ENERO

*«Porque yo sé muy bien los planes que tengo para ustedes,
afirma el Señor, planes de bienestar y no de calamidad,
a fin de darles un futuro y una esperanza».*
JEREMÍAS 29.11

¿Siente a veces que pareciera que no está haciendo lo suficiente por sus niños? Seguramente los inscribió en ballet, kárate y gimnasia, pero se le olvidó inscribirlos en fútbol, y ¡ahora es muy tarde! Una grabación en su cabeza empieza a sonar, «eres una mala madre».

Yo escucho esa misma grabación. Y a veces, suena sin parar.

Me preocupo de no estar proporcionándoles a mis niños todas las oportunidades que les brindarán éxito. ¿Qué si ellos no llegan a integrar el equipo de la secundaria porque no los inscribí en el campamento de fútbol de verano? ¿Y qué si pierden una de esas becas académicas porque no pasé tiempo suficiente leyendo con ellos cuando eran pequeños?

¿Y qué pasaría si? ¿Y qué si? ¿Y qué si?

Usted sabe, Dios no nos quiere viviendo en la tierra de los «Y qué si». Él quiere que confiemos en Él en todo lo que se refiere a nuestros niños. ¡Quiere que dejemos el «Y qué seísmo»! Dios tiene un plan para sus vidas mucho mejor de lo que usted jamás podría imaginar. Así que, relájese. No es una mala madre por olvidarse de inscribirlos en la escuela de fútbol. Si usted entregó sus hijos a Dios, ¡les ha dado la mejor oportunidad de todas para triunfar!

AL MAESTRO

Señor, Te doy mis hijos. Gracias Dios por Tus planes. Amén.

8 DE ENERO

«Más bien, busquen primeramente el reino de
Dios y su justicia, y todas estas cosas les serán añadidas».
MATEO 6.33

¿Le gusta planificar todo? ¿Es usted esclava de las listas? Creo que la mayoría de las madres tienen listas de quehaceres más largas que sus piernas. Sabe, me hice tan adicta a hacer listas, que me descubrí haciendo una durante el sermón de nuestro pastor el domingo en la mañana. Por supuesto, parecía como que estaba tomando notas, pero en realidad, estaba planificando mi semana.

El pastor estaba predicando sobre invertir más tiempo de calidad con Dios, y yo estaba programando un devocionario de quince minutos con Él en algún momento del jueves. ¿Muy triste, verdad?

Bien, soy feliz al decir que hay vida después de las listas. Soy una hacedora de listas de quehaceres rehabilitada. Fue un proceso gradual, pero hoy puedo decir que soy capaz de sentarme en un sermón y centrar mi atención en lo que el pastor está diciendo.

He encontrado cierta libertad en confiar a Dios mis actividades diarias. Claro, aún tengo notas recordatorias pegadas por toda la casa, pero hoy ya no soy gobernada por una lista. He aprendido que hay dulce descanso y libertad en entregar el día a Dios.

Así es que, antes de que su pie toque el suelo cada mañana, simplemente ore: «Dios te doy este día a Ti». Deje que Él haga su lista. Créame, Su lista es más fácil de cumplir, y mucho más satisfactoria.

AL MAESTRO
Señor, Te entrego esta semana. Ayúdame a planear
sabiamente y seguir Tu guía. Amén.

9 DE ENERO

«Todo lo puedo en Cristo que me fortalece».
FILIPENSES 4.13

¿Recuerda esa famosa canción «Soy una mujer» interpretada por Helen Reddy? Yo era solo una joven cuando pegaba en los *ranking*, pero recuerdo a mi madre tarareando la letra: «Soy fuerte. Soy invencible. ¡Soy MUJER!».

Ella cantaba esa canción con mucha pasión. No entendía esa emoción en ese entonces, pero ciertamente la entiendo ahora. ¿No son palabras energizantes?

Hay días en que no soy capaz de reunir el coraje para cantar, «Soy mujer, escúchenme rugir...». A decir verdad, me sentiría más capaz de cantar «soy un gusano en el piso». ¿Qué me dice de usted? ¿Alguna vez se ha sentido algo menos que poderosa?

Bueno, le tengo buenas noticias, y son incluso mejores que la canción de Helen Reddy. La Palabra de Dios dice que podemos hacer *todas* las cosas a través de Cristo que nos fortalece. Todo significa *todo*, ¿no es verdad? Así que, sin importar cómo se sienta hoy, usted puede cumplir lo que sea que esté en su programa. Mire, no tiene que *sentirse* poderosa para *ser* poderosa. El Señor que está en usted es Todopoderoso, y Él la llevará al triunfo. Después de todo, usted es más que una mujer, usted es una niña del Dios Supremo. ¡Eso sí es algo para cantar!

AL MAESTRO
Gracias, Señor, porque incluso cuando me siento débil,
Tú eres poderoso. Ayúdame a ser valiente para Ti. Amén.

10 DE ENERO

«Quédense quietos, reconozcan que yo soy Dios».
SALMOS 46.10

Era tarde, y la tormenta se había desatado.

¿Dónde está ella?

Abby, mi niña de entonces nueve años, se había ido a un parque de diversiones con su mejor amiga. Me había parecido bien darle permiso, pero eso fue hasta antes de que se confirmara la amenaza de tornado. Ahora, solo quería tenerla en casa, encogida en el refugio con el resto de nosotros. Quería saber que ella estaba a salvo. Quería abrazarla. Quería protegerla.

Mi marido, Jeff, y yo oramos a Dios para que Él velara por ella. Pero aún así la preocupación llenaba mi corazón. Necesitaba saber que estaba bien.

¿Por qué no llaman?

Justo entonces se abrió la puerta. Abby estaba en casa.

En esos momentos previos de intensa preocupación, yo había escuchado esa voz apacible diciéndome: «Estén quietos, y reconozcan que yo soy Dios». Pero no podía estar quieta. Mi mente se iba llenando de horribles ideas y dudas. Quería confiar en Dios, ¡pero se trataba de mi bebé!

¿No es irónico? Como mamás, a veces nos da miedo confiar en Dios en lo relativo a nuestros niños. Pero, fallamos en darnos cuenta de que Él los ama más que nosotras. Él los ama desde antes que nosotras los tuviéramos por primera vez en nuestros brazos. Podemos confiarle nuestros hijos a Él.

AL MAESTRO
*Gracias Señor, por velar por mis niños,
incluso cuando yo no estoy cerca. Amén.*

11 DE ENERO

Yo le digo al Señor: «Tú eres mi refugio,
mi fortaleza, el Dios en quien confío».
SALMOS 91.2

En algún profundo sitio de todas las madres se esconde la «Mamá Guerrera, protectora de su pequeño». Y cuando la Mamá Guerrera aparece, ¡cuídense!

Mi *yo profundo* de mamá guerrera surgió no hace mucho tiempo cuando una chica empezó a agredir a mi hija mayor. Estaba a punto de llamar a la madre de esta niña y decirle un par de verdades, cuando escuché: *Decirle a ella un par de verdades no contribuirá a la paz.*

Además, me habría gustado aniquilar verbalmente a esa mujer por criar a una hija tan cruel. Pero Dios me instaba a orar por ellas. Por cierto, eso era lo último que yo quería hacer. La Mamá Guerrera no es una mujer de oración, ¡es una luchadora! Pero, puse atención a esa voz apacible, y oré. ¿Y sabe lo que sucedió? Abby y esa niñita se hicieron amigas, y más adelante tuve la oportunidad de orar con su madre por una crisis familiar.

Si hubiera actuado de acuerdo con mis instintos de Mamá Guerrera, nunca habría tenido la oportunidad de orar con esa familia. Dios no necesitaba a una madre guerrera para manejar la situación. Él solo necesitaba que siguiera Su dirección. Así que, la próxima vez que la Mamá Guerrera se despierte en usted, recuerde que Dios tiene una salida mejor.

AL MAESTRO
Gracias Señor, por cuidar a mis niños
mejor de lo que yo puedo hacerlo. Amén.

12 DE ENERO

«Todo tiene su momento oportuno;
hay un tiempo para todo lo que se hace bajo el cielo».
Eclesiastés 3.1

Si dieran un premio para «la mamá más *cool* del mundo», mi amiga ganaría. Es bonita y divertida, y celebra las fiestas de cumpleaños más elaboradas para su niñita. ¡Desde los juegos hasta las bolsas de golosinas, sus fiestas son fabulosas!

Justo antes del séptimo cumpleaños de su hija, mi amiga estaba en lo mismo otra vez. Pero en la mitad de la preparación de la fiesta, su hija le preguntaba insistentemente: «Mamá, ¿vas a jugar conmigo?».

Después de decir que no un sinnúmero de veces, mi frustrada amiga respondió: «No puedo jugar ahora. Estoy ocupada preparando *tu* fiesta de cumpleaños. ¿Acaso no es eso lo más importante ahora?».

Su chiquita la miró y pensativamente le dijo: «No. Preferiría que no haya fiesta para que jugaras conmigo. Ese sería el mejor regalo».

Cuando mi amiga me contó esto, todavía se le caían las lágrimas. A su hija no le importaba una grandiosa fiesta de cumpleaños muy elaborada. Ella solo quería que su mamá la tomara en cuenta.

Muchas veces en nuestro afán de ser la mamá perfecta, perdemos la perspectiva de fondo, nuestros niños necesitan nuestro amor y nuestra atención más que cualquier otra cosa. Así que, deje de *planificar* los juegos perfectos para la fiesta de hoy, y mejor *juegue* realmente con sus hijos. Es el momento.

AL MAESTRO

Señor, ayúdame a hacerme el tiempo para las
personas más importantes en mi vida, y ayúdame
a mantener las cosas en perspectiva. Amén.

13 DE ENERO

Pero el Señor le dijo a Samuel: «No te dejes impresionar por su apariencia ni por su estatura, pues yo lo he rechazado. La gente se fija en las apariencias, pero yo me fijo en el corazón».
1 SAMUEL 16.7

Estoy segura que usted la conoce. Es la mamá que tiene un vientre plano, largas piernas y el cabello perfecto. Admítalo, a veces a usted le gustaría que ella se cayera a una máquina de algodones de azúcar y engordara unas treinta libras. Su sola presencia hace que usted se sienta menos atractiva, ¿verdad?

¿Adivine cómo sé estas cosas? Porque conozco una mamá que es Miss América también, y me siento como una de las feas hermanastras de la Cenicienta cada vez que ella está cerca.

Compararse con otras no es nunca bueno, y tampoco es algo que venga de Dios. A Él no le importa si su vientre está tan firme como lo estaba antes del nacimiento de sus niños. Su Palabra dice que Él ve el corazón, no su apariencia exterior. Él está mucho más interesado en la condición de su corazón, no en la celulitis de sus piernas. Por supuesto, eso no significa que no debamos esforzarnos para vernos lo mejor posible, por dentro y por fuera, pero ciertamente alivia un poco la presión por ser perfecta.

Entregue sus celos y sentimientos de incompetencia a Dios y encuentre en Él su identidad. Él la ama tal como usted es, aunque no sea Miss América.

AL MAESTRO
Padre, ayúdame a no compararme con otros.
Ayúdame a verme a través de Tus ojos. Amén.

14 DE ENERO

«Y los levitas y los extranjeros celebrarán contigo
todo lo bueno que el Señor tu Dios te ha dado a ti y a tu familia».
DEUTERONOMIO 26.11

«Alégrense siempre en el Señor. Insisto: ¡Alégrense!» (Filipenses 4.4).
Eso es lo que la Palabra dice, pero esa no es siempre la tarea más
fácil... ¿Tengo razón? ¿Qué me dice cuando le informan sobre algo
negativo de su hijo en la reunión de los padres y profesores? ¿O
qué pasa cuando un conductor se desliza frente a usted y le quita
su lugar de estacionamiento en la tienda de abarrotes? ¿O cuando
su bebé rompe el frasco de esmalte rojo para uñas, y lo derrama
en el piso del baño? No tiene muchas ganas de regocijarse en ese
momento, ¿verdad?

Los problemas diarios van a ser parte de la vida hasta que
lleguemos al cielo. Eso es un hecho. Así es que solo tenemos que
aprender cómo tratar con esos problemas.

Aquí hay un plan: Hoy, si algo va mal, deténgase, haga una pausa y
alabe. No quiero decir que tenga que alabar a Dios por el problema.
Eso sería un absurdo. Solo estoy diciendo que alabe a Dios *a pesar*
del problema. Antes de lo que se imagina, la práctica de «detención,
pausa y alabanza» se va a haber transformado en un hábito. ¡Y ese es
el tipo de hábito que vale la pena adquirir! Así que vamos, ¡comience
a regocijarse!

AL MAESTRO
Padre, me arrepiento de las veces en que soy poco agradecida.
Me regocijo en Ti hoy. Amén.

15 DE ENERO

*«Tan lejos de nosotros echó nuestras transgresiones
como lejos del oriente está el occidente».*
S<small>ALMOS</small> 103.12

«Entonces, la anotaré con dos docenas de galletas de chocolate, ¿está bien?» preguntó una vivaz voz al otro lado del auricular.

«Seguro», mascullé. «Las puedo llevar el viernes».

Si me hubiera llamado después de haber tomado mi bebida de dieta matutina, se me habría ocurrido una excusa. Pero ahora era muy tarde. Tendría que hornear galletas.

Llegó el viernes y yo todavía no las había preparado. Así que, hice lo que cualquier madre ingeniosa habría hecho. Tomé el auto y fui hasta la panadería de Wal-Mart. Después de comprar una caja de galletas, inteligentemente las transferí a uno de mis propios envases.

Las galletas fueron un éxito. ¡Todos comentaba mis maravillosas habilidades culinarias! Yo solo sonreía. No pude convencerme a mí misma de confesar mi secreto. Allyson sabía que yo no las había hecho, pero guardó silencio.

Había salido bien parada, pero fui un pobre testimonio para mi hija. Esa misma noche me disculpé con Allyson, admitiendo mi errado comportamiento.

«Está bien, mamá», me dijo. «Todos cometemos errores». Oiga, eso es verdad, y seguramente hago un buen aporte. Agradezco que Dios borre las faltas y deje la cuenta en cero cada vez que nos arrepentimos. Esas son buenas noticias, sin importar cómo se vengan al suelo las galletas.

AL MAESTRO
*Gracias, Dios, por borrar nuestros errores.
Ayúdame a hacer las cosas mejor. Amén.*

16 DE ENERO

*«Tan grande es su amor por los que
le temen como alto es el cielo sobre la tierra».*
S ALMOS 103.11

Día de Premiación. Debería ser un día maravilloso y feliz, ¿verdad?
Bueno... este Día de Premiación en particular no fue tan divertido.
Fue el primer Día de Premiación en que mi hija, Abby, que
normalmente es una alumna con solo A, trajo una B en su libreta de
notas.

Por supuesto, le aseguramos a Abby que una B era buena. Pero
aún así, fue traumático para mi hija de nueve años. Se bajó del
podio llorando, y la seguí. La abracé y le dije esas mágicas palabras:
«Quieres una rosquilla de chocolate y una Cherry Coke?».

Asintió con la cabeza, y nos fuimos.

Abby y yo sobrevivimos a la primera B en su libreta de notas,
con todo lo triste que fue. Ella se sentía mal, a pesar de que nosotros
estábamos muy orgullosos de su ochenta y ocho por ciento en
matemáticas.

Así, muchas veces, como madre, me siento como si hubiera
recibido esa temible B en mi libreta de notas maternal. ¿Le ha
pasado alguna vez? Usted se ha esforzado por hacer todo bien, pero
al final, su mejor esfuerzo, ¡no pareció lo suficientemente bueno!
Cuando pasa eso, agradezco que mi Padre celestial esté ahí con una
rosquilla de chocolate espiritual y una Cherry Coke para animarme.
Es lindo saber que Él nos ama sin importar lo que pase, igual como
nosotras amamos a nuestros hijos.

AL MAESTRO

Gracias, Señor, por amarme incondicionalmente. Amén.

17 DE ENERO

«Confía en el SEÑOR de todo corazón, y no en tu propia inteligencia.
Reconócelo en todos tus caminos, y él allanará tus sendas».
PROVERBIOS 3.5-6

A los ocho años en la Escuela Bíblica de Vacaciones memoricé la Escritura que aparece arriba. En esa época, mi motivación para aprender tan importante pasaje era obtener una cinta azul como prueba del primer lugar. ¡Ah... el aliciente que era esa brillante cinta azul! Hoy, más de veinte años después, ya no tengo la cinta, pero esas palabras todavía están impresas en mi corazón. Saltan a mi mente en los momentos en que más las necesito.

Hoy, como madre de dos niñas, trato de motivar a mis hijas para que también memoricen las Escrituras. Las recitamos en el trayecto a la escuela cada mañana, lo que se ha convertido en una forma muy entretenida de empezar el día. A veces jugamos a quién dice más rápido los versículos. Otras veces, hacemos canciones. Cada vez que los repetimos, ponemos más de la Palabra de Dios en nuestros corazones.

Como mamá, esto es muy reconfortante para mí, porque sé que esos versículos memorizados saltarán a su mente cuando más los necesiten. La Palabra de Dios estará ahí para ellas, incluso cuando ya no esté yo, ¡y eso es mucho mejor que una brillante cinta azul!

AL MAESTRO

Gracias, Dios, por Tu Palabra. Por favor ayuda a mis niños
a amar Tu Palabra aún más de lo que yo lo hago.

18 DE ENERO

«Marta, Marta, le contestó Jesús, estás inquieta y
preocupada por muchas cosas, pero sólo una es necesaria.
María ha escogido la mejor, y nadie se la quitará».
LUCAS 10.41-42

¿Se acuerda cuando estaba embarazada? En medio de los antojos por comidas extrañas, tobillos hinchados y hormonas sin control, usted tenía tiempo para soñar con su bebé. Se preguntaba cosas como «¿A quién se irá a parecer él o ella?». «¿Cuáles van a ser sus primeras palabras?». «¿Será sanito?» y «¿Seré capaz de cuidar a un bebé tan pequeño y desvalido?».

Creo que todas las madres se preocupan. Parece que es lo normal. La mayoría de las mamás primerizas piensan que no están preparadas con los recursos maternales apropiados para ser una buena madre. Entonces, llega el bebé, y con él, un completo nuevo esquema de preocupaciones. A medida que el niño va creciendo, crecen los problemas también, A veces, las preocupaciones se convierten en algo casi sofocante.

Cuando me siento abrumada con los problemas que acompañan a la maternidad, me doy cuenta de que he olvidado poner a Dios en la ecuación. Con Él, todas las cosas son posibles, incluso criar niños buenos en un mundo revuelto. Dios no espera que las madres tengan todas las respuestas, pero Él espera que nosotras vayamos a Él en busca de esas respuestas. Así que si las preocupaciones están consumiendo sus pensamientos, vaya a Dios. No solo tiene la respuesta, ¡Él es la respuesta!

AL MAESTRO

Señor, Te confío mis niños, y Te doy mis preocupaciones. Amén.

19 DE ENERO

«Yo soy el camino, la verdad y la vida, le contestó Jesús».
JUAN 14.6 (A)

¿Se pierde usted a menudo? Yo soy lo que podría llamarse un «peligro direccional». Mis hijas piensan que es muy divertido ver a su señora madre hablando sola en el asiento de adelante, repitiendo direcciones como si fuera una canción, y orando mucho. Sin embargo, al margen de mis esfuerzos, pareciera que la norma es perderme. Por cierto, hay que alegar en mi defensa que Texas es un lugar grande, y nunca se puede volver por el mismo camino que se llega. No es una simple cuestión de revertir la dirección.

El hecho de perderme me frustraba y me asustaba realmente. Ahora, lo considero casi una entretenida aventura. Me parece que algo bueno suele salir de esto. Por ejemplo, la última vez que me perdí, descubrí una espectacular tienda de artículos para el jardín con la más hermosa banca de hierro. Ahora ese banca adorna nuestro patio, ¡de eso se trata! Otras veces, esos largos viajes en el jeep nos dan más tiempo en familia, preciosos momentos para reír y compartir.

Mire, todo depende de la perspectiva. Ya no me preocupo cuando me pierdo. Solo disfruto el viaje. Pasa lo mismo con la vida. No tiene sentido preocuparse del día a día, hay que disfrutar el viaje. Después de todo, si conocemos a Jesús como nuestro Señor y Salvador, estamos en el camino correcto, ¡porque Él es el Camino!

AL MAESTRO
Gracias, Dios, por guiar cada uno de mis pasos. Amén.

20 DE ENERO

«Fijemos la mirada en Jesús,
el iniciador y perfeccionador de nuestra fe».
HEBREOS 12.2 (A)

Cuando estábamos tratando de que Abby dejara el chupete, este versículo cobró un nuevo significado para mí. Nunca había entendido por completo el significado de la palabra «fijar» hasta que fui testigo de la fijación de Abby por su chupete. Creí que los habíamos botado a todos. Tiré por lo menos quince a la basura, pero sin embargo, Abby encontró el último. Estaba encima de su vestidor, ligeramente escondido al lado de una cesta de lazos para el pelo. Cuando entré a su cuarto, estaba parada en su silla mecedora, tratando de alcanzar su «tete», y con los ojos fijos en su tesoro.

La levanté, agarré el chupete, y rápidamente lo arrojé al lavaplatos de la cocina. No pensé que Abby me había visto, pero sí me vio. Toda la hora siguiente, estuvo parada abajo del lavaplatos, tratando de alcanzar arriba y llorando por su chupete. Sus ojos estaban fijos. De hecho, permanecieron fijos hasta que se quedó dormida ahí mismo, en el suelo de la cocina.

Su determinación realmente me impresionó. Pensé, *si solo yo pudiera tener esa determinación para mantener mis ojos fijos en Jesús como Abby mantiene los ojos fijos en su chupete, mi fe no vacilaría.* Incluso hoy, esa imagen de la obstinación de Abby por su chupete permanece conmigo, recordándome que debo mantener la mirada fija en el Padre.

AL MAESTRO

Señor, ayúdame a mantener mis ojos fijos en Ti. Amén.

21 DE ENERO

«Queridos hijos, que nadie los engañe.
El que practica la justicia es justo, así como él es justo».
1 JUAN 3.7

¿Se ha preocupado alguna vez respecto de quienes son los amigos de sus hijos? Yo sí. A menudo me pregunto: *¿Serán buenas influencias para mis hijos? ¿Podrán dañarlos? ¿Conocerán a Jesús como su Señor y Salvador? ¿Serán amigos para toda la vida, dignos de confianza?*

Aunque no tengo las respuestas para todas estos preguntas, sé una cosa, Jesús será su amigo para toda la vida. Podrán contar con Él siempre. Él estará allí para ellos vez tras vez. Los apoyará pase lo que pase. ¿Cómo sé estas cosas? Porque Él ha estado conmigo cuando nadie más lo estaba.

Descubrí temprano en la vida que los amigos a veces nos dejan, aún los mejores amigos, porque son humanos. Si usted pone su esperanza en los amigos, las decepciones y las heridas son inevitables. Pero Dios es algo seguro.

Me doy cuenta de que no puedo escoger a los amigos de mis niños, y sé que no puedo protegerlos del daño que viene por las amistades rotas y las deslealtades. Pero hay dos cosas que puedo hacer, enseñarles acerca de Jesús y orar para que el Señor les envíe amigos piadosos. Usted puede hacer otro tanto con sus hijos. Puede empezar hoy mismo.

AL MAESTRO

Señor, por favor envía buenos amigos a mis hijos.
Estoy agradecida de que Tú seas el mejor amigo de ellos y mío. Amén.

22 DE ENERO

«Y éste es mi mandamiento:
que se amen los unos a los otros, como yo los he amado».
JUAN 15.12

«¡Para!» gimió Allyson.

«¡Para tú, cabeza tonta!» Abby chilló.

Y así y así siguen...

Hay días en que me pregunto si mis niñas algunas vez serán amigas. Es cierto que se quieren porque tienen que hacerlo, son hermanas. Pero, ¿se *entenderán* alguna vez entre ellas?

Creo que todas las mamás se preguntan de lo mismo, especialmente después de ser testigos durante una o dos horas de una pelea sin descanso entre sus hijos.

Entonces, justo cuando me doy por vencida y pienso que mis niñas están condenadas a ser enemigas, el Señor me da un destello de sus verdaderos sentimientos. Otra niña ataca a una, y la hermana salta en su defensa, ¡tal como oye! O, las encuentro dormidas, una al lado de la otra en el piso de la sala. Esa es una escena que siempre me hace sonreír.

El Señor sabía lo que estaba haciendo cuando unió a nuestras familias. Sabía que nuestros niños pelearían y sabía que se necesitarían uno al otro. Y he aquí otra idea reconfortante, Dios ama a sus niños aún más que usted, y también desea que sean amigos. Así que, la próxima vez que sus niños estén con dimes y quejas, no se desaliente. Solo agradezca al Señor porque Su amor está en su hogar.

AL MAESTRO

Señor, gracias por mis hijos. Por favor,
ayúdalos a relacionarse mejor. Amén.

23 DE ENERO

El corazón humano genera muchos proyectos,
pero al final prevalecen los designios del Señor.
PROVERBIOS 19.21

Madres directoras de escena. No son malas personas. Son solo demasiado entusiastas. Hace algunos años, estuve a cargo del espectáculo anual de talentos en la escuela primaria de mis hijas, y me encontré con mamás que me asaltaron verbalmente respecto al lugar de sus niños en el programa. (¿Mencioné que era una tarea voluntaria?) En ese momento, yo no podía comprender su comportamiento irracional. Pensé: *¡estas mamás deben estar locas!* Apenas si sabía que también había una madre directora de escena chiflada dentro de mí.

Más tarde, mientras observaba la práctica de gimnasia de mis hijas, conversé informalmente con otra mamá hasta que se puso a reclamar y a resoplar porque mis niñas tenían mucha participación y le quitaban tiempo a su hija para practicar. Inmediatamente apareció la madre-directora de escena que había en mí. Debí dejarlo pasar, pero no lo hice. Ella podía haberse enojado hasta quedar sin aliento, ¡pero yo soplé hasta hacer que la casa cayera!

Inmediatamente comprendí por qué me habían atacado esas mamás respecto de los detalles del espectáculo de talentos. Su abominable conducta había sido motivada por el intenso amor para con sus hijos, igual que el mío. La única manera de controlar a la madre directora de escena que hay en todas nosotras es darse cuenta de que Dios es el mejor director. No necesita nuestra ayuda. Él tiene un rol protagonista para nuestros niños, si solo tomamos un lugar detrás del escenario.

AL MAESTRO

Señor, por favor dirige a mis niños en todos los aspectos. Amén.

24 DE ENERO

«Tengan cuidado, no sea que se les endurezca el corazón por el vicio, la embriaguez y las preocupaciones de esta vida. De otra manera, aquel día caerá de improviso sobre ustedes».

LUCAS 21.34

¿Sabe usted que la preocupación nunca cambia nada? La preocupación nunca dio vuelta nada. (Bueno, ha cambiado muchos cabellos grises antes de tiempo, pero solo eso).

Sabe, a las personas que siempre están preocupadas se les llama «pesimistas», porque en su personalidad hay algo tan negativo como una verruga, lo que no es muy grato a la vista. ¿Qué hacemos cuando descubrimos una verruga? Le ponemos algunas gotas y esperamos que desaparezca. Eso es exactamente lo que debemos hacer con nuestras personalidades pesimistas, hacerlas desaparecer.

Mientras no se invente alguna poción mágica para pesimistas, usted tiene fácil acceso a una que podría no haber considerado, ¡La Palabra de Dios! Esto aniquilará la preocupación con solo creerlo. Si usted verdaderamente cree que «No prevalecerá ninguna arma que se forje contra ti; toda lengua que te acuse será refutada» (Isaías 54.17), entonces no debería malgastar el tiempo preocupándose por tragedias impredecibles. ¡Dios la protege! ¿No es eso reconfortante? ¿No hace eso que la «verruga» del pesimismo que hay dentro de usted se reduzca de tamaño y se seque? ¡Debería hacerlo!

Dios sabía que nos preocuparíamos. Pienso que por eso Él dejó tantas enseñanzas sobre la preocupación en Su Palabra. Encuéntrelas y medite en ellas. La preocupación nunca cambió nada, pero la Palabra de Dios lo hace siempre.

AL MAESTRO

Padre, dejo en Tus manos mis preocupaciones. Amén.

25 DE ENERO

«Señor, yo sé que el hombre no es dueño de su destino,
que no le es dado al caminante dirigir sus propios pasos».
JEREMÍAS 10.23

Recién nos habíamos trasladado desde el otro lado del país y teníamos que encontrar una escuela para Abby, quien ingresaría al kindergarten en otoño. Varios de mis compañeros de trabajo sugirieron un colegio cristiano que quedaba cerca. Mi marido y yo nos reunimos con el director y completamos todo el papeleo necesario para la matrícula de Abby, sin embargo, yo no estaba muy convencida. Ante mi insistencia, investigamos también la escuela primaria pública, a minutos de nuestra casa.

A Abby no le importaba la escuela a que fuera, mientras estuviera más tiempo cerca de su lonchera con La Sirenita. Pero con Jeff estábamos preocupados. No queríamos tomar una decisión equivocada. Oramos sobre cuál sería la mejor escuela para nuestras niñas, pero ninguno sintió que recibía una respuesta definitiva de parte de Dios. Estábamos esperando que se abriera el cielo y que Jesús señalara la elección correcta. Como eso no ocurrió, nos guiamos por nuestro instinto y elegimos la escuela pública. Fue una magnífica decisión, aunque en ese momento no estábamos tan seguros.

A menudo me preocupo cuando tenemos que tomar decisiones grandes en relación con nuestros niños. Tengo mucho temor de apartarme del sendero que Dios tiene para nosotros, pero, ¿saben lo que he descubierto? Que incluso aunque nos apartemos, Dios nos encuentra.

AL MAESTRO
Padre, Te confío todas mis decisiones. Amén.

ENERO: *«Librándonos de ansiedades»*

26 DE ENERO

«Yo, el Señor, te he llamado en justicia; te he tomado de la mano.
Yo te formé, yo te constituí como pacto para el pueblo,
como luz para las naciones».
ISAÍAS 42.6

Hasta hoy, instintivamente agarro las manos de Abby y Allyson cuando tenemos que cruzar la calle. A sus diez y ocho años respectivamente, mis hijas piensan que esto no tiene ninguna gracia, pero no puedo dejar de hacerlo. Tomando sus manos, siento que las estoy protegiendo del tráfico, de los desconocidos y de todo otro tipo de peligros. Apuesto que usted hace lo mismo con sus niños. Como les digo siempre a mis hijas, este es un asunto de madres.

Probablemente las tomaré de las manos hasta que dejen el nido. Pero, ¿sabe? No es para nada una mala costumbre. En efecto, si yo pudiera tener el hábito de extender mis brazos y tomarme de la mano de Dios más a menudo en mis actividades diarias, habría llegado muy lejos en mi caminata de fe.

No estoy segura de por qué me olvido tomar Su mano cuando cruzo por las ajetreadas calles de la vida. Creo, como mis hijas, que soy lo suficientemente madura para hacerlo sola. O, como decía mi madre: «Soy demasiado grande para ponerme pantalones cortos». Agradezco tanto que tengamos un Padre celestial que toma nuestras manos cuando más lo necesitamos. Si ha dejado por un tiempo de asirse de la mano de Dios, ¿por qué no prueba de nuevo hoy?

AL MAESTRO
Padre, hoy me tomo de Tu mano. Amén.

27 DE ENERO

«Consulten el libro del Señor y lean».
ISAÍAS 34.16 (A)

Con solo decir: «es tiempo de adoración» mis hijas miran expectantes. En un mundo de *play station*, DVD, CD y computadoras, mantener la atención de nuestros niños sobre lo que es importante, es una ardua tarea. Por eso, en el tiempo del devocionario nosotros hacemos un juego de preguntas y respuestas. ¡Esto nos asegura que se mantendrán atentas porque no quieren perderse la prueba de Biblia!

Esta táctica de juego nos ayuda para el tiempo de adoración familiar, pero hacer que nuestras hijas tengan su propio tiempo de adoración es aún más complicado. Eso me preocupa. ¿Sabe qué más me preocupa? Oí una vez decir a un predicador: «Puede que sus hijos no estén leyendo la Biblia con regularidad, ¡pero tenga la seguridad que la están leyendo a usted! ¡Caray! Espero que no me hayan leído el otro día cuando esa dama ocupó mi estacionamiento en el supermercado.

Como sabe, se supone que no debemos preocuparnos. Así que yo le he entregado al Señor mis preocupaciones al respecto. Diariamente, le pido que me ayude a vivir mi fe. Si mi vida es un libro abierto ante mis hijas, quiero estar segura de que está llena de la Palabra de Dios. ¿Qué me dice de usted? Estimule a sus niños a leer la Palabra de Dios y entonces vivirán conforme a ella. ¡Ese es un puñetazo contra el diablo!

AL MAESTRO

Padre, ayúdame a vivir Tu Palabra en presencia de mis hijos. Amén.

28 DE ENERO

«Confíen en el Señor para siempre,
porque el Señor es una Roca eterna».
ISAÍAS 26.4

¿Tuvo alguna vez piedras regalonas? Pienso que todas las hemos tenido. Recuerdo haberlas pintado y pegado ojos divertidos encima, además de ponerles nombres. De locura, ¿verdad? ¿Y puede creer que esas piedras regalonas han vuelto a estar de moda? ¡A mis hijas les encantan! Por supuesto, sé que esta es una etapa que pronto dejarán atrás. Cuando llegue la siguiente moda pasajera, lanzarán sus piedras a los cajones del escritorio y no las verán más.

Así son las modas, absolutamente *top* en un minuto y dejadas de lado al siguiente. En un mundo de dietas y de modas pasajeras de todo cuanto existe, quiero estar segura de que mis hijas no verán a Dios como a una moda más. Sé que usted quiere lo mismo para sus hijos. Así que, ¿cómo podemos asegurarnos que nuestros niños vean a Dios como una parte inconmovible de sus vidas? Si solo hubiera una píldora mágica que darles como garantía de que amarán a Dios por toda la vida...

Bueno, no existe esa píldora, pero podemos hacer que la Palabra de Dios los alimente. También podemos hacer que nuestros niños nos vean amando a Dios y a Su Palabra. Aún más importante, podemos orar para que nuestros hijos siempre amen al Señor, la verdadera Roca.

AL MAESTRO
Padre, pido Tu ayuda para que mis hijos
Te amen por sobre todos y todo. Amén.

29 DE ENERO

«Por eso les digo: No se preocupen por su vida, qué comerán o beberán; ni por su cuerpo, cómo se vestirán. ¿No tiene la vida más valor que la comida, y el cuerpo más que la ropa?».
MATEO 6.25

A veces me asombra cuánto me preocupo. La Biblia dice claramente que debemos dejar en Él todas nuestras cargas, y sin embargo yo insisto en arreglármelas sola. Soy resolutiva, por naturaleza; también ejecutiva, y algunas veces esto trabaja en contra mío. Mientras mi personalidad autosuficiente me capacita para alcanzar un montón de logros, a la vez me genera preocupación sobre las cosas que yo debería dejar al Señor.

¿Está usted también preocupada? Hasta cierto punto, creo que todas las mamás estamos preocupadas. Preocuparse parece ser parte de la descripción de nuestro trabajo, consubstancial al rol de «cuidar de nuestros niños hasta la muerte». Aunque las preocupaciones pueden venir de manera natural a su vida, no es lo que Dios quiere para usted. Él quiere que viva en perfecta paz, y la preocupación es un destructor de la paz. Es lo opuesto a la paz. Por lo tanto, ¿por qué no entregar hoy sus preocupaciones a Dios?

No será fácil al principio, pero usted puede hacerlo. Este es el plan: en el mismo minuto en que sus pensamientos se convierten en preocupaciones, diga en voz alta: «Dejo mi carga (llenar el espacio en blanco) sobre Dios ahora mismo». Muy pronto, entregar sus preocupaciones se convertirá en un hábito y preocuparse será una cosa del pasado.

AL MAESTRO
Padre, cambia mi manera de pensar. Ayúdame a dejar las preocupaciones y a confiar solo en Ti en todo momento de mi vida.
Amén.

30 DE ENERO

*«Por lo tanto, no se angustien por el mañana,
el cual tendrá sus propios afanes. Cada día tiene ya sus problemas».*
Mateo 6.34

«No hay problema».

Me dijeron que esa es una expresión australiana muy común. Bien, si es verdad, diría que esa gente está justo por encima de todo. ¡Qué gran actitud! Cómo me gustaría mirar a la cara a las dificultades y decirles: «No hay problema». En vez de eso, generalmente pongo en una lista todos los problemas y los doy vuelta por un tiempo.

Sabe, como cristianos, debemos ser capaces de mirar a la cara a las dificultades y decir: «No hay problema». Después de todo, si realmente confiamos en nuestro Padre celestial, nosotros no tendremos problemas. Ahora, no dije que no tendríamos ninguna dificultad. Por el tiempo que estemos aquí en la tierra, tendremos problemas. Dios nos lo dice en Su Palabra, pero Él también nos dice que no nos agobiemos por eso. Eso quiere decir que en realidad es posible tropezar con la tensión y los problemas, y aún así no tener preocupaciones. Esa debería ser nuestra meta.

Si pudiéramos vivir de ese modo, seríamos mejores esposas, mejores madres, mejores hijas, mejores amigas, mejores cristianos, ¡mejores todo! La vida sencillamente sería mejor si dejáramos de preocuparnos. La preocupación es un tiempo robado, así que ¡ponga la preocupación en su lugar! La próxima vez que tropiece con una dificultad, diga: «¡No hay problema!» ¡y demuéstrelo!

AL MAESTRO
*Padre, ayúdame a reflejar con mi actitud que
«¡No hay problemas!», de ahora en adelante. Amén.*

31 DE ENERO

*«Cuando falta el consejo, fracasan los planes;
cuando abunda el consejo, prosperan».*
PROVERBIOS 15.22

Se supone que las vacaciones son una época divertida, ¿no? Pero, si usted es un planificador o un esclavo de las listas como yo, incluso las vacaciones la pueden estresar y traerle preocupaciones.

Recientemente, llevamos a nuestras niñas al Parque Disney World en Orlando.

Pedí el video para planificar las vacaciones. Compré la guía de vacaciones y visité numerosos sitios web de Disney World acumulando información. Incluso llamé a seis familias diferentes que habían estado recientemente allí para preguntarles sobre todo.

Aunque investigar y planificar es meritorio, esta vez se me pasó la mano. Me involucré tanto que empecé a analizar demasiado cada decisión respecto del viaje. Eso me robó la alegría. En lugar de anticipar nuestras vacaciones de familia, yo me sobrecargué con la responsabilidad de planificar «¡las mejores vacaciones Disney nunca antes vistas!». ¡Puse a toda mi familia al borde de la locura! Finalmente mi marido, (viendo que yo estaba sobrepasada), contrató a un agente de viajes para que nos hiciera un plan. ¡Caray! Me sacaron un peso de encima, y pude descansar porque un experto estaba haciendo el trabajo.

Bien, tenemos un experto en vidas que *siempre* hace el trabajo, el Señor. Por eso, la próxima vez que usted se sienta sobrecargada con los afanes del mundo, llámelo. Él se hará cargo de todo, y ¡ni siquiera pedirá comisión!

AL MAESTRO

Padre, te entrego todos mis afanes. Amén.

1 DE FEBRERO

*«Sácianos de tu amor por la mañana,
y toda nuestra vida cantaremos de alegría».*
SALMOS 90.14

Enfrentémoslo. Hay días en que se hace difícil demostrar amor a nuestros niños. Por supuesto, usted siempre los ama, ¡ellos son sus hijos! Pero, si nos parecemos, hay ocasiones en que no todo lo de ellos nos gusta.

Tuvimos uno de esos días recientemente. Mi familia política estaba de visita, y yo les había pedido a las niñas que se portaran muy bien. Eso NO ocurrió. Pelearon sin parar. En un momento, Ally tuvo a Abby inmovilizada con sus brazos. Yo amenacé, les di una buena zurra, les prohibí salir, y les grité hasta sentirme totalmente derrotada. Al final del día, estaba convencida de que había sido la peor madre del mundo.

Cuando les di el beso de buenas noches, deseaba con todas mis fuerzas apretar un botón de rebobinado y empezar de nuevo el día. Pero eso no era posible. Deprimida, en el corredor, camino a mi dormitorio, me di fuerzas con una idea, ¡el Señor tiene un botón que *rebobina*! Él nos permite volver a empezar cada vez que fallamos. Así, la próxima vez que sus hijos estén portándose mal y sienta que su amor se arrastra, pida a Dios que presione el botón de rebobinado.

AL MAESTRO

*Señor, ayúdame a amar a mis niños, aunque actúen
desagradablemente. Ayúdame a amarlos
como Tú me amas a mí. Amén.*

2 DE FEBRERO

«...pero él me dijo: "Te basta con mi gracia, pues mi poder se perfecciona en la debilidad." Por lo tanto, gustosamente haré más bien alarde de mis debilidades, para que permanezca sobre mí el poder de Cristo».
2 CORINTIOS 12.9

Es la maldición de la madre. Estoy segura de que su mamá se lo ha dicho: «¡Espero que algún día tengas un hijo que sea igual a ti!». Y, por esas casualidades, ¡lo tiene! En mi caso, tuve dos. ¿Sabe qué es lo interesante de criar niños que son exactamente como usted? Que puede ver sus propios defectos en ellos. Es como si hubiera un gigantesco lente de aumento que constantemente los revelara, los mismos con los que mantiene una lucha diaria.

Esto, por supuesto, es un caldo de cultivo para peleas, resentimientos y heridas. Así que debemos quebrar la «maldición de la madre» y alegrarnos con nuestros niños. Tenemos que hacer añicos esa lupa que destaca sus fallas y amarlos, con todos sus defectos. Pida al Señor que la ayude a ver a sus niños como Dios los ve. Y, pídale que también la ayude a verse a sí misma a través de Sus ojos.

En otras palabras, déles un descanso a ellos y a usted. No espere que sean perfectos, y no espere perfección de usted tampoco. Dios ama a sus niños, con fallas y todo lo demás. Recuerde, Su poder se perfecciona a través de nuestra debilidad.

AL MAESTRO

Señor, ayúdame a desarrollar las fortalezas de mis niños y a orar por sus debilidades. Te los entrego a Ti. Amén.

3 DE FEBRERO

«Y nosotros hemos llegado a saber y creer que Dios nos ama. Dios es amor. El que permanece en amor, permanece en Dios, y Dios en él. Ese amor se manifiesta plenamente entre nosotros para que en el día del juicio comparezcamos con toda confianza, porque en este mundo hemos vivido como vivió Jesús. En el amor no hay temor».
1 JUAN 4.16-17

¿Recuerda esa popular canción de los 70 "El amor nos mantendrá unidos"?

Estaba en la escuela primaria cuando fue un *hit* en la radio, y recuerdo que la cantábamos en el recreo con mi grupo de amigas. Sabíamos la letra de memoria. Bueno, había mucho de verdad en ese título, especialmente en lo que se refería a nuestras familias.

La vida se vuelve compleja y las familias se desmoronan. Aún las familias cristianas. Y puede suceder incluso en la nuestra. Pero, estoy aquí para decirle que el amor es la respuesta. Cuando ninguna otra cosa funcione, el amor mantendrá a su familia unida. No, no estoy hablando del amor de los tiempos dulces del romance. Me refiero al amor de Dios, un eterno e incondicional amor celestial.

Así, incluso si su adolescente ha dejado la casa y vuelto la espalda al Señor, el amor lo traerá de regreso. No los sermones que usted le ha predicado ni las reglas que le ha impuesto; solo el amor cambiará la situación. Deje que el amor de Dios viva en grande en usted. Deje que el amor de Dios sea el máximo aglutinante en su familia, ligándolos uno al otro para toda la vida. Viva el amor y coseche los resultados.

AL MAESTRO
Padre, te pido que Tu amor fluya a través de todos mis niños. Amén.

4 DE FEBRERO

«Y éste es mi mandamiento: que se amen
los unos a los otros, como yo los he amado».
JUAN 15.12

«¡Quieres a Allyson más que a mí porque es rubia como tú!» gritó Abby, que entonces tenía nueve años, dando un portazo.

Siguiendo la lógica de Abby, esa declaración sería inexacta porque soy rubia únicamente gracias a Clairol. (Ni siquiera recuerdo mi color natural, pero creo que se acerca a los mechones marrones de Abby). De todos modos, tenía un problema ante mí que era mucho más profundo que el color de las raíces de mi cabello.

Estaba desconcertada, confundida, perpleja, más todos los sinónimos de estas palabras.

Siempre había tratado a mis hijas con ecuanimidad. Y, por supuesto que no amaba a una más que a la otra. Creo que no hacía «favoritismos ocultos». Aparentemente, lo que Abby tan elocuentemente me hizo saber, no era verdad.

Cuando reflexioné sobre los sentimientos de inferioridad de Abby, los registré entre mis «resquemores». Indignada y furiosa, me preguntaba: «¿Cómo puede decir una cosa semejante?». Entonces, decidí «echar mis culpas afuera» y dije unas pocas mantras: «Vaya, soy yo. Soy una mala madre». Después, doblé mis rodillas desesperada. Allí encontré las respuestas y recibí esperanza para un mejor mañana. Puedo no estar siempre en lo correcto cuando se trata de mis hijas, pero si mi corazón está en lo correcto, Dios me cubre. Él me ayudará a mostrarles cuánto las amo. Él hará lo mismo con usted.

AL MAESTRO
Padre, ayúdame a amar a mis hijos como Tú me amas a mí.

5 DE FEBRERO

«El conocimiento envanece, mientras que el amor edifica».
1 Corintios 8.1 (b)

Debería haber un espacio reservado para todas las madres de niñas preadolescentes. Cuando llega este momento, en que ellas alcanzan los diez años, las madres somos tontas. Conozco esto de primera mano, porque yo ahora soy miembro del «Club de las Madres Tontas». No es una membresía que me guste mucho, por lo que estoy constantemente tratando de demostrar que no pertenezco a este club. Me encuentro diciendo cosas como: «¿Sabes que estuve en la lista de honor durante todos los años de colegio? ¡Nunca obtuve una B hasta la universidad!» o ,«¡Tengo tres veces tu edad y sé mucho más de lo que tú sabrás nunca!».

¿Alguna vez le pasó?

Por supuesto, toda esta charla auto referente no aporta absolutamente nada. Puedo hablar hasta que mis labios se cansen, pero mis palabras no cambiarán la forma en que Abby me ve. Pero, ¡la Palabra de Dios puede! En Proverbios 31.28 dice: «Sus niños se levantan y la llaman bendecida». ¡Oh, sí!, estoy viviendo para esos días, ¿Y usted? Durante su tiempo de oración, diga: «Señor, te agradezco que mis hijos se levanten y me llamen bendecida» y observe cómo cambia la actitud de sus niños. Muy pronto saldrá del «Club de las Madres Tontas». ¡Se lo prometo!

AL MAESTRO

Padre, dame paciencia para amar a mis niños, aunque no me
traten con delicadeza. Ayúdame para que no tome
esto como algo personal. Amén.

6 DE FEBRERO

Hace mucho tiempo se me apareció el Señor y me dijo:
«Con amor eterno te he amado; por eso te sigo con fidelidad».
JEREMÍAS 31.3

Inclinada, mirando la cara de mi primer bebé recién nacida, no podía imaginarme que se podía amar más a alguien que lo que amaba en ese momento. Ella era todo lo que había soñado durante los nueve meses de espera. Jeff y yo hicimos todos esos absurdos gestos y ruidos que hacen todos los padres novatos. Estábamos absolutamente cautivados por cada sonido que emitía, cada movimiento y expresión facial. ¡La adorábamos!

De este modo, cuando descubrí que estaba esperando al bebé número dos, en la víspera del primer cumpleaños de Abby, me pregunté: *¿Podré yo amar a otro niño tanto como la amo a ella?* Estaba preocupada. No podía comprender que fuera posible amar a otro tanto como amaba a «Bebé Abby», como nosotros afectuosamente le pusimos por sobrenombre.

Entonces, Allyson Michelle Adams llegó al mundo el 15 de agosto de 1994, sin pelo y hermosa. Miré su dulce carita y la amé de inmediato. Jeff y yo descubrimos que podíamos amar a otro bebé tanto como al primero. Siempre les decimos a nuestras hijas: «¡Ustedes dos son nuestras favoritas!». ¿Sabe que así es exactamente como Dios nos ve? Él no la ama a usted o a mí más que a alguien más, ¡todos somos Sus favoritos! Medite en eso hoy y acepte el amor de nuestro Padre.

AL MAESTRO

Padre, ayúdame a aceptar y a celebrar Tu amor por mí. Amén.

7 DE FEBRERO

«El amor es paciente, es bondadoso.
El amor no es envidioso ni jactancioso ni orgulloso».
1 CORINTIOS 13.4

¿Ha meditado alguna vez usted realmente sobre el capítulo del amor en 1 Corintios 13? Tuve que memorizar el pasaje entero cuando era miembro del equipo examinador de la escuela bíblica superior de nuestra iglesia. Aún ahora, quince años más tarde, todavía puedo citarlo. Ojalá pudiera vivir esos versículos tan bien como los recito.

¿Sabe lo que me pasa realmente? El amor es paciente. ¡Oh! Paciencia es una de aquellas virtudes que usted admira en otros pero que no está segura de que sea una opción para usted, ¿verdad? Esto es especialmente cierto cuando se refiere a nuestros niños. Pareciera que saben exactamente qué botón apretar. Si usted está apurada, el menor perdió las llaves. Si está esperando visitas, es casi seguro que su hija derramará algo sobre la alfombra. Si está telefoneando, cada chico necesitará de su atención individual.

Enfrentémoslo, las mamás necesitan una prueba diaria de paciencia. He reprobado ese test a menudo. Por eso estoy tan agradecida de que Dios ofrezca «exámenes de recuperación». Por medio de Su Palabra y de Su amor incondicional, nosotras no debemos fallar nunca más en las pruebas de paciencia. El Señor puede ayudarnos a caminar en amor, incluida la paciencia, si solo le pedimos Su intervención. Así, pídale hoy.

AL MAESTRO
Padre, lléname con más de Tu amor, y ayúdame para
tener más paciencia, especialmente con mi familia. Amén.

8 DE FEBRERO

*«Eviten toda conversación obscena. Por el contrario,
que sus palabras contribuyan a la necesaria edificación
y sean de bendición para quienes escuchan».*
EFESIOS 4.29

¿Ha estado usted alguna vez cerca de un loro? Nunca he tenido un loro verdadero, pero ahora tengo dos pequeñas «loras» corriendo por toda mi casa. Abby y Allyson repiten mucho de lo que digo, lo bueno y lo malo. Apuesto que hay loros también en su casa.

Hace poco, mi hija menor oyó por casualidad uno de mis dichos para «sesiones de enamorados» y repitió después algo que dije. Con su amorosa voz de niña de ocho años, dijo a su hermana: «¡Muerde mis nalgas!» ¡Ay!, ¿lo habrá dicho de manera inofensiva? De cualquier manera, mi lora había repetido algo que la Biblia llamaría «conversación desagradable y carente de amor». ¡Yo colapsé!

Este episodio me ha hecho ser mucho más cuidadosa con mis palabras, reconociendo la conversación que no edifica y pidiendo al Espíritu Santo que me guarde de mis propias palabras. No se trata solo de ser un buen ejemplo para mis hijas, sino también de vivir de verdad el amor en cada área de mi vida. Los comentarios maliciosos, los temas sucios y los sarcasmos realmente no debieran tener lugar en nuestras conversaciones, no si estamos realmente viviendo el amor de Dios. Así, hay que caminar y hablar en amor, para dar a sus «loros» algo digno de ir repitiendo.

AL MAESTRO
*Padre, pon un vigía sobre mi boca.
Ayúdame para que ande y hable en amor. Amén.*

9 DE FEBRERO

«[El amor] todo lo disculpa, todo lo cree,
todo lo espera, todo lo soporta».
1 CORINTIOS 13.7

Recientemente nuestro pastor predicó un sermón que no olvidaré muy fácilmente, ¿el tema? El amor. He oído cientos de sermones sobre el amor pero nunca había oído predicar uno como este. Dijo: «El amor siempre cree lo mejor del otro».

¡Caramba! Justo cuando pensaba que mi manera de amar estaba poniéndose en condiciones, ¡me liquidó! Lo escribí de esta manera en mi agenda: «El amor siempre cree lo mejor, especialmente si se trata de mis niños».

Hay un mundo difícil allá fuera que se hace cada vez más complejo y nuestros hijos enfrentan muchos desafíos. Algunas veces, somos las únicas que confiamos en ellos. Somos las únicas que los estimulan a la victoria. Somos las únicas que los hacemos sentirse especiales. Algunas veces, somos las únicas que estamos a su lado.

Creer lo mejor en nuestros hijos no significa que demos vuelta la cara cuando hacen algo inapropiado. Más bien, significa que les damos el beneficio de la duda. Si dicen que entregaron su tarea y usted recibe una nota diciendo que no lo hicieron, usted les cree y asume que el profesor la ha perdido. Entonces, ora con sus hijos para que el profesor encuentre la tarea extraviada. Sabe, si creemos lo mejor en nuestros hijos, obtendremos lo mejor de ellos también.

AL MAESTRO

Padre, gracias por mis preciosos hijos.
Ayúdame para que crea siempre lo mejor de ellos. Amén.

10 DE FEBRERO

«Por tanto, imiten a Dios, como hijos muy amados, y lleven una vida de amor, así como Cristo nos amó y se entregó por nosotros como ofrenda y sacrificio fragante para Dios».

EFESIOS 5.1-2

El Día de los Enamorados está casi a la vuelta de la esquina. Los departamentos de las tiendas están salpicados de rojo y rosa. Las emisoras de radio están tocando pegajosas canciones de amor. ¡Una caja de chocolates en forma de corazón trae su nombre! El amor está en el aire, entonces ¿por qué no celebrarlo?

Si es casada, consiga ayuda y disponga de un poco de tiempo para salir con su cónyuge. Tomen un aromático café en una fuente de soda o prepare unas palomitas de maíz y alquile el film *Algo para Recordar*. Simplemente, disfruten juntos. Si es una mamá sola, no permita que el Día de San Valentín sea una fiesta triste para ustedes. En vez de eso, ¡celebre el amor que comparte con sus hijos! Saque a los chicos para una noche de *bowling* o jueguen todos a pillarse. ¿Escasa de dinero? Sencillamente quédese en casa y lea un libro de poemas o jueguen entretenidos juegos de tablero como familia. Que sea un tiempo de calidad para todos.

Es también una buena oportunidad para enviar una nota especial a sus hijos mayores, haciéndoles saber cuánto significan para usted. Hágalo nomás. ¡Tiene una excusa para ser dulce! Es el Día de los Enamorados, ¡así que difunda, comparta y celebre el amor! Y, por supuesto, ¡sírvase unos trocitos de chocolate también!

AL MAESTRO

Señor, gracias por poner a personas tan maravillosas en mi vida. Que esta semana, y siempre, puedan ellos saber lo mucho que los amo. Amén.

11 DE FEBRERO

«El amor es paciente, es bondadoso.
El amor no es envidioso ni jactancioso ni orgulloso».
1 Corintios 13.4

Nunca falla. Cuando me pongo a telefonear, de inmediato mis niñas me necesitan. Es casi automático. Tan pronto como el auricular va a mi oreja, aparece mi hija. Es uno aquellos «fenómenos de la maternidad».

Una tarde mientras hablaba por larga distancia con mi mejor amiga, comenzó el clamor por llamar mi atención. Una tras otra, mis hijas me interrumpían. De repente, ya no aguanté más. Puse mi mano sobre el teléfono (así mi mejor amiga no podía oír mi griterío), y disparé algunas municiones verbales. Fue feo.

Las dos se retiraron a sus dormitorios a refunfuñar y a recuperarse de mi arrebato. Cuando colgué el teléfono, me di cuenta con cuánta falta de amor había actuado. La Biblia dice que el amor es paciente y bondadoso, y yo no había sido ni lo uno ni lo otro.

Es curioso, pero yo había practicado la paciencia y la bondad todo el día con amigos, compañeros de trabajo y personas desconocidas, pero no había podido mostrar esta misma cara del amor a mis hijas. Me arrepentí ante Dios y luego les pedí perdón a ellas. Es fácil actuar mal, pero no es fácil caminar en amor, especialmente con nuestros hijos. El amor es una elección. Elija hoy mostrar amor a su familia.

AL MAESTRO

Padre, ayúdame a caminar en amor, especialmente en lo que
se refiere a mis hijos. Ayúdame a ser más como Tú. Amén.

12 DE FEBRERO

«Pero yo soy como un olivo verde que florece en la casa de Dios; yo confío en el gran amor de Dios eternamente y para siempre».
SALMOS 52.8

Usamos la palabra *amor* de muchas maneras horribles. *«Amo* tu nuevo bolso»; *«amo* ese vestido que llevas», o *«amo* los chocolates marca Hershey Kisses». Apuesto que si siguiera la pista, se encontraría a sí misma usando la palabra *amor* más de una docena de veces al día. Porque la repetimos tanto, la palabra *amor* ha perdido parte de su carisma, de su brillo y de su significado.

Pero, el amor legítimo, el amor que surge de Dios, es mucho más que el «amor» que ha llegado a ser un cliché de nuestra cultura. El amor de Dios es un amor eterno. Su amor llega tan lejos como está el este del oeste. Su amor es más profundo que el más profundo de los océanos. Su amor es más alto que las altas montañas. Su amor cubre una multitud de pecados. Su amor es incondicional. ¡Su amor es verdaderamente asombroso!

Pues bien, esa es la clase de amor en la que quiero caminar. ¿Y usted? Yo quiero recibir el amor del Padre y quiero extender Su amor a otros, especialmente a mis hijas. Como madres, debemos tener el aroma del amor. Así que, si su aroma de amor huele un poco mal (como ese queso verde que está al fondo de la nevera), ¡pida a Dios que refresque su amor hoy!

AL MAESTRO,
Señor, oro para que Tu amor,
el auténtico, brille en mí y a través de mí. Amén.

13 DE FEBRERO

«Dios, en el principio, creó los cielos y la tierra».
GÉNESIS 1.1

«El amor hace girar al mundo». He oído esa expresión toda mi vida, pero nunca había comprendido realmente su significado... sino hasta esta semana. Dije impertinentemente esto, y mi hija de diez años me clavó los ojos con una mirada vacía y exclamó: «¿Y? ¿Qué significa eso?».

He aquí a la conclusión que llegué después de algunos momentos de reflexión seria. El tipo de amor del mundo no es el que hace que el mundo gire. En efecto, esa clase de amor poco profundo y temporal que tiene el mundo para ofrecer, hace que este enloquezca, no que gire. Pero, el tipo de amor de Dios, ese es el que hace que el mundo marche. Lo mantiene girando cuando nada más lo hace.

Si su mundo no sigue dando vueltas; si su grupo familiar no es el cielo en la tierra; si usted se ha olvidado lo que es experimentar la experiencia del amor incondicional... corra a los brazos del Padre ahora mismo. Su Padre celestial anhela la oportunidad de expresarle Su amor, del mismo modo que a usted le gusta demostrar amor a sus hijos. Así, pase tiempo con el Padre hoy. Su amor no solo hace que el mundo siga girando, sino que Su amor creó el mundo. ¡Asombroso!

AL MAESTRO

Padre, quiero mayor cantidad de Tu amor. Envuélveme en Tus brazos hoy día para que yo pueda experimentar esa clase de amor que verdaderamente hace que el mundo siga girando. Amén.

14 DE FEBRERO

«No seas vengativo con tu prójimo, ni le guardes rencor.
Ama a tu prójimo como a ti mismo».
LEVÍTICO 19.18

Amar es un verbo activo, pero a veces se nos olvida en la actual sociedad. Puesto que febrero es el mes en que celebramos al amor, pienso que sería muy lindo que pusiéramos el amor en acción en nuestra comunidad. Este es el plan para la «Activación del Amor». Programe al menos una actividad de «amor en acción» para cada día de lo que queda del mes. No tiene que ser una gran cosa. Pequeños gestos tales como llamar a un pariente para solo decirle «te quiero» son suficientes.

Aquí van otras ideas para ayudarle a comenzar: inscriba a sus hijos como voluntarios para trabajar los sábados en algún comedor social. Vaya a las tiendas de abarrotes para adquirir víveres y ayudar a las personas recluidas de su iglesia. Compre algo de comida para perros y gatos, y llévela a la sociedad protectora de animales. Inicie una campaña de correspondencia esta semana, y escriba cartas de aprecio al presidente de la Nación, a los hombres y mujeres servidores públicos del país, al equipo pastoral de la iglesia, a los profesores de sus hijos en los colegios, etc.

Se sorprenderá cuánto disfrutan sus hijos con este período de «Activación del amor». Estará haciendo buenas obras en representación del Padre y estará enseñándoles a sus hijos que amar es verdaderamente un verbo activo. ¡Pongamos nuestro amor a trabajar!

AL MAESTRO
Señor, ayúdame para que ame a los demás del mismo
modo que Tú me amas. Amén.

15 DE FEBRERO

«*¡Cuánto amo yo tu ley! Todo el día medito en ella*».
SALMOS 119.97

¿Le gustó a usted *El gruñón que odiaba la Navidad* del Dr. Seuss? ¿Recuerda la escena donde el corazón del Gruñón se hace diez veces más grande? Entonces el Gruñón que siempre tenía el ceño fruncido se convierte en *Gruñoncito* ¡y luce una preciosa sonrisa! ¿Verdad que esto nos entibia por dentro?

Bien, esa escena se hace realidad en mi vida cada vez que dedico tiempo a la Palabra de Dios. Muchas mañanas me levanto como el Gruñón, con el ceño fruncido mientras trato de encontrar la bebida de *diet* que me revivirá. Ando a tientas, para decirlo en pocas palabras, hasta que finalmente tengo tiempo para estar a solas con Dios. Durante esos momentos, mi corazón se hace diez veces más grande con el fin de hacerle espacio al amor de mi Padre. Después que «me he llenado de amor», estoy lista para enfrentar otra vez a mi familia y darle el amor que acabo de recibir.

Como mamás, no podemos correr con tanques de amor vacíos. Se espera que nosotras demos amor a lo largo de todo el día, así que si no tenemos el suministro completo, empezaremos a parecernos al viejo Señor Gruñón. Si su tanque de amor hoy está bajo de nivel, tómese de la Palabra de Dios y dedique tiempo a estar con el Señor. Su amor le está esperando y ¡con un premio mayor! ¿Listos? Empiece a cargar combustible.

AL MAESTRO
Señor, llena mi tanque de amor hasta que rebose. Amén.

FEBRERO: *«Amando incondicionalmente»*

16 DE FEBRERO

*«La respuesta amable calma el enojo,
pero la agresiva echa leña al fuego».*
Proverbios 15.1

Recientemente vi una camiseta con un mensaje impreso que decía: «El amor es mi última respuesta». Me pareció algo muy hermoso. Pensemos sobre esto. Cuando usted responde con amor, usted no da lugar al conflicto.

El otro día. Abby quería salir en bote con su amigo. Normalmente diríamos sí a este pedido, pero era un fin de semana festivo y, según los nuevos reportes, habría muchos boteros bebidos en el lago. No estaríamos tranquilos al respecto, de modo que le dijimos a Abby que «esta vez no».

Abby *realmente* quería ir, así que empezó a reclamar en forma. Fue feo. Como se indignó y vociferó, decidí probar la «respuesta de amor». Así que le dije: «Abby, querida, te queremos demasiado para dejar que algo malo te ocurra. Hoy habrá un montón de boteros borrachos y no queremos que te arriesgues. Eres muy importante para nosotros». Para mi sorpresa, ella estuvo de acuerdo con esa respuesta. Aunque estaba desilusionada porque no podía ir al lago comprendió nuestras razones y reanudó su comportamiento normal. ¡Caramba! ¡Ni siquiera tuve que gritar ni amenazar para impedirle salir!

Deje que el amor sea su respuesta final hoy. ¡Verdaderamente funciona!

AL MAESTRO
*Señor, ayúdame para hacer del amor mi respuesta
final en cada situación. Amén.*

17 DE FEBRERO

«Tú, que salvas con tu diestra a los que buscan escapar
de sus adversarios, dame una muestra de tu gran amor».
SALMOS 17.7

¿Tiene un amor incontenible? ¿Tiene usted esa clase de amor que alcanza a todos los que la rodean? Me gustaría responder afirmativamente a estas preguntas, pero tengo que decir: «En verdad, no». Pero ese es mi deseo.

Un bombero en nuestra iglesia nos contaba recientemente que en su trabajo llaman boquilla de inundación a una pieza del equipo que se usa en los incendios mayores. Esta boquilla deja salir ciento quince galones de agua por minuto. ¡Eso es mucha agua!

¿No sería mejor si pudieran inventar una boquilla de inundación de amor, garantizada para dejar salir ciento quince galones por minuto? Entonces, cada vez que yo sienta creciente impaciencia, irritabilidad o frustración, me bastaría solo alcanzar la boquilla de inundación de amor y podría esparcirlo a mi alrededor. Puedo casi oírlo ahora, yo comienzo a gritar, y mis hijos dirían: «¡Rápido! ¡Traigan la boquilla de inundación de amor para mamá!».

Bien, puede no haber una boquilla de amor que inunde la existencia, pero tenemos algo aún mejor, Jesucristo. Él es nuestra secreta arma de amor. Y Él puede hacer que usted entregue aún más amor que una boquilla de anegamiento. Así pues, llámelo hoy. Él tiene suficiente amor para empapar totalmente a su familia.

AL MAESTRO

Señor, gracias por ser mi secreta arma de amor.
Ayúdame para que hoy comparta Tu amor. Amén.

18 DE FEBRERO

«[El amor] todo lo disculpa, todo lo cree,
todo lo espera, todo lo soporta».
1 Corintios 13.7

«Mami, ¿adivina lo que hizo Abby?» Allyson preguntó burlándose. Mi niña de entonces seis años, de pelo rubio y ojos azules no podía esperar para acusar a su hermana mayor. Ella casi explotaba con la noticia, esperando que Abby fuera pillada en su falta.

«No sé lo que hizo Abby, pero antes de que usted acuse a su hermana, es mejor que se asegure de que es digna de hacerlo», exclamé. «Porque voy a prohibirle salir a la acusada y tampoco va a salir la acusete».

Los ojos de Allyson no parecían tan brillantes como cuando ponderó la tentación de acusar. Lentamente se retiró a su dormitorio. Su deseo de dejar en evidencia a su hermana había pasado, y yo me alegré. Acusar es una mala costumbre que se extiende más allá de la infancia, como adultos le llamamos chismorreo. Ambos son despreciables a los ojos de Dios.

Acusar y chismorrear son barricadas para muchos de nuestros pasos de amor. Sacar a la luz los defectos y fracasos de los demás es exactamente lo contrario al amor, porque el amor todo lo soporta. La palabra «soporta» en esta sentencia significa «cubre». Así, la próxima vez que sus pequeños acusadores corran a usted con alguna información sabrosa acerca del otro hermano, derrame 1 Corintios 13.7 sobre ellos. Sus palabras pueden no ser efectivas, ¡pero la Palabra de Dios atiborra de un golpe! Acusetes y chismosos no tienen lugar en nuestros hogares. ¡Deje que el amor los erradique!

AL MAESTRO

Señor, ayúdame para que críe a mis hijos caminando en amor. Amén.

19 DE FEBRERO

«Pero yo soy como un olivo verde que florece en la casa de Dios; yo confío en el gran amor de Dios eternamente y para siempre».
SALMOS 52.8

A veces resulta difícil caminar en amor. ¿Consigo un «¡Amén!» en esto? Hay días en que mi camino de amor se tuerce completamente. En esos días, a menudo me pregunto cómo Dios todavía me puede amar. ¿Alguna vez se ha preguntado usted lo mismo? Hago memoria sobre algo que he dicho o hecho que fue muy poco encantador y por lo cual mi estómago se encoge. Esto es especialmente cierto cuando tiene que ver con mis hijos. Entre todas las personas de mi vida, quiero estar segura de mostrar a mis niños ese incondicional siempre *aquí estoy* tipo de amor. Por eso, cuando fallo en cumplir esta meta, mi corazón se siente herido. Pero en esos momentos es cuando siento la presencia del Padre de una manera superior. Puedo literalmente sentir Su amor envolviéndome casi como una cálida manta.

No importa cuantas veces yo caiga, Dios todavía me ama. Y, en esos días cuando definitivamente no estoy compitiendo por ser «la madre del año», es bueno saberlo. Dios me ama incluso más de lo que yo amo a mis hijos. En efecto, Su Palabra dice que somos la niña de Sus ojos. Me gusta eso. Así que, la próxima vez que sus pasos de amor avancen arrastrándose, recuerde, Dios la ama.

AL MAESTRO
Padre celestial, gracias por quererme
incluso cuando no lo merezco. Amén.

20 DE FEBRERO

Hace mucho tiempo se me apareció el SEÑOR y me dijo:
«Con amor eterno te he amado ;por eso te sigo con fidelidad».
JEREMÍAS 31.3

«La quiero más que un millón de M&Ms rojos».

Esa es una de las escenas favoritas de una película moderna. Es lo que la hija le dice a su mamá al comienzo de *Lo que quiere una niña*.

Mis hijas y yo tenemos algunos de nuestros propios «querer más que...». Aquí están los cinco top:

1. La quiero más que a una bolsa de los chocolates de Hershey.

2. La quiero más que a un cachorro esponjoso y crespito.

3. La quiero más que a las papas fritas de McDonald.

4. La quiero más que a ir de compras a Limited Too.

5. La quiero más que a un cucurucho de helado con crema extra.

Este es un juego muy divertido para entretenerse en los viajes por carretera. (Es especialmente eficaz para parar las peleas insignificantes en el asiento de atrás, y también para cortar comentarios como: «¡Mamá, me está tocando!»). Además, es una gran manera de decir «te amo», de un modo informal y amistoso, porque como nuestras hijas avanzan hacia los años preadolescentes, ellas tienden a ruborizarse por cualquier cosa, especialmente por las muestras de afecto de sus padres.

Por eso, encuentre hoy nuevas maneras de decirles a sus hijos que los ama. Así cada niño, a su vez, tendrá nuevas formas de expresar amor a nuestro Padre celestial. Nada hay tan hermoso como un día de amor.

AL MAESTRO
Señor, yo te quiero más que _____. Amén.

21 DE FEBRERO

«[El amor] no se comporta con rudeza, no es egoísta,
no se enoja fácilmente, no guarda rencor».
1 CORINTIOS 13.5

El amor significa poner las necesidades y los deseos de los demás antes que los nuestros. Por supuesto, como madres, estamos muy conscientes de esto. Cuando mis niñas eran bebés tenían muchas necesidades y deseos. En realidad, parecía que necesitaban algo de mí constantemente. Si hubiera tenido tiempo para tomar una ducha a las tres de la tarde habría sido afortunada.

Especialmente cuando nuestros hijos son pequeños, conseguimos aprender de primera mano ese aspecto del amor. Y, algunas veces, esto no es fácil. Hubo ocasiones en que yo oraba: «Por favor, Señor, permite que duerman la siesta al mismo tiempo hoy para que yo pueda tomar un largo baño caliente». (Hey, ¡habría pagado mucho dinero por un baño de espuma en ese entonces!). Fue una época hermosa, pero claro, ¡muy atareada, también!

Puede que usted esté viviendo hoy esos días intensos. Puede ser que esté leyendo y pensando: *¿Tiempo encantador? ¡Quiero escaparme!* Bien, no se desespere. Dios cuida de sus días locos y muy ocupados. El sabe que ser una madre multifuncional no es ningún trabajo fácil. Él quiere darle descanso y paz, y Él se agrada de su buen desempeño. Por eso, la próxima vez que usted escuche un: «¡Mami!» y quiera correr en dirección contraria, ¡ánimo! Está creciendo en amor.

AL MAESTRO
Señor, ayúdame para que aprecie aún el más
ocupado de los días y ayúdame a reflejar Tu amor hoy.

22 DE FEBRERO

«No seas vengativo con tu prójimo, ni le guardes rencor.
Ama a tu prójimo como a ti mismo. Yo soy el Señor».
LEVÍTICO 19.18

¿Se acuerda cuando tuvo que memorizar «Ama a tu prójimo como a ti mismo» en la escuela dominical? Eso fue fácil de aprender pero no tan fácil de aplicar. En efecto, hay días en que todavía tengo problemas con ese mandamiento de amor.

Recientemente me pasó cuando me ofrecí de voluntaria para supervisar la presentación anual de talentos en el colegio de mis hijas. ¡Fue terrible! Cada madre directora de escena se escapó de su ego y decidió darse a conocer. O sus hijas estaban en la parte equivocada del show o no les gustaba la manera como dirigía el ensayo general. ¡Háblenme de un desafío de amor! No quería «amar a mi prójimo» en esa coyuntura. En realidad, quería estrangular a mi prójimo y arrepentirme después. ¿Le ha pasado?

Descubrí que algunas veces amar significa morderse la lengua muy fuerte. Pero, es en esos momentos cuando nos damos cuenta de cuánto amor tenemos realmente dentro de nosotros. Es algo así como un tubo de pasta de diente. Si hay pasta en el interior, la pasta sale cuando usted lo aprieta. Bien, cuando estamos bajo presión, si hay amor dentro de nosotros, tendrá que salir. Pero, si tenemos algún tipo de chatarra adentro, esta también saldrá. Así que, intensifique el amor dentro de usted. Créame, ¡lo necesitará más adelante!

AL MAESTRO
Señor, ayúdame a amar a todas Tus criaturas. Amén.

23 DE FEBRERO

«Pero el Señor le dijo a Samuel: «No te dejes impresionar por su apariencia ni por su estatura, pues yo lo he rechazado. La gente se fija en las apariencias, pero yo me fijo en el corazón».
1 SAMUEL 16.7

"No puedes comprar mi amor" es una cancioncita pegajosa con un mensaje poderoso. Por supuesto, los chicos no siempre están de acuerdo con su mensaje. Cuando mi marido le dijo a nuestras hijas que no les compraría un *go-kart*, ellas dijeron llorando: «¡Tú no nos quieres!».

Puede ser que usted haya escuchado este mismo contragolpe en su hogar. Es una manipulación infantil muy común, pero totalmente inefectiva y fuera de toda lógica. A decir verdad, la razón por la que no les compraríamos un *go-kart* a nuestras hijas no era porque no quisiéramos dárselo, sino porque era peligroso tener uno en nuestro vecindario. Lo que queríamos era protegerlas de un riesgo que ellas no podían comprender.

Dios es así también. Como Padre celestial nuestro, Él tiene que decir no a algunas de nuestras peticiones. Él ve aquellos ocultos peligros que nosotros no vemos. Pero, cuando dice *no*, algunas veces yo salgo con esa antigua manipulación que nunca funciona: «Tú no respondes a mi clamor; debe ser porque no me amas». Por supuesto, eso no es verdad. Sé eso en mi corazón, pero algunas veces oro dolida. Estoy tan agradecida que el Señor mire el corazón, no las heridas.

Muestre a sus niños esa misma misericordia la próxima vez que ellos le digan: «Tú no me quieres».

AL MAESTRO
Señor, ayúdame a mostrar Tu piedad a mis niños. Amén.

24 DE FEBRERO

«No seas vengativo con tu prójimo, ni le guardes rencor.
Ama a tu prójimo como a ti mismo. Yo soy el Señor».
LEVÍTICO 19.18

¿Sabía que este mandamiento aparece nueve veces en la Biblia? Lo he usado varias veces en este devocionario. Es algo magnífico. He leído probablemente esta Palabra unos cientos de veces, pero solo me concentro en la parte de «ama a tu prójimo». Sin embargo, el versículo no termina allí. Dice: «Ama a tu prójimo *como a ti mismo*». Eso significa que tenemos que amarnos a nosotros antes de amar a los demás.

No sé si usted, pero desde que tengo hijos, las cosas han cambiado. Ellas son definitivamente la parte de mi ser que no podría amar más. Y, también hay cosas que me gustaría cambiar de mi personalidad. Me gustaría ser más paciente y organizada. La conclusión es que hay un montón de días en que no me quiero a mí misma. ¿Qué me dice de usted? Es difícil amarnos a nosotros mismos. Tenemos tendencia a ver todas nuestras imperfecciones y a descubrir todas nuestras fallas.

Si tiene problemas para recibir un cumplido o si está constantemente menospreciándose, necesita entrar en la «moda de la autoestima». Pida a Dios que la llene con Su amor y que la ayude a verse a través de Sus ojos. Cuando me miro a mí misma a través de Sus ojos, ¡me veo grandiosa! Es como el mejor *brushing* que jamás me haya hecho. Por lo tanto, quiérase hoy.

Esto no es una sugerencia bíblica. ¡Es un mandamiento!

AL MAESTRO
Señor, ayúdame a amarme a mí misma hoy. Amén.

25 DE FEBRERO

«Pero el amor del Señor es eterno y siempre está con los que le temen; su justicia está con los hijos de sus hijos».
SALMOS 103.17

Hay ciertos días en que no alcanzo a ver más allá de la punta de mi nariz. ¡Tengo tanto que hacer! Plazos que se cumplen, cestos de ropa sucia, la práctica de fútbol, compras en el supermercado... Mañana parece una lejana eternidad y no puedo ni hacerme a la idea de este concepto.

Así, cuando leo un versículo que dice que el amor de Dios está con nosotros por siempre jamás, no siempre lo comprendo.

Hace poco estudiando un rato mi Biblia, le pedí al Señor que quitara de mi cabeza el listado de cosas por hacer, de modo que pudiera de verdad oír Su voz por medio de la Palabra. ¿Y sabe qué? ¡Funciona! De repente, Su Palabra saltó de las páginas y de inmediato ¡me habló!

¡Este es ahora uno de mis versículos favoritos! Creer que alguien, especialmente el Creador del universo, pueda amarme por siempre, ¡es algo fenomenal! ¡Qué promesa tan maravillosa!

Como mamás, no tenemos mucho tiempo para meditar sobre la Palabra de Dios, de modo que debemos aprovechar al máximo esos momentos con el Maestro. Pida a Dios que le ayude a concentrarse profundamente cuando lee la Biblia. Pídale que le muestre lo que Él tiene especialmente para usted hoy. ¡Es sorprendente!

AL MAESTRO
Señor, ayúdame a meditar más en Tu Palabra. Amén.

26 DE FEBRERO

«No te inclines delante de ellos ni los adores. Yo, el Señor tu Dios, soy un Dios celoso. Cuando los padres son malvados y me odian, yo castigo a sus hijos hasta la tercera y cuarta generación».
ÉXODO 20.5

¿Se acuerda de su primer amor? Me casé con mi novio de la escuela secundaria. Recuerdo la primera vez que me tomó de la mano. La primera vez que me besó. Recuerdo exactamente el vestido que llevaba puesto la primera vez que me dijo que me amaba. ¡Me acuerdo de todo como si fuera ayer! Aún después de doce años de matrimonio me sonrío y siento que algo me recorre entera cuando escucho «nuestra canción» en la radio.

Pero el Señor quiere que nosotros le amemos a Él aún más que a nuestros esposos y a nuestros hijos. Nos dice que Él es un Dios celoso. Quiere que recordemos esos días especiales con Él, el momento en que le entregamos nuestro corazón, los milagros que ha obrado en nuestra vida, la época en que ha estado al lado nuestro cuando nadie más lo ha hecho... Quiere que cantemos cánticos de alabanza a Él como una ofrenda de amor. Él dice que si no lo alabamos, las piedras lo harán por nosotras. Yo no quiero que ninguna roca lo alabe en mi lugar. ¿Qué me dice de usted?

Comience hoy y lleve un diario personal. Anote lo que Dios hace por usted cada día, incluso lo más insignificante. Será una especie de «carta de amor» diaria para el Padre. Si siente que se ha ido enfriando respecto de Dios, tenga la seguridad de que volverá a enamorarse de Él otra vez.

AL MAESTRO
Señor, ayúdame para que seas siempre mi primer amor. Amén.

27 DE FEBRERO

«Porque ustedes tienen tan poca fe, les respondió. Les aseguro
que si tienen fe tan pequeña como un grano de mostaza,
podrán decirle a esta montaña: "Trasládate de aquí para allá"».
MATEO 17.20

Ahí están las niñas otra vez. Me parece algo irónico escribir sobre
el amor mientras mis hijas forcejean en el suelo. Obviamente, el
Señor tiene sentido del humor. En el fondo, más allá de la actitud
de «no estoy con ánimo de hablar», ellas se quieren. Muchas veces
veo destellos de ese amor. Ocurre más o menos a media mañana,
por unos pocos minutos y luego se va casi instantáneamente. Sin
embargo, el amor de una por la otra permanece en lo más profundo
de su ser, en algún lugar.

Cuando se produce uno de esos días en que yo puedo ver una
sombra de ese amor, se lo agradezco al Señor. Abby llamará a Allyson
una «cabeza hueca» y Allyson le hará crujir la cabeza a Abby, pero
después que las disciplino, alzo mis manos y digo: «Gracias Señor,
porque mis hijas se aman entre sí. Te doy las gracias, Padre, porque
serán amigas a lo largo de sus vidas». A veces digo esto puramente
por fe porque no hay evidencia de ese amor, pero la fe del tamaño de
una semilla de mostaza es todo lo que Él necesita ¡y yo tomo eso!

Ponga a trabajar hoy su fe y vea como crece el amor en su hogar.

AL MAESTRO
Gracias, Padre, porque mis hijos Te aman
y también se aman entre ellos. Amén.

28 DE FEBRERO

«Ahora que se han purificado obedeciendo a la verdad y tienen un amor sincero por sus hermanos, ámense de todo corazón los unos a los otros».

1 PEDRO 1.22

«Mamita, ¿me vas a querer siempre?» Abby preguntó mirándome con sus grandes ojos verdes.

«Claro que te querré siempre», le dije besándola en la cabeza. «Para eso son las mamitas».

Sonrió satisfecha con mi respuesta.

En ese momento pensé, *espero que siempre sea capaz de sentir mi amor, pase lo que pase. O, si no puede sentir mi amor, quiero que sienta el amor de Dios. Su amor es mucho más trascendental que el mío.*

El mundo de hoy es muy inseguro. A decir verdad, muchas veces parece estar loco. En el ajetreo y bullicio de la vida diaria, nuestros hijos necesitan que les trasmitamos seguridad. Necesitan saber que les amaremos siempre. Y lo más importante, necesitan saber que su Padre celestial les amará siempre. Así, aproveche esta oportunidad para decirles que los ama y que Dios los ama aún más que usted, ¡y eso es muchísimo!

El amor es la respuesta. Incluso si sus niños vagan lejos «del camino recto y angosto», el amor los traerá de regreso. Si está usted hoy día algo desalentada porque sus hijos no parecen estar aceptando su amor, ni abrazándose al amor de Dios, ¡resista! El amor de Dios tiene una manera de entrar incluso en el corazón más duro.

AL MAESTRO

Gracias, Padre, por Tu amor.
Ayúdame a mostrar Tu amor a mis niños. Amén.

29 DE FEBRERO

«*Fíjense en las aves del cielo: no siembran ni cosechan ni almacenan en graneros; sin embargo, el Padre celestial las alimenta. ¿No valen ustedes mucho más que ellas?*».

MATEO 6.26

«¡Mamita, ¡Apúrese!» llamaba Abby desde la entrada. «¡Es un pajarito!».

Cierto, justo en el centro de nuestra entrada, había un suave y esponjoso bebé paloma. Tendría probablemente cinco semanas de vida y, aunque ya tenía todas sus plumas, la tierna palomita todavía no podía volar. Llamé a las oficinas de control de la fauna y flora de Texas, y me instruyeron que lo colocara en un nido provisorio en un canastillo colgando cerca del árbol desde donde había caído. Preparándome para el rescate de emergencia, corrí a la puerta principal para observar a nuestro pequeño amigo emplumado. Fue entonces cuando observé una de las más hermosas escenas nunca antes vistas. La madre paloma acurrucaba a su bebé pájaro, justo en medio de nuestra entrada. Lo estaba protegiendo a cualquier costo.

Haríamos lo mismo por nuestros hijos. Daríamos la vida por nuestros niños, ¿verdad? ¿Sabe que así siente Dios respecto de nosotros? ¡Nos ama! Cuida de cada uno de nosotros. Cuando caemos de nuestros respectivos nidos, Él está ahí, rondando cerca de nosotros, protegiéndonos, amándonos.

AL MAESTRO

Gracias, Padre, por estar siempre ahí para mí, protegiéndome y amándome. Amén.

1 DE MARZO

«Así también ustedes, manténganse firmes y aguarden con paciencia la venida del Señor, que ya se acerca».
SANTIAGO 5.8

Uno de mis mejores amigas acaba de tener su segundo bebé, Aimee. Ella es tan hermosa como inocente y diminuta. Cada vez que tomo en brazos a un recién nacido me maravillo. Por nueve meses esperamos, soñamos y planificamos hasta que, finalmente, el bebé llega. En ese momento, cuando usted ve por primera vez a su hija o hijo, todos esos meses de espera valieron la pena.

Esperar no es fácil, especialmente cuando se espera algo tan monumental como el nacimiento de un niño. Es difícil, incluso si está esperando que Dios realice un milagro en cualquier área de su vida. No somos seres pacientes. Cuando los días se vuelven semanas, y las semanas meses y los meses años, es natural que se pregunte si Dios todavía está trabajando en beneficio suyo. Pero descanse confiada, ¡Él lo hace! Así como sus hijos nacieron en el momento preciso, los sueños y milagros que abriga, se harán realidad en el momento que corresponde.

Por eso, manténgase firme y espere con alegría. Cuantas veces sea capaz de aferrarse a cualquier esperanza creyendo que Dios puede hacerla realidad, ¡la espera incluso habrá valido más!

AL MAESTRO
Señor, gracias por darme la paciencia para esperar con alegría. Te amo. Amén.

2 DE MARZO

*«Mientras la tierra exista, habrá siembra y cosecha,
frío y calor, verano e invierno, y días y noches».*
GÉNESIS 8.22

Por alguna razón este versículo me reconforta. Saber que Dios
tiene bajo Su control todos los fenómenos de la tierra, estaciones,
temperatura, etc., me hace sentir bien. A menudo me encuentro
estresada acerca del tiempo preguntándome cosas como *¿estaré
pasando suficiente tiempo de calidad con mis hijas? ¿Terminaré el
libro en la fecha prevista? ¿Tendré tiempo suficiente para perder
diez libras de peso antes de la próxima reunión con exalumnas de la
secundaria?*

Hace poco oí en la radio a un pastor hablando sobre el manejo
del tiempo. Preguntaba: «¿es usted quien hacer girar la rueda o usted
es quien está rodando?».

Bueno, pensé: ¡depende del día en que me lo pregunte!

Algunos días todo va bien, todo se cumple de acuerdo a lo
programado y yo siento que tengo todo bajo control. (Okay, si soy
realista, debo decir que, de ese tipo, no tengo más de unos tres días
al año). La mayoría de mis días están llenos de visitas inesperadas,
citas de último minuto en la peluquería, actividades en la escuela y
sin parar de correr. ¿Puedo oír un «¡Amén!» colectivo?

Pero, podemos regocijarnos al saber que si Dios puede mantener
al mundo girando, por cierto Él puede manejar las tareas diarias que
tenemos ante nosotras. Por eso, la próxima vez que esté corriendo en
círculos, clame a Él.

AL MAESTRO
*Señor, reconozco Tu habilidad para mantener todo en orden.
Te entrego cada parte de mi vida. Amén.*

3 DE MARZO

Jesús dijo: «Dejen que los niños vengan a mí, y no se lo impidan, porque el reino de los cielos es de quienes son como ellos».
MATEO 19.14

Leí un artículo que decía que los niños deletrean la palabra AMOR como T-I-E-M-P-O. Cuando lo analicé, estuve de acuerdo. A veces, como padres, pensamos que la deletrearían como D-I-N-E-R-O, porque nuestra sociedad se ha vuelto tan materialista, pero en realidad, lo que los chicos quieren es estar con nosotros. Abby y Ally preferirían pasar una tarde mirando una vieja película de Doris Day sobre mi cama matrimonial más que cualquier otra cosa que yo pudiera darles. Disfrutan de verdad estando conmigo y eso es algo por lo que estoy agradecida. Cuando crezcan creo que ya no será lo mismo, por eso quiero aprovechar cada oportunidad de acurrucarnos, comer palomitas de maíz y ver en el cable la película de Doris Day con Rock Hudson.

Descubra algunas actividades que usted y sus niños disfrutan haciendo juntos, como dar una caminata, salir a pescar, hacer manualidades, leer cuentos, hornear galletas, jugar juegos de mesa... Solo encuentre un punto en común y disponga de tiempo para sus niños. Incluso si usted tiene que anotar en su agenda «un día para hornear galletas con los niños» ¡hágalo! No solo les diga que los ama, ¡sino que demuéstreselo! Pasen más tiempo juntos.

AL MAESTRO
Padre, quiero agradecerte por cada momento que puedo estar con mis hijos. Ayúdame a atesorar este tiempo. Amén.

4 DE MARZO

«Estén siempre alegres».
1 TESALONICENSES 5.16

Lentamente abre un ojo, tratando de ver el reloj. Son las 2 de la mañana.

¿Cómo puede tener hambre otra vez?, se pregunta.

Pero como el bebé empieza a gemir, usted se pone sus pantuflas peludas y baja a tropezones por el pasillo, envuelta en su vieja bata de baño.

Esa es la vida de una mamá que está criando.

Somos una especie extraordinaria. Una hermandad de origen real. Un club de mamitas. Funcionamos con unas pocas horas de sueño, nunca terminamos una comida y por lo general hacemos malabarismos con diez pelotas a la vez. Enfrentémoslo, ser madre no es un juego fácil, por lo cual las mamás pueden algunas veces estar malhumoradas, especialmente las madres de recién nacidos. ¡Vamos! ¡Admítalo! ¡Usted también ha arrancado con los dientes algunas cabelleras en su vida! Puedo recordarme pensando, *¡no resisto un día más! Dios no debe haber sabido lo que estaba haciendo cuando me convirtió en mamá.* Pero, ¿sabe qué? Él lo sabía.

Me he dado cuenta que fui equipada por Él con todo lo que necesito para ser una buena mamá. Y Él ha estado listo para ayudarme a cumplir esta tarea cuando me siento débil. Hará lo mismo con usted. No importa cuán desagradable haya actuado hoy. Pase lo que pase, el Señor la ama y cree en usted.

AL MAESTRO

Padre, ayúdame a no estar malhumorada
mientras aprendo a ser mamá. Amén.

5 DE MARZO

«Porque yo sé muy bien los planes que tengo para ustedes afirma el Señor, planes de bienestar y no de calamidad, a fin de darles un futuro y una esperanza».
JEREMÍAS 29.11

Recientemente fuimos a los Estudios de la Metro en Walt Disney World de Orlando. ¡Qué manera de divertirnos! Subimos a la Torre del Terror. Dimos varias vueltas en la montaña rusa Aerosmith. ¡Lo pasamos fantástico!

Cuando llegó la tarde, teníamos tiempo para una vuelta más. Entonces leí la descripción del tour animado de Disney. Sabía que, como futura artista, a mi Abby de diez años ¡le encantaría! Podríamos haber ido a la Torre del Terror otra vez, pero yo sabía que a Abby la motivaría conocer más sobre los dibujos animados. Así lo hicimos. Miramos una selección de películas clásicas de Disney. Escuchamos a artistas de verdad hablar sobre cómo se hacen las películas animadas. Vimos dibujos de un próximo film. Fue interesante, y para Abby fue algo mágico que confirmó su aptitud.

Todo el regreso al hotel conversamos respecto de lo hermoso del arte de Disney. Abby habló con pasión de cómo Dios podía algún día usar su talento. Yo estaba tan agradecida por no haber perdido la oportunidad de ampliar sus sueños. ¿Por qué no busca hoy la manera de alentar los sueños de sus hijos?

AL MAESTRO
Padre, ayúdame para que anime los sueños que Tú has puesto dentro de mis niños. Amén.

6 DE MARZO

*«El que atiende a la corrección va camino
a la vida; el que la rechaza se pierde».*
PROVERBIOS 10.17

«¡Eso es! ¡Usted está en la silla del tiempo muerto!» grité a mi Allyson que tenía entonces cuatro años. Me había estado provocando toda la tarde.

Lentamente, ella se encogió sobre su silla de castigo, dispuesta en el rincón de su dormitorio. Detestaba ese momento. Solo oír las palabras *tiempo* y *muerto* en la misma frase la hacía encogerse. Pero cuanto más la detestaba, más tiempo pasó en esa pequeña silla de madera. Su racha de rebelde solo le venía de vez en cuando.

Me encontré a mí misma en la silla del tiempo muerto de Dios casi tan a menudo como Allyson frecuentaba la suya cuando era una preescolar.

También tengo una racha rebelde. Pero, el tiempo de la silla muerta de Dios no es el lugar donde Él la pone como castigo, más bien, usted se pone a sí misma allí cuando le desobedece. Es un lugar donde las bendiciones de Dios no nos alcanzan. No me gusta estar allí más de lo que a Allyson le gustaba su silla de madera. Pero lo mejor en relación con la silla de tiempo muerto de Dios es que usted puede levantarse cuando quiera. Todo lo que tiene que hacer es arrepentirse y seguir adelante. Por eso, si está hoy en la silla del tiempo muerto, no se preocupe. Su tiempo está casi cumplido.

AL MAESTRO
Padre, ayúdame a seguirte siempre. Amén.

7 DE MARZO

«Entre los ancianos se halla la sabiduría;
en los muchos años, el entendimiento».
JOB 12.12

Cuando paseábamos por el centro comercial Wal-Mart, mi Abby, que entonces tenía tres años encontró un peluche sin el cual ella no podía vivir. Dije que no se lo compraría y así fue. Abby se tiró en el piso y tuvo el mayor de todos los berrinches. Ally, que tenía un año en esa época, agregó a la escena una explosión de llanto solidario. Una vez que la respiración de Abby se normalizó, nosotras nos dirigimos a pagar la cuenta y salimos.

Fue en ese mismo momento cuando vi a ese bondadoso anciano de nuestra iglesia. Escudriñó las caritas de mis niñitas y me susurró: «¡Son tan hermosas! Estos son los mejores años de su vida. ¡Atesore cada momento!».

Sonreí cortésmente, pero en mi interior pensaba: *¿Estará tomándome el pelo? ¿Vio el berrinche que tuve que manejar ahí adentro? ¡Por favor!* Esto ocurrió hace más de siete años, pero sus palabras se han quedado conmigo.

Eran años preciosos. Ahora lo comprendo. A veces, cuando estaba sumergida hasta el codo en pañales sucios, no me daba cuenta. Por eso, en la mitad de la edad preescolar de sus hijos, tome nota del consejo del sabio anciano de mi iglesia, y valore cada momento.

AL MAESTRO
Padre, ayúdame a valorar cada momento con mis niños. Amén.

8 DE MARZO

«Escuche esto el sabio, y aumente su saber;
reciba dirección el entendido».
PROVERBIOS 1.5

Escuchar. Es casi una forma de arte desperdiciada en el mundo de hoy. Sin embargo, de acuerdo con la International Listening Association (Asociación Internacional de Oidores), «ser escuchado significa la diferencia entre sentirse aceptado y sentirse aislado». ¡Caramba! Eso es muy importante, ¿verdad?

En círculos profesionales, soy una buena oyente. Comprendo la importancia de escuchar a mis colegas, pero a veces fallo en escuchar a mis hijos. Me descubro a mí misma interrumpiéndolos, tratando de lograr que «lleguen pronto al final de la historia», mientras todavía soy joven.

Pero no es eso lo que debería hacer una mamá afectuosa que acoge a sus hijos. El Señor me recriminó sobre esto no hace mucho, y he estado trabajando en mis destrezas como oyente desde entonces.

¿Sabe escuchar con atención? ¿Entrega de verdad a sus niños toda su atención cuando ellos le hablan? ¿Asiente con su cabeza y sonríe para hacerles saber que usted está metida en lo que están diciendo? Si no es así, necesita pedir al Señor que la ayude a mejorar sus destrezas como oyente también. Si fallamos en escucharlos ahora, nos lamentaremos en el futuro de que no quieran contarnos sus cosas. De modo que siga adelante. ¡Abra sus oídos y su corazón y escuche a sus hijos!

AL MAESTRO

Señor, por favor ayúdame para que pueda escuchar a mis niños
de la misma manera que Tú me escuchas a mí. Amén.

9 DE MARZO

«Él fortalece al cansado y acrecienta las fuerzas del débil».
ISAÍAS 40.29

¿Está usted demasiado ocupada? ¿Está su calendario tan marcado que apenas le queda espacio para anotar más tareas? Las mamás somos gente ocupada. Eso es una realidad de la vida, pero si nos estamos tan excesivamente ocupadas, desperdiciaremos tiempo de calidad con nuestras familias. Estaremos andando de un lado para otro sin parar, hasta no saber si vamos o venimos. Incluso las cosas buenas pueden llegar a ser malas si nos alejan de nuestras familias.

Por ejemplo, si ofrecerse para dirigir el comité de trabajos manuales en la Escuela Bíblica de Vacaciones de este año le consume mucho tiempo, de manera que usted no puede jugar durante todo un mes en tiempo de verano con sus niños, no es bueno. O, si atender los estudios bíblicos femeninos los martes por la noche coincide con el juego de béisbol de su hijo durante toda la primavera, podría tener que renunciar a ese papel de liderazgo.

Al igual que el contagioso lema de la campaña antidrogas, yo tuve que aprender a «¡Solo decir que no!» a algunas cosas. No está en mi naturaleza decir que no. Por lo general, soy la primera en saltar como voluntaria, muchas veces a costa de mi marido y mis hijos. Pero estoy mejorando. Así, si usted es como yo, «¡Solo diga que no!», su familia se lo agradecerá.

AL MAESTRO
Señor, ayúdame a tomar decisiones sabias en lo que concierne a mi tiempo. Amén.

10 DE MARZO

«¡Cuánto amo yo Tu ley! Todo el día medito en ella».
SALMOS 119.97

¿Querría usted sumergirse en una enorme tina de baño llena de burbujas? Las pompas de jabón le harían cosquillas en los dedos de los pies y la fragancia a flores frescas inundaría la habitación. Es una de las cosas que más me gusta. Si pudiera, me sumergiría en la bañera cuan larga soy, hasta que todo mi cuerpo se arrugara por el remojo. No hay nada como un baño de espuma. ¡Es el mismo cielo! Es tiempo bien invertido, en lo que a mí concierne. Sumergirme en burbujas me quita el estrés y trae descanso a mi alma. ¿Y qué mamá no necesita gran cantidad de eso en su vida?

¿Usted sabe qué otra cosa trae aun más descanso? Sumergirse en la Palabra de Dios. Cuando usted invierte tiempo en la Palabra de Dios, esto la transforma desde adentro. Reemplaza su estrés por paz; la enfermedad por salud; la ira por compasión; el odio por amor; la angustia por fe y la debilidad por energía. Sumergiéndonos en la Palabra de Dios cada día nos mantendremos equilibradas y listas para enfrentar lo que se presente en el camino. Es tiempo bien invertido. Usted llegará a ser una mejor persona, una mejor esposa y una mejor mamá. Y no se «arrugará» en el proceso.

AL MAESTRO
Señor, gracias por Tu Palabra.
Ayúdame a sumergirme en ella más y más cada día. Amén.

MARZO: *«Dándose tiempo»*

11 DE MARZO

«Más bien, busquen primeramente el reino de Dios y su justicia, y todas estas cosas les serán añadidas».
MATEO 6.33

Un chiste típico en mi familia dice: «Compré un libro sobre el manejo del tiempo, pero no he tenido tiempo para leerlo». Como usted es mamá también, estoy segura que me comprenderá. ¡Tenemos cientos de cosas que hacer antes del mediodía! Por eso el tema me apasiona. He entrevistado a expertos y escrito varios artículos informativos usando sus comentarios y consejos. Sin embargo, no soy muy eficiente cuando hay que practicar estos principios.

Quiero hacerlo mejor realmente, pero me siento abrumada aún antes de siquiera comenzar. En vez de eso, doy vueltas de un lado para otro en mil direcciones, envolviendo regalos un minuto antes en que se supone debemos salir para la fiesta de cumpleaños, haciendo mi cama mientras me cepillo los dientes, etc. Usted se lo imagina. Entonces un día caí en cuenta de que Dios es un grandioso administrador del tiempo. Él puede hacer lo máximo en el mínimo plazo. ¡Me refiero, oiga, a que hizo todo el mundo en una semana!

En ese momento de revelación, pedí al Señor que me ayudara a manejar mi tiempo. Le pedí que me mostrara las actividades, los cargos voluntarios y las tareas que necesitaba dejar de lado. Entonces le pedí que reemplazara ese «tiempo libre» con las cosas que Él quería que yo hiciera. ¿Y sabe? Él realmente sabe lo que hace.

AL MAESTRO
Señor, ayúdame a administrar mejor el tiempo. Amén.

12 DE MARZO

«Éste es el día en que el Señor actuó;
regocijémonos y alegrémonos en él».
SALMOS 118.24

«Los momentos Kodak». ¿No son fantásticos? ¡Me encanta mirar fotografías de vacaciones pasadas, ceremonias, giras de estudio, eventos deportivos, reuniones familiares y tanto más! Y, cuando tengo tiempo, disfruto desarmando álbumes para lucir lo mejor posible nuestras preciosas fotografías. Cuando hace poco preparaba un álbum para mi padre, me di cuenta que todas las fotos habían sido tomadas con gente sonriente. Algunas eran las típicas con la sonrisa «cheesy» pero incluso las instantáneas mostraban gran felicidad. Ya fuera Abby terminando de redondear la serie de volteretas en el último encuentro de gimnasia o Ally saboreando una fresca sandía, la felicidad brotaba de cada fotografía.

Tal como dice el anuncio comercial, esos son momentos para acariciar. Algunas veces usted tiene que tomarse de estos recuerdos felices para sobrevivir hasta el próximo momento Kodak. La vida es difícil, y los sucesos traumáticos pueden desarmar de raíz su vida entera en un instante. Por eso, necesitamos vivir cada día consciente de que esos son tiempos preciosos, momentos especiales con nuestros seres queridos, tesoros que se han ido como la niebla de la mañana. Disfrute cada minuto con sus hijos, incluso aquellos que no son tan agradables, y agradezca a Dios por los momentos Kodak.

AL MAESTRO

Señor, te agradezco por llenar mi vida con momentos Kodak. Amén.

13 DE MARZO

«De este modo todos sabrán que son mis discípulos,
si se aman los unos a los otros».
JUAN 13.35

¿Cuándo fue la última vez que usted disminuyó sus revoluciones para darse tiempo de hacer tortas de barro con sus hijos? ¿Cuándo fue la última vez que usted leyó una poesía divertida o cenó una pizza a la luz de las velas? Si de esto hace ya mucho, entonces planifique un día especial para hacer algo divertido con sus niños. Por supuesto, funcionará mucho mejor si ellos están deseosos de pasar un día entero con usted. Una vez que alcanzan la pubertad, la mamá pasa a formar parte de una lista de personajes «nerd». Pero, si todavía tiene uno o dos que andan a la siga suya, ¿por qué no ofrecerles un día de diversión máxima?

Comience con una pizza al desayuno. Revisen entretenidas filmaciones familiares hasta el mediodía. Entonces, si el tiempo está bueno, dé una vuelta en bicicletas o vayan a un parque de juegos de tiro al blanco. Pueden seguir con juegos de mesa hasta el anochecer. Termine el día haciendo un devocionario y orando. Solo preocúpense de disfrutar juntos, dejándose empapar por esta cálida atmósfera.

Al final del día, usted habrá construido magníficos recuerdos y cuando sus hijos sean personas mayores, recordarán ese día y sonreirán. No sabrán exactamente lo que hicieron, pero recordarán el amor.

AL MAESTRO

Señor, ayúdame a pasar más tiempo de calidad con mi familia. Amén.

14 DE MARZO

«Oren en el Espíritu en todo momento, con peticiones y ruegos.
Manténganse alerta y perseveren en oración por todos los santos».
EFESIOS 6.18

Vi una pegatina en un parachoques que decía: «Siete días sin oración hacen un débil». Al principio pensé que se trataba de un error de imprenta, pero entonces me di cuenta que era un ingenioso juego de palabras. Cuanto más pensaba en ellas, más me gustaban y más culpable me sentía.

Soy muy diligente en cuanto a leer mi devocionario diario. Voy regularmente a la iglesia. Pero si evalúo mi vida de oración, ¡Caray! pareciera casi inexistente.

Empecé a pensar acerca del tiempo en que yo he dedicado más de un minuto a orar, y eso ha sido siempre cuando atravieso por dificultades. En otras palabras, solo invierto tiempo de calidad conversando con Dios cuando lo necesito. Ocupo todo mi tiempo de oración pidiéndole algo. De vez en cuando le lanzo un «Gracias, Señor, por tal y tal cosa», pero la mayoría de las veces estoy requiriendo su intervención. Muy pocas veces me tomo el tiempo de escucharlo a Él, en caso de que tenga algo que quiera decirme en esa voz apenas audible.

¿Es su vida de oración apurada y unilateral? Si lo es, no se desespere. Comience hoy a entregar tiempo de oración de calidad al Padre. Él la está esperando.

AL MAESTRO
Señor, quiero oírte a Ti. Te amo. Amén.

15 DE MARZO

«Los que viven, y sólo los que viven,
son los que te alaban, como hoy te alabo yo».
ISAÍAS 38.19

«No hay tiempo como el presente».

Eso es lo que mi madre siempre decía cuando quería que yo limpiara mi habitación. Ahora, me encuentro usando esa misma línea con mis niñas. Por supuesto, ellas me miran de la misma manera en que solía mirar a mi mamá cuando lo decía. (¡Sí, y también le fruncía el ceño a mi mamá!). No obstante, el hecho es que aún es una declaración válida. Realmente no hay tiempo como el presente.

Así que, si hay algo que usted ha estado anhelando hacer, o alguien a quien ha estado esperando visitar, hágalo ya. Hágalo hoy. ¡Aprisione el momento! ¿Qué está esperando?

No se nos ha prometido el día de mañana, por lo que debemos vivir cada día como si fuera el último. Abrace más a sus niños. Sirva a Dios con todo su corazón. No deje que el sol se ponga sin decirle a su familia cuánto la ama. Asegúrese de que sus hijos sepan cuánto los ama Jesús. Piense en el día de hoy como un regalo de Dios, porque eso es.

AL MAESTRO

Gracias, Señor, por cada minuto de cada día. Amén.

16 DE MARZO

Jesús dijo: «Dejen que los niños vengan a mí, y no se lo impidan,
porque el reino de los cielos es de quienes son como ellos».
MATEO 19.14

«No».

Esa era la respuesta que yo recibía siempre de uno de mis exjefes. No importaba qué idea le presentara, aunque fuera la mejor sugerencia del mundo, su respuesta era siempre «No». Lo apodé «Ned Negativo». Aunque traté de bromear con él al respecto, su negatividad casi me dejó inválida por dentro.

Después de ser minusvalorada tantas veces, me abstuve de ofrecer mis sugerencias. Evité compartir mis ideas. Entré en mi «fórmula para sobrevivir» con todas mis defensas en alto. Con el tiempo Dios me liberó de ese supervisor, pero aprendí mucho durante esos meses de ir a la deriva en el mar del negativismo. Aquellas experiencias permanecen conmigo y a menudo pienso en el Viejo Ned cuando estoy criando a mis hijos.

Como madre, parece nuestro deber decir que no. Y algunas veces, no es la respuesta correcta. Pero no sea tan rápida para decir no, o sus hijos dejarán de pedir su opinión. Entrarán en su «fórmula para sobrevivir», tal como yo lo hacía con mi jefe.

Como mamás, deberíamos darnos tiempo para realmente escuchar los requerimientos de nuestros niños antes de decir «no». Si no lo hacemos, podríamos llegar a convertirnos en la versión femenina de Ned Negativo.

AL MAESTRO
Señor, ayúdame a ser de mente abierta y accesible,
especialmente con mis niños. Amén.

17 DE MARZO

«No juzguen a nadie, para que nadie los juzgue a ustedes».
MATEO 7.1

«Usted no es como otras mamás», comentó una de las amigas de mi hija. ¡«Usted rockea!».

Ese debe haber sido el máximo cumplido que he recibido en mis treinta y tantos años. La amiga de Abby pensó que yo era «cool» porque conocía toda la letra del último estreno de Aaron Carter, "Así es como vencí a Schaq".

Está bien, no es exactamente un himno espiritual, pero el punto es que yo me había dado tiempo para interesarme en los gustos musicales de mi hija de nueve años. Mientras escaneaba sus CD de lenguaje muy trasgresor, (lo cual casi no toma tiempo), descubrí que algunas de las canciones eran bastante divertidas. Le pedí prestado un par de CD y comencé a escucharlas cuando estaba en la máquina de ejercicios. ¡Oiga! ¡Usted no ha vivido nada si no ha trotado cinco canciones!

Además de descubrir algunas nuevas melodías divertidas, también descubrí que darse tiempo para conocer lo que les gusta y les disgusta a sus niños es algo muy «cool». Esto la acerca a ellos. La pone en el centro de su mundo y le ayuda a usted a entender mejor sus asuntos, sus sueños, sus luchas y mucho más. Se lo recomiendo de verdad. Es emocionante y divertido. Y usted puede descubrir que, después de todo, le gusta ese tal Bob Esponja. (No se preocupe. No se lo diré a nadie).

AL MAESTRO
*Señor, ayúdame a comprender
mejor a mis niños y a sus preferencias. Amén.*

18 DE MARZO

«He disipado tus transgresiones como el rocío y tus pecados como la bruma de la mañana. Vuelve a mí, que te he redimido».
ISAÍAS 44.22

¿Recuerda usted esa gran canción de Cher llamada "Si pudiera hacer que el tiempo retroceda"?

Está bien, esa es la única línea de toda la canción que yo recuerdo, pero esa línea es realmente buena, ¿verdad? Quiero decir: ¿alguna vez se ha detenido a pensar en la posibilidad de hacer retroceder el tiempo? ¿Qué cosas haría diferentes? (Además del terrible estilo de peinado de los años 80, ¿qué otra cosa cambiaría?). ¿Cuáles mantendría exactamente iguales?

Escribí una anotación acerca de esto mismo, y descubrí algunos puntos cruciales. No haría ningún cambio en las grandes decisiones que he hecho, como elegir seguir a Jesús, escoger a Jeff como esposo, estudiar periodismo, tener a nuestros hijos a poco de casarnos... Pero mi agenda diaria está llena de pequeñas excusas y prioridades equivocadas. Escribí: «Si pudiera hacer que el tiempo retroceda, invertiría más tiempo jugando en la caja de arena con mis niñas, pasaría más tiempo disfrutando a mis hijas en lugar de solo cuidarlas».

Bien, no podemos hacer volver el tiempo, y no tiene sentido lamentarse. Dios no quiere que hagamos eso. Pero podemos empezar a corregir esas cosas hoy, pasando más tardes relajadas con sus niños. Los quehaceres domésticos esperarán, el tiempo no.

AL MAESTRO
Señor, ayúdame a priorizar mi vida. Amén.

19 DE MARZO

«Que nadie te menosprecie por ser joven. Al contrario, que los creyentes vean en ti un ejemplo a seguir en la manera de hablar, en la conducta, y en amor, fe y pureza».
1 Timoteo 4.12

Se dice que una vez que se aprende a andar en bicicleta, una nunca se olvida. Bueno, es cierto que no me he subido a una bicicleta en los últimos 15 años. Pero, el mes pasado cuando compramos dos bicicletas nuevas y relucientes para nuestras hijas, yo ¡quería una también! Repentinamente, tenía que tener una. Por eso mi marido me compró una hermosa bicicleta color plateado.

Apenas podía esperar llegar a la casa para probarla. Las niñas pensaban que era muy gracioso ver a su mamá vieja en una bicicleta nueva, pero me alentaron a pesar de sus risitas tontas. Abby me mostró cómo hacer los cambios mientras Ally examinó conmigo toda la estructura. La bicicleta me pareció extraña cuando empecé a andar. Mi corazón latía con fuerza por el miedo. Fue como si nunca hubiera andado en una en toda mi vida. Afortunadamente, mis niñas estaban ahí para enseñarme las destrezas que había olvidado.

Usted sabe, nunca somos demasiado adultas para aprender, y a veces nos olvidamos de reconocer a los profesores que viven en nuestra propia casa. Nuestros hijos pueden ser muy jóvenes, pero de alguna manera también son más sabios. ¿Por qué no les permite que ellos le enseñen algo hoy?

AL MAESTRO

Padre, ayúdame para que nunca me sienta demasiado mayor como para no divertirme con mis hijos. Amén.

20 DE MARZO

«... mejor dicho, para que unos a otros nos animemos con la fe que compartimos».
ROMANOS 1.12

Fue el último día del campamento de equitación, y todos los padres estaban ansiosos por ver la presentación de los participantes y las destrezas que habían aprendido esa semana. Sonriendo orgullosamente, Abby dio vuelta en la esquina montada en su caballo. Entonces, de repente, el viejo y terco caballo se paró. Simplemente, no quiso moverse. Abby, con suavidad, lo taconeó en las costillas. Pero el caballo no se movió. Entonces le susurró: «Camina, Prissy, camina». El caballo se movió. Cada vez que el viejo y terco animal volvía a detenerse, Abby le decía «camina» y el caballo empezaba a moverse otra vez.

Cuando observé a Abby manejar a ese enorme animal alrededor del ruedo, comprendí cuán importante es el estímulo. Cada vez que nuestros niños empiezan a cruzar senderos derechos y angostos, debemos susurrarles con suavidad: «Sigue caminando». Estimulando a nuestros hijos, podemos darles la confianza para avanzar en dirección de sus sueños, vencer sus temores y cumplir el destino que Dios tiene para uno de ellos. A veces, todo que necesitan es un leve codazo y una suave palabra alentadora para ir hacia delante.

Sí, ofrecer estímulos toma tiempo, pero es tiempo bien invertido. Así que, ¿por qué no busca hoy las oportunidades para susurrar «Sigue caminando»? De la misma manera que el caballo de Abby, sus niños responderán positivamente.

AL MAESTRO

Padre, ayúdame para que siempre estimule con gentileza a mis hijos. Amén.

21 DE MARZO

«Así que tengan cuidado de su manera de vivir. No vivan como necios sino como sabios, aprovechando al máximo cada momento oportuno, porque los días son malos».
EFESIOS 5.15-16

¿Sabía usted que el día tiene 1.440 minutos? Nuestro grupo de jóvenes de la iglesia le dio otro nombre a esa cifra, «14:40», para significar que nuestros niños están aprendiendo a seguir al Señor cada minuto todos los días.

¡Saque el máximo provecho a los minutos! nos dijo el joven pastor.

¡Caray! ¡Qué bueno!, ¿verdad? Si viviéramos realmente cada minuto para el Señor, ¿no sería el mundo diferente? Cuando nuestro pastor hablaba con pasión sobre «14:40», mi corazón comenzó a latir tan fuerte que pensé que se me iba a salir del pecho. Estaba entusiasmada, desafiada y reprendida, todo al mismo tiempo. Ahora es una meta diaria en nuestra casa hacer que el máximo de esos 1.440 minutos sean dignos de Dios. Las niñas están realmente entusiasmadas con la idea, porque las hace pensar acerca de sus decisiones y acciones a lo largo del día. Pasa lo mismo conmigo.

Por cierto, también nos equivocamos. Hay minutos en nuestro día que querríamos pasarlos por alto, pero el Señor conoce nuestros corazones. Sabe que nos esforzamos por agradarle y entregar los mejores minutos al Maestro. ¿Por qué no inicia una campaña 14:40 en su casa?

AL MAESTRO
Padre, ayúdame para aprovechar hoy cada minuto.
Ayúdame a vivir cada minuto para Ti. Amén.

22 DE MARZO

«Compórtense sabiamente con los que no creen en Cristo, aprovechando al máximo cada momento oportuno».
Colosenses 4.5

Era mi décimo tercer cumpleaños y fue un drama. Me encantaba participar en comedias e ir al teatro. Y entonces me enamoré de *Ana*. Era mi musical favorito ¡y llegaba ahora, a Bloomington, Indiana, para mi cumpleaños!

Sabía que las entradas se agotarían muy pronto, pero mi corazón ya estaba en marcha. Mi mamá lo sabía, y ella debe haber llamado a cada distribuidor de boletos en todo el estado para rastrear los tickets. Después de semanas de trabajar como un detective, finalmente pudo conseguir tres entradas en la quinta fila. Nunca olvidaré esa noche. No estoy segura si fue tan especial porque el show era maravilloso, o si lo fue porque yo sabía cuánto le había costado a mi mamá darme esta alegría.

Cada vez que llegan los cumpleaños de mis hijas, yo pienso en ese cumpleaños con «Ana». Aunque no podemos adquirir entradas para musicales de Broadway todos los años, siempre tratamos de hacer de cada cumpleaños una celebración muy especial. Apuesto que usted hace lo mismo. O, si usted no ha hecho un asunto importante de los cumpleaños de sus niños en el pasado, nunca es demasiado tarde. Tendrá una oportunidad ¡todos los años! Empiece a planificarlo desde ya. Permita a sus niños que estén agradecidos de que usted sea su madre.

AL MAESTRO

Señor, ayúdame para que mis hijos se sientan amados todos los días, especialmente en sus cumpleaños. Amén.

23 DE MARZO

«Así que mi Dios les proveerá de todo lo que necesiten,
conforme a las gloriosas riquezas que tiene en Cristo Jesús».
FILIPENSES 4.19

Abby y Allyson estaban dibujando a nuestra familia hace algunos años, y Abby expuso orgullosamente su creación sobre el refrigerador. Cuando pasé por ahí y vi el dibujo que había hecho de mí, se me partió el corazón. Había una escena del papá pescando con ellas y una de mí trabajando en el computador.

«¡Oh, no!» me encogí. *¿Así es como me ven? Como una simple escritora frente al computador, sin nunca tener tiempo para ellas?* Entré en pánico. Lloré. Y luego oré. Pedí a Dios que hiciera un milagro financiero en mi vida de modo que yo no tuviera que trabajar tantas horas y me perdiera los buenos momentos de la familia. Dios fue fiel para responder a mi oración. He podido dejar de hacer algunos de los trabajos menos pagados y que me demandaban más tiempo, incluso disponer de recursos para el pago del auto, y pasar más tiempo con mis hijas.

Dios hará lo mismo con usted. La Biblia dice eso. Él no hace acepción de personas. Así que, si su deseo es trabajar menos horas para pasar más tiempo con sus hijos, pídaselo. Él tiene la respuesta.

AL MAESTRO

Señor, por favor obra un milagro financiero en mi vida para
permitirme pasar más tiempo con mi familia. Amén.

24 DE MARZO

«Jesucristo es el mismo ayer y hoy y por los siglos».
HEBREOS 13.8

Cuando esperaba procesar los puntos de interés de Abby, leí una revista de peinados. Me sentí tan aliviada al descubrir que ¡los peinados con volumen volvían! Definitivamente, mi moda de los años 80 está de regreso.

A decir verdad, ¡los años 80 vuelven para vengarse! Allyson me habló hace poco sobre el nuevo tipo de pantalones que quiere. Los describió así: «Tienen cierres y bolsillos por todos lados y hacen como un extraño silbido cuando una camina».

Le dije: «¿Estás hablando de pantalones para paracaidista?». *Ding. Ding. Ding.* ¡Correcta la respuesta! No podía creer que los pantalones tipo bombachas estuvieran de moda otra vez. (¡Pensé que ya fueron un fiasco la primera!). Es muy cierto cuando dicen que si colgamos algo por mucho tiempo, podría volver como última moda.

¿Verdad que es bueno saber que Jesús la ama sin importar si usted está luciendo un peine, un «The Rachel», o un pelo corto muy clásico? Su amor nunca cambia. En efecto, Él siempre está de moda. Su Palabra está tan vigente y tan aplicable hoy como hace un siglo. Así, aún si nuestro vestuario, cabellos y preferencias musicales son considerados «muy poco *cool*» por nuestros retoños, podemos ofrecerles a Quien nunca pasará de moda, Jesús.

AL MAESTRO
Gracias, Señor, por ser mi Salvador permanente. Amén.

25 DE MARZO

«Todo mortal es como un suspiro;
sus días son fugaces como una sombra».
SALMOS 144.4

¡Atención compradores! ¡La Navidad está a solamente nueve meses más! ¡Rápido! ¡Rápido! Usted no quiere verse atrapado en el frenesí navideño de última hora.

Está bien, así es en realidad; pocas son las personas que comienzan a ir de compras de Navidad en marzo. ¡Oh, sí!, hay algunos de esos ansiosos castores que comienzan a comprar para la próxima el 26 de diciembre, pero la mayoría de nosotros espera hasta que la Cena de Acción de Gracias se deposite en nuestros estómagos para atacar los centros comerciales, ¿correcto?

Aunque el 25 de diciembre pueda parecer muy lejos, la verdad es que está justo a la vuelta de la esquina. El tiempo tiene su propia manera de deslizarse ante nosotros. Es tal como dice la introducción de *Los días de nuestra vida*, como arena que se desliza en un reloj de vidrio...

Parece que fue solo ayer que celebrábamos los cumpleaños en un local de Chuck E. Cheese. Ahora, tenemos niñas y niños en fiestas de patinaje. ¿Qué pasó con aquellos años? Pasaron a hurtadillas cuando yo no estaba mirando. ¿No sería fenomenal que pudiéramos retener la infancia de nuestros niños para siempre? Pero como no podemos, no pierda ni un momento de sus años de crecimiento. No podemos hacer que esos años regresen. Disfrútelos tanto como pueda ahora mismo. (¡Oh, y siga adelante y comience a comprar unos pocos regalos de Navidad cada mes para evitar el colapso de las ventas al detalle!).

AL MAESTRO

Dios, ayúdame para que haga buen uso de mi tiempo,
valorando cada momento con mis niños. Amén.

26 DE MARZO

«Con Dios están la sabiduría y el poder;
suyos son el consejo y el entendimiento».
JOB 12.13

«¡Estás arruinando mi vida!».

Eso fue lo que le gritó la hija a su madre en la nueva versión de *Viernes Extraño*, la película de Disney. Llevamos a las niñas a ver esta película a comienzos de mes y nos gustó mucho, especialmente a mí. Me sentí totalmente identificada con la madre del film. También soy un miembro del club «¡Usted ha arruinado mi vida!». Abby me lo ha dicho en más de una ocasión.

Usted entiende, en esos días cuando su amada niña la enfrenta y le grita: «¡Estás arruinando mi vida!», usted no quiere ser simpática. En realidad, lo que quiere es defenderse. Quiere decirle: «Escuche, muchacha, ¿tiene alguna idea de todo lo que hago por usted cada día? ¡Usted no sería nada sin mí!». (Sí, he dicho esas cosas).

Pero, lo que la madre descubre en ese *Viernes Extraño* es que a ella le falta comprensión en lo que concierne a su hija, y viceversa. Una vez que la mamá y la hija ven las cosas a través de los ojos de la otra, comprenden lo que sigue. Si es también un miembro del club «Usted ha arruinado mi vida» pida a Dios que le dé entendimiento de modo que pueda ver las cosas con los ojos de sus hijos. Si usted lo hace, tengo la impresión de que su permanencia en ese club pronto terminará.

AL MAESTRO

Señor, ayúdame a comprender a mis niños de la
manera que Tú me comprendes a mí. Amén.

27 DE MARZO

«Levanten los ojos al cielo; miren la tierra aquí abajo: como humo se esfumarán los cielos, como ropa se gastará la tierra, y como moscas morirán sus habitantes. Pero mi salvación permanecerá para siempre, mi justicia nunca fallará».

Isaías 51.6

¿Miró cada episodio desde el comienzo de la temporada del Ídolo Americano? Bien, si usted no lo hizo, apuesto que sus niños sí. Por supuesto, como texanos estábamos muy emocionados cuando nuestra representante Kelly Clarkson ganó el título.

Poco después, Kelly interpretó su tema "Un momento como este", que llegó a ser un hit de inmediato. Nos apresuramos a comprar en Wal-mart nuestra copia, y lo escuchamos una y otra vez. Amo esas palabras: «Un momento como este. Algunas personas esperan toda una vida por un momento así. Algunas personas buscan para siempre...».

Hay muy pocos «Momentos así» en la vida. Valoramos esos momentos monumentales, tales como el día de nuestra primera graduación, la ceremonia de entrega de diplomas, nuestra boda o el nacimiento de nuestros niños. Esos son tiernas ocasiones. Pero, ¿sabe usted cuál es el momento más especial de un «Momento como este»? El día en que usted le permitió a Jesús ser el Señor de su vida.

Asegúrese de celebrar todos los «Momentos como este» con sus hijos. Pero aún más importante, asegúrese de que sus niños tengan muy claro la importancia de «ese» momento, para que no sigan buscando por siempre.

AL MAESTRO
*Mi Dios, ayúdame para nunca perder
un momento especial con mis hijos. Amén.*

28 DE MARZO

«Por último, hermanos, consideren bien todo lo verdadero, todo lo respetable, todo lo justo, todo lo puro, todo lo amable, todo lo digno de admiración, en fin, todo lo que sea excelente o merezca elogio».

FILIPENSES 4.8

«¿Qué hora es, niños?».

«¡Es la hora del *Corral del cowboy Bob!*».

Aún hoy, veinticinco años después, todavía puedo recordar el tema musical del *Corral del cowboy Bob* en la función infantil que emitía el Canal 4, en el sudeste de Indiana en los años 70. Era mi show favorito. Yo amaba al caballo del *cowboy* Bob. Amaba cada capítulo de la historieta. Y me encantaba cómo *cowboy* Bob cerraba cada función con un «Recuerde, si no puede decir algo agradable, mejor no diga nada». Entonces se perdía cabalgando en la puesta del sol y yo le decía adiós hasta la tarde siguiente.

Fueron tardes fenomenales pasadas con el *cowboy* Bob. En cada función, ese viejo astuto vaquero nos daba un consejo moral que nosotras tomábamos muy en serio, porque si cowboy Bob lo había dicho, era verdad.

Estoy segura que el vaquero Bob se jubiló hace mucho tiempo, y ahora mis niñas vuelven de la escuela a casa justo para ver *Lizzie McGuire*, conmigo. ¿Conoce usted los programas de televisión que ven sus hijos? Si no, debe hacerlo. No me refiero a ser una especie de *gestapo* de la TV, sino que conozca qué están ellas observando y que recordarán en 25 años más...

AL MAESTRO

*Mi Dios, ayúdame para que ayude a mis niños
a elegir buenos programas de televisión. Amén.*

29 DE MARZO

«Pero tú, cuando te pongas a orar, entra en tu cuarto, cierra la puerta
y ora a tu Padre, que está en lo secreto. Así tu Padre,
que ve lo que se hace en secreto, te recompensará».
MATEO 6.6

¿Tiene usted algún tipo de ritual a la hora de acostar a sus niños? Algunos padres les leen un libro de cuentos todas las noches. Otros comparten una o dos historias de la Biblia. Algunos crean sus propios cuentos para compartir. Cualquiera sea su rutina a la hora de acostarlos, espero que la oración forme parte de ella.

Decir una oración con los niños antes de que se duerman es una de las cosas más importantes que usted puede hacer por ellos. Esto consigue varias cosas, tales como enseñarles a orar oyéndola a usted orar en voz alta, dar a la oración un lugar de importancia en sus vidas, hacer de la oración un hábito, hacer que la familia se mantenga más unida y enriquecer su vida espiritual. Dicho esto en las palabras de mi hija Allyson, ser «¡Rocas de oración!».

Invertimos mucho tiempo haciendo solo «cosas» con nuestros niños, llevándolos a la práctica de fútbol, ayudándoles con las tareas, jugando juegos de salón, todo lo cual es bueno. Pero, si no calculamos un tiempo de oración en la ecuación diaria, nosotros solo estamos haciendo girar la rueda. El tiempo de oración es un tiempo precioso. No lo pierda ni siquiera una noche. ¡Es un hábito que vale la pena formar!

AL MAESTRO
Padre, ayúdame a enseñar a mis hijos
la importancia del tiempo de oración. Amén.

30 DE MARZO

*«Recuerda los días de antaño; considera las épocas
del remoto pasado. Pídele a tu padre que te lo diga,
y a los ancianos que te lo expliquen».*
DEUTERONOMIO 32.7

¿Alguna vez ha dado un paseo relajado por el sendero de los
recuerdos con sus niños? Si no lo ha hecho, debería intentar ponerse
zapatos mentales y dirigirse a ese sendero. Créame, ¡les encantará!

A mis niñas les encanta oír acerca de «los viejos tiempos». Adoran
oír historias de cuando Jeff y yo éramos novios en la secundaria.
Casi se enferman de risa cuando les comparto mis momentos más
embarazosos. Y especialmente les gusta la historia de cuando conocí
al jugador de básquetbol Shaquille O'Neal.

Gracioso, ¿no? Nuestros hijos disfrutan oyendo acerca de
nuestra juventud. A veces pienso que ellos creen que nosotros
nacimos viejos. Así que cuando les compartimos cosas de nuestro
pasado, se sienten más conectados con nosotros. Cuando mis
niñas descubrieron que yo había sido una animadora de barra en
la secundaria y en la universidad, ¡casi quedaron pegadas al techo!
Abby dijo «¡Cool! ¿Puedes enseñarme?».

Por cierto, eso es maravilloso para el ego adulto, pero más que
nada, establece una línea de comunicación que no estaba allí antes.
Nos da una base común para relacionarnos con los niños. De modo
que, ¡adelante! Compárteles divertidas historias de su juventud. A
sus hijos les encantará.

AL MAESTRO
*Gracias, Señor, para darme tan magníficos
recuerdos que puedo compartir con mis hijas. Amén.*

31 DE MARZO

Más bien, debieran decir: "Si el Señor quiere,
viviremos y haremos esto o aquello."
S ANTIAGO 4.15

Me crucé con mi padre trayendo una brazada de ropa sucia. Unos segundos más tarde, volví a cruzarme con una canasta de ropa limpia. Diez minutos después, estaba envolviendo el regalo de cumpleaños de Allyson mientras hablaba por teléfono. Cuando dejé el auricular, mi padre suspiraba.

«Usted está demasiado ocupada, querida», dijo, sentándose en la silla *Lazy Boy* y mirando el programa «El precio correcto».

Me di cuenta de que había hecho caso omiso de mi preciosa visita mientras trataba de cumplir con la lista de tareas de aquella mañana. Mi papá de setenta y nueve años solo quería que yo me sentara y pasara un momento agradable con él y el animador Bob Barker. Lo hice. Dejé conectada la contestadora para el resto de los llamados y me tendí a ver TV con mi papá, aprovechando de conversar en los comerciales. Mi papá ha sufrido varias apoplejías en los últimos tres años, así que cada minuto con él es muy valioso.

Hay veces cuando esas listas de tareas nos sirven mucho, y hay otras en que tenemos que arrugarlas y echarlas al tacho de basura. Esa mañana me enseñó algo, no hay que estar nunca demasiado ocupada con la vida como para no disfrutarla. Es todo cuestión de prioridades.

AL MAESTRO

Señor, ayúdame a priorizar mi día de un modo
que sea agradable para Ti. Amén.

1 DE ABRIL

*«Porque donde hay envidias y rivalidades,
también hay confusión y toda clase de acciones malvadas».*
SANTIAGO 3.16

Hace dos años se me pidió que fuera la coanfitriona de la fiesta de Navidad para la clase de primer grado de mi hija Allyson. Me sentí agobiada, especialmente porque ya estaba participando en el programa «La mamá perfecta», junto con June Cleaver, Carol Brady y Donna Reed que formaban un equipo. Cuando hablaban de sus manualidades, entretenidos juegos y adorables obsequios caseros, me di cuenta de que mis ideas no andaban ni cerca de la famosa decoradora «Martha Stewart». Rápidamente emprendí la retirada y tomé distancia.

Ayudé a organizar la fiesta invernal, pero por dentro tenía mi propia fiesta de autocompasión. Cuando limpié a fondo las golosinas sobrantes, Allyson se abrazó de mi cintura y me apretujó con todas sus fuerzas.

«Gracias por venir hoy, mamita», dijo.

La abracé. Ante sus ojos, yo era un éxito. A ella no le importó que mis pasteles de muñecos de nieve no se pararan. No le preocupaba que ninguno de los juegos fueran idea mía. Me amaba, con fallas y todo.

Así es Dios. Muchas veces nos comparamos con otros, y sentimos que no valemos nada, pero Dios nos ama, con todas nuestras fallas. Puede que yo nunca sea «La mamá perfecta», pero cuanto más sea la mejor mamá que puedo ser, eso será suficiente.

AL MAESTRO

*Señor, ayúdame a mantener mis ojos en Ti y no en mis defectos.
Me arrepiento de sentir celos algunas veces. Amén.*

2 DE ABRIL

*«Vengan a mí todos ustedes que están cansados y agobiados,
y yo les daré descanso».*
MATEO 11.28

Hay días en que estoy segura de que mi vehículo utilitario debe tener una inscripción que dice: «TAXI». Corremos a la gimnasia. Vamos a la práctica de animación de barras. De prisa a la clase de arte. Partimos como un bólido a las *scouts*. Comemos comida rápida camino de la clase de computación.

Me gustaría ponerme de pie y gritar: «¡Paren el mundo! ¡Me quiero bajar!».

Hay tal presión en estos días para asegurarnos que nuestras hijas estén en todas las actividades extracurriculares, que algunas veces me pregunto si no será demasiado. ¿Se ha preguntado usted lo mismo?

Somos mamás. Es natural que queramos darle lo mejor a nuestros niños. Así que no es extraño que los inscribamos en todas estas estupendas oportunidades extracurriculares. Pero tenga cuidado. Asegúrese de que usted no esté empujando o llevando a sus hijos derecho al agotamiento. No queremos que nuestros niños estén agobiados con actividades, al punto que no tengan tiempo de ser niños. Solamente tienen una infancia. Pida a Dios que le ayude a aprovechar sus años de crecimiento sin sobrecargarlos con tantos asuntos. Aún estas «cosas», si son muchas, pueden ser malas.

AL MAESTRO

*Señor, ayúdame para que no presione a mis niños con
demasiadas «cosas». También, ayúdame a mí para
estimular los dones que pusiste en ellos. Amén.*

3 DE ABRIL

«Todo lo puedo en Cristo que me fortalece».
FILIPENSES 4.13

Cuando me metí en la cama, me sentía por el suelo. Sabía que había reventado.

Mi mente volvió a recorrer todas las veces que me descontrolé con las niñas a lo largo del día. Es cierto que Abby y Allyson se habían portado pésimo, pero yo lo había hecho aún peor. Quería enterrar mi cabeza bajo las frazadas e hibernar al menos por unos seis meses.

A nadie le gusta fallar, pero mientras no lleguemos al cielo, seguiremos fallando. Tendremos días malos. ¡Somos humanos! Creo, como mamá, que a veces nos olvidamos de ese hecho. Ponemos estándares tan altos sobre nosotras mismas, que resultan inalcanzables para seres humanos. De modo que si usted se ha estado sintiendo por debajo del vientre de una culebra últimamente, ¡ánimo! Dios no está enojado con usted. Él la ama, controle sus berrinches y siga adelante. Solo tiene que arrepentirse de los errores cometidos y pedirle que la ayude a hacer lo mejor hoy. Puede empezar todo de nuevo ahora mismo.

Propóngase amar más de lo que usted grita y ríase más de lo que se queja. Si puede hacer esas dos cosas hoy, ¡usted puede acostarse esta noche sintiéndose realmente bien! No será capaz de hacer esas cosas con sus propias fuerzas, pero el Señor puede ayudarla. Solo pídaselo.

AL MAESTRO

Padre, pido Tu perdón. Ayúdame para que sea más pronta para amar que para gritar. Amén.

4 DE ABRIL

*«En fin, hermanos, alégrense, busquen su restauración, hagan caso de
mi exhortación, sean de un mismo sentir, vivan en paz.
Y el Dios de amor y de paz estará con ustedes».*
2 CORINTIOS 13.11

El diccionario define a la perfección del modo siguiente:

Perfección *f.* Acción y efecto de perfeccionar o
perfeccionarse. 2 Calidad de perfecto. 3 Cosa perfecta.
4 En los actos jurídicos, momentos en que, al concurrir
todos los requisitos, nacen los derechos y obligaciones.

¡Caray! Si se supone que debo ser «excelente» todo el tiempo,
estoy en un grave problema. Hay días en que podría ganar una
«Cinta Azul de Excelencia», pero hay otros en que no me daría ni
siquiera para una mención de honor. ¿Qué me dice de usted?

Por eso es que prefiero la definición que el cristianismo hace de la
perfección. Un autor inspirado define así a la perfección cristiana:

«Amar a Dios con todo nuestro corazón, mente, alma y fuerzas».

Eso me parece más factible para mí. En otras palabras, no tengo
que hacer siempre «lo perfecto», pero si mi corazón es perfecto
y estoy verdaderamente buscando a Dios, puedo caminar en la
perfección cristiana. Y, ¿adivine qué? ¡Usted también puede! A lo
mejor nunca ganaremos una nueva cinta azul por el resto de nuestras
vidas, pero todavía podemos ser ganadores. ¿Quién dice que nadie
es perfecto? ¡Si estamos en el amor del Señor, lo somos!

AL MAESTRO
*Padre, ayúdame a conseguir la perfección cristiana
cada día de mi vida. Amén.*

5 DE ABRIL

*«Ustedes necesitan perseverar para que, después de haber
cumplido la voluntad de Dios, reciban lo que él ha prometido».*
HEBREOS 10.36

Tae bo. Pilates. Curves. Sí, los he probado todos (y todavía lo estoy
haciendo) para conseguir ese cuerpo perfecto. Usted sabe, el
cuerpo que teníamos antes de quedar embarazadas. Miro la foto de
cuando tenía veinte años, y me asombro. ¡Debió ver mis músculos
abdominales! Aquellos eran los días...

Pero, siendo una mujer de carácter, a mitad de mis años treinta
decidí recuperar mi figura juvenil. Así que, empecé a ejercitarme
más que lo usual. Negocié mi caminata nocturna en la máquina
trotadora por una intensa hora con ejercicios de pilates Windsor.
Una vez que fui capaz de volver a caminar, añadí treinta minutos de
entrenamiento a mi rutina semanal. Esto lo he estado haciendo los
últimos tres meses. ¡Déjeme decirle que me dolieron partes que ni
siquiera sabía que existían! Pero, estoy progresando. Y he aprendido
algunas cosas en el camino.

Luchar por la perfección es un doloroso proceso en el que no
importa si usted está tratando de alcanzar el físico perfecto o el
perfecto caminar con Dios. La perfección es un mito, en realidad.
Somos hechos perfectos por medio de Cristo Jesús, no por trabajar
tan duro como podamos. Si mantenemos nuestros ojos puestos en
Jesús, Él nos dará el éxito.

AL MAESTRO
*Padre, ayúdame a no sentirme abrumada con el deseo de
ser perfecta. Quiero que Tú me perfecciones. Amén.*

6 DE ABRIL

Hace mucho tiempo se me apareció el Señor y me dijo:
«Con amor eterno te he amado; por eso te sigo con fidelidad».
JEREMÍAS 31.3

Adoro las cosas singulares de mis niñas. Me encanta cuando Abby se ríe de películas de manera incontrolable. Amo el hecho de que a Allyson le guste usar ropa que combina con la mía. Me gusta que prefieran el jugo de uvas moradas porque el jugo de uvas blancas es desabrido. Amo el modo en que se quedan dormidas en el auto ¡apenas a diez minutos de llegar a WAL-Mart! Adoro todas esas pequeñas cosas de mis niñas porque son mi preciado tesoro.

¿Sabe que Dios siente del mismo modo respecto de usted y de sus más insignificantes hábitos? Él la ama, y ama todo lo que se relaciona con usted ¡y punto! ¿No es cierto que es bueno saberlo?

Muchas personas sienten que tienen que llegar a ser perfectas antes de que Dios alguna vez las acepte, pero sencillamente están muy equivocadas. Esta es una mentira que al diablo le gusta susurrar en nuestros oídos para mantenernos alejadas de una relación con Dios. La verdad es esta: ¡Dios nos ama tal como somos! No tenemos que ser perfectas. Cuando hacemos que Jesús sea el Señor de nuestras vidas, Él hace borrón y cuenta nueva. Cuando el Padre nos mira desde lo alto, todo lo que Él ve es a Jesús dentro de nosotras y Jesús es la perfección pura.

AL MAESTRO

Padre, ayúdame para que aprecie y celebre la singularidad de mis niños del mismo modo como Tú me amas y me celebras. Amén.

7 DE ABRIL

*«Así mismo, en nuestra debilidad el Espíritu acude a ayudarnos.
No sabemos qué pedir, pero el Espíritu mismo intercede por nosotros
con gemidos que no pueden expresarse con palabras».*
ROMANOS 8.26

Una conocida frase de una película dice: «Ustedes tienen que aprobar un examen para recibir la licencia de conductores, pero no se les exigirá nada para ser padres».

Por supuesto, esas palabras fueron dichas en broma, pero tienen razón. Algunas veces me parece haber recibido más entrenamiento para ponerme detrás del volante que para criar dos preciosas pequeñitas. Hice el curso de conductora estando en la secundaria. Mi padre me permitió practicar estacionamiento paralelo con su carro. Tuve mucha ayuda y la necesitaba.

Pero cuando llegó la hora de tener hijos, no había clases de crianza obligatoria. Si no hubiera sido por mi madre y mi hermana, me habría visto en serios problemas. No sabía nada sobre esterilizar biberones. No tenía ni idea de cómo cambiar un pañal. Estaba esperando a que viniera un genio y me hiciera las cuarenta y dos cargas de ropa sucia que me estaban esperando. Me sentía absolutamente incapaz de llenar «la horma de esos zapatos».

Descubrí que tenía que dejar de enfocarme sobre mi incapacidad como madre y empezar a concentrarme en mis habilidades. Dios me había escogido para ser una mamá, y si Él lo había decidido, sabía que tenía que dotarme para esa tarea. ¡Él la ha dotado a usted también!

AL MAESTRO
Padre, gracias por equiparme para ser una buena madre. Amén.

8 DE ABRIL

«Cada cual examine su propia conducta;
y si tiene algo de qué presumir, que no se compare con nadie».
GÁLATAS 6.4

Si hubiera un premio para «La madre más creativa del año», mi amiga Angie lo ganaría sin problemas. Ella no llama a una panadería en Wal-mart para reservar una torta de cumpleaños. ¿Bromea? «¡Hace su propia obra maestra!». Un año hizo una torta en forma de granja, usando bizcochos refrigerados como silos. Otro año, hizo unos adorables pastelitos en forma de insecto, representando el tema *La vida de los insectos*.

Angie es muy creativa y divertida. Si yo fuera una niña, querría que sea mi mamá. Hasta donde se puede imaginar, la creatividad de Angie es difícil de igualar. Me siento una absoluta *nerd* comparada con ella. Lamento que mis hijas terminen diciéndole al mundo que su madre no las ama lo suficiente como para hornear un pastel con forma de patio de granja.

Un día, mientras estaba deseando ser más creativa en la cocina, el Señor me hizo ver mi culpa. La esencia de Su mensaje fue simplemente «¡Hágalo!». Dios quería hacerme saber que Él me había dado habilidades especiales que no tenía nadie más. Una vez que comprendí ese concepto, nunca más me sentí *nerd*. Todavía encargo tortas a Wal-mart para mis niñas, ¡pero lo hago con gran gozo!

AL MAESTRO

Padre, ayúdame a ser la mejor mamá que puedo ser. Amén.

9 DE ABRIL

«Porque somos hechura de Dios, creados en Cristo Jesús para buenas obras, las cuales Dios dispuso de antemano a fin de que las pongamos en práctica».
EFESIOS 2.10

Siempre he amado las Escrituras. ¿Sabía usted que la palabra *habilidad* indica un proceso en curso? Así que, si somos el fruto de la habilidad de Dios, somos un proyecto en desarrollo. En otras palabras, ¡Él no ha terminado con nosotros todavía! ¿Verdad que es una buena noticia? ¡Estoy tan feliz! Detestaría pensar que ya soy todo lo buena que podría ser.

Así que, si usted se está sintiendo hoy que vale muy poco, pensando quizás que es una esposa, una madre y una cristiana de lo peor, ¡alégrese! ¡Dios no ha terminado con usted todavía! En efecto, Él está trabajando ahora mismo, mientras usted lee este devocionario. Él sabía que cometeríamos todos esos graves errores, pero la Escritura dice que fuimos creados en Cristo Jesús para hacer buenas obras. Él ha preparado el camino para nosotras. Él ha estado planificando nuestros pasos mucho antes de que llegásemos aquí, ¡así que no se preocupe!

Podríamos no estar donde queremos estar hoy, pero cuanto más nos alejamos de como fuimos ayer, más progresamos. Estamos en el camino correcto. Después de todo, somos obra de la destreza de Dios, ¡y Él solo hace cambios buenos!

AL MAESTRO
*Gracias, Dios, por trabajar conmigo,
perfeccionándome de gloria en gloria. Amén.*

10 DE ABRIL

«Antes de formarte en el vientre, ya te había elegido;
antes de que nacieras, ya te había apartado;
te había nombrado profeta para las naciones».
JEREMÍAS 1.5

Mientras estaba embarazada, leí un libro titulado Qué prever cuando se está esperando y aprendí cuál era la semana exacta en que mi bebé sería capaz de oír sonidos provenientes de fuera del vientre. Ahí fue cuando comencé a leerle cuentos a mi enorme mitad y dejé que el bebé escuchara música para inspirarnos. Jeff y yo hablábamos a mi barriga diciendo cosas absurdas como: «¡Hey, niñita! ¡Ya no me aguanto las ganas de conocerte!».

Mirando hacia atrás, fuimos completamente cautivados por toda esa experiencia. Sentíamos que así conocíamos a nuestras hijas antes de que nacieran. Después de todo, estuvimos «interactuando» con mi vientre por meses, hablándole, leyéndole y cantándole. Apuesto que usted hizo lo mismo. ¿No es asombroso cuánto queremos al bebé que viene en camino aunque nunca nos hayamos encontrado con esa personita?

El haber pasado por esa experiencia me ha dado una nueva perspectiva de Jeremías 1.5. Pensar que Dios me conoció antes de que yo naciera, ¡vaya! Una traducción dice que Dios me conoció y me aprobó. Así que, si usted está luchando contra una mala autoimagen hoy, ¡sálgase de ahí! ¡Usted ha sido aprobada por el Dios Todopoderoso!

AL MAESTRO
Señor, gracias por aprobarme desde antes de nacer. Amén.

11 DE ABRIL

«Así también la lengua es un miembro muy pequeño del cuerpo, pero hace alarde de grandes hazañas. ¡Imagínense qué gran bosque se incendia con tan pequeña chispa!».
SANTIAGO 3.5

«¡Estoy gorda!» dijo Abby, bajándose de la balanza del baño.

«¿Tienes idea a quién le escuchó eso?», me preguntó Jeff, levantando sus cejas.

Sí, sé que soy esclava de las balanzas. Y, claro, Abby me ha escuchado decir eso antes. Bien, no estoy gorda, ni ella tampoco. Pero, al parecer, mi imagen corporal había sido traspasada a mi hija de diez años. Con la bulimia y la anorexia afectando hoy a tantas niñas y mujeres, me di cuenta de la gravedad de la declaración de Abby.

Tomé la carita de Abby entre mis manos y le dije: «Tú no eres gorda. Tú tienes la talla perfecta, y aunque así no fuera, eso no podría cambiar lo especial que eres para mí, para tu papá y para tu Padre celestial». Sonrió y salió a jugar con su hermana.

Nuestras palabras son poderosas. Siempre tienen efecto, bueno o malo. Ese encuentro con Abby hizo que reevaluara mis palabras. Me arrepentí y le pedí a Dios que quitara de raíz esas semillas negativas que yo involuntariamente sembraba en el corazón y en la mente de mi hija. Luego, agradecí Su amor y Su protección para mis niñas.

Si su boca ha estado pronunciando palabras que no son edificantes o piadosas, pida a Dios que desarraigue esas malas semillas. Él conoce nuestro corazón, y Él es un Dios de misericordia.

AL MAESTRO

Gracias Señor, por proteger a mis hijos de pensamientos negativos. Amén.

12 DE ABRIL

*«El corazón tranquilo da vida al cuerpo,
pero la envidia corroe los huesos».*
PROVERBIOS 14.30

¿Está usted conforme como Dios la hizo?

Si no tiene paz consigo misma, nunca la tendrá con los demás. El Señor podría enviarle otra mamá para que sea esa amiga por la que ha estado orando, pero si usted no está en paz consigo misma, esa relación no funcionará. Tiene que estar feliz primero con lo que Dios hizo de usted, antes de poder experimentar relaciones saludables.

Si se enfoca en sus imperfecciones y está constantemente deseando ser otra persona, usted está permitiendo que el diablo le robe su paz y la reemplace con pensamientos equivocados. No permita ser cazada en esta trampa. Esa es una pobre manera de vivir. Aprenda a celebrar la persona que Dios hizo de usted.

Satanás tratará de convencerla de que es un débil gusano de la tierra. Tratará de que crea cosas equivocadas de usted misma. Por eso necesita declarar en voz alta: «Soy hija del Rey de reyes, y Él piensa que soy genial».

Puede que no esté contenta con cada aspecto de su personalidad, pero necesita estar feliz con lo elemental que Dios creó en usted. Cuando usted comienza a practicar esa forma de pensar, recobrará la paz. ¡Y esa es una gran manera de vivir!

AL MAESTRO

*Señor, oro para que tu paz me sorprenda hoy y cambie
mis pensamientos equivocados. Amén.*

13 DE ABRIL

«Cobren ánimo y ármense de valor,
todos los que en el Señor esperan».
Salmos 31.24

¿Alguna vez usted piensa, cuando apenas acaba de despertarse: *¡Olvídalo! ¡Ni siquiera lo voy a volver a intentar!?* Hago eso a veces, especialmente si la balanza me dice que he aumentado una o dos libras, aunque haya tratado muy en serio de solo comer lo que corresponde. O si mi casa está hecha una ruina, y me he pasado varias horas del día limpiando y ordenando. O, si mi carga de trabajo es enorme y todos los editores me están presionando al mismo tiempo. Ahí es cuando usted me encontraría en posición fetal en la cama, y con un chocolate en la mano.

La mejor manera de sobrellevar esos días cuando el estrés y los sentimientos de incompetencia están a punto de superarnos, es correr a Jesús. Algunas personas olvidan que Jesús es Señor de todas las áreas de nuestra vida, incluso las estresantes. Dígase a sí misma: «Mi esperanza está en el Señor. No hay nada que Él no tenga calculado. Él ya ha ido antes de mí, preparando mi victoria». Ahora, ¡regocíjese! ¡Sea fuerte! ¡Tenga ánimo! Y, por cierto, ¡tome un pedazo de chocolate si eso la hace sentirse mejor!

AL MAESTRO

Padre, hoy me siento estresada e incapaz. Ayúdame para que
maneje cada parte de mi vida con Tu toque de amor
y Tu infinita sabiduría. Te amo. Amén.

14 DE ABRIL

«Por lo tanto, si alguno está en Cristo, es una nueva creación.
¡Lo viejo ha pasado, ha llegado ya lo nuevo!».
2 CORINTIOS 5.17

Mi hermana Martie es un genio en su arte. Es diseñadora de interiores ¡y tiene un ojo increíble para los detalles! Puede tomar el espacio que sea y ¡dejarlo precioso! Es asombrosa, realmente. Usando el mismo mobiliario, los mismos cojines y los mismos accesorios, ella puede arreglarlos de tal manera que la pieza entera se transforma en algo hermoso.

Con solo un toque por aquí y una nueva área de asientos por allá, ¡voilá! ¡Mi sala de estar se ve estupenda! ¿Quién habría soñado que podía verse tan maravillosa? Y, ni siquiera tuve que cambiar mobiliario para conseguir este «new look».

Bien, permítame presentarle a otro Maestro del Diseño, ¡el Todopoderoso mismo! Dios es tan magistral que puede tomar nuestras antiguas vidas y con un toque por aquí y otro por allá, transformarnos en hermosas criaturas. Nuestros viejos y feos corazones reviven, se rejuvenecen y se transforman por el toque del Maestro. Así, si usted tiene necesidad de un corazón transformado hoy, busque al Maestro del diseño. ¡Él tiene un nuevo plan esperando justamente por usted!

AL MAESTRO
Padre, tengo necesidad de ser transformada. Por favor, moldéame
y hazme la hermosa criatura que Tú me llamaste a ser. Amén.

15 DE ABRIL

*«Por último, hermanos, consideren bien todo lo verdadero,
todo lo respetable, todo lo justo, todo lo puro, todo lo amable,
todo lo digno de admiración, en fin, todo lo que
sea excelente o merezca elogio».*

FILIPENSES 4.8

«¡No se me caiga, mi niña!».

Tengo un amigo que siempre me dice así cuando me estoy cayendo en el hoyo de la autocompasión. Graciosa como se oye la expresión, encierra mucha sabiduría. Si podemos detenernos a nosotras mismas antes de que empecemos a sumirnos en la autocompasión, a la larga estaremos mucho mejor. Vea, una vez que usted cae en ese agujero, es muy difícil sostenerse para hacer el camino de regreso.

Para mí, todo esto reside en detenerse en algo negativo por varios minutos. Empezaré a pensar acerca de la pelea que tuve con mis hijas esta mañana, y lo siguiente que sé es que estoy mirando hacia arriba desde el centro de ese hoyo asqueroso.

Creo que por eso la Biblia nos dice que pensemos en cosas buenas y agradables. Dios sabía que si nos detenemos mucho en los malos pensamientos, terminaremos en ese foso. Así que, si usted está hoy en ese agujero, ¡levántese! Dios está extendiendo Su mano, listo para alcanzarla. Piense en Él, no en sus errores pasados.

AL MAESTRO

*Señor, ayúdame a invertir el tiempo pensando en las cosas
buenas y agradables, no en mis errores pasados. Amén.*

16 DE ABRIL

«Te bendeciré mientras viva,
y alzando mis manos te invocaré».
SALMOS 63.4

¿Ha visto usted alguna vez una banda de porristas en la universidad? Sus movimientos están perfectamente cronometrados, sincronizados, con ritmo y muy marcados. Si un miembro de la banda va por detrás de la mitad de la cuenta, se nota de inmediato. Incluso las fallas menores y los errores se magnifican cuando el resto del equipo es muy bueno.

¿Se siente como esa animadora de banda que va medio paso detrás del resto del grupo? También yo. Algunas veces pareciera que todas las mamás que yo conozco van juntas, y yo voy pataleando con la pierna equivocada. Al diablo le encanta mostrarnos nuestros defectos y susurrarnos cosas como: «Hey, tú eres la peor madre que existe. Si fueras una buena madre, a tus hijas les iría mejor en el colegio».

Entienda, el diablo sabe qué perillas apretar con el fin de hacerla sentir lo peor, pero no le permita el acceso a sus comandos. Cuando comience a compararse con otras madres, deténgase. De inmediato, agradezca a Dios por darle la sabiduría y la fuerza para ser la mejor mamá que puede ser. Cuando usted responde a las presiones de Satanás sobre sus botones, con alabanzas al Padre, está enviando al diablo a la bodega.

AL MAESTRO

Padre, ayúdame a ser la mejor mamá que puedo ser. Ayúdame para
que deje de compararme con otros. Te alabo. Amén.

17 DE ABRIL

Pedro tomó la palabra, y dijo: «Ahora comprendo que en realidad para Dios no hay favoritismos».
HECHOS 10.34

¿Vio la película *Los diarios de la princesa* que protagonizaron Julie Andrews y Anne Hathaway? Si no, debería verla alguna vez. Es una hermosa historia de una «patito feo» que se convierte en un adorable «cisne». Nos gustaba tanto que también compramos la banda sonora donde se destaca una canción llamada "Lo que te hace diferente". Adoro esta canción interpretada por los Backstreet Boys. El coro dice: «Lo que te hace diferente, te hace hermosa para mí».

¿No es eso «cool»? Como mamás, ¿no sería fenomenal que pudiéramos aplicar este mensaje a la vida diaria de nuestros niños? Quiero que Allyson sepa que ese primoroso y pequeño lunar marcado sobre su labio no solo la hace diferente, sino que además la hace hermosa. Y aún más importante, quiero que mis hijas sepan que Dios ama sus diferencias y que Él piensa que son hermosas.

Quisiera haber aprendido esa verdad antes. Como adultos, es difícil aceptar la aprobación y el amor incondicional de Dios. Algunas veces, miro todos mis defectos y me pregunto cómo alguien puede amarme. Otras veces es muy difícil sentirse hermosa. Sin embargo, en mis momentos de quietud, puedo oír a Dios cantando suavemente en mi oído «Lo que te hace diferente, te hace hermosa para Mí...». Deje que el Señor le cante hoy.

AL MAESTRO

Gracias Padre, por Tu amor incondicional y Tu aprobación. Amén.

18 DE ABRIL

*«Pero quien se fija atentamente en la ley perfecta que da libertad,
y persevera en ella, no olvidando lo que ha oído sino
haciéndolo, recibirá bendición al practicarla».*

SANTIAGO 1.25

Mi sobrina Mandy y yo siempre jugamos a decirnos: «Me gustaría ser como tú en…». Por supuesto, el comentario va acompañado de una sonrisa y de un movimiento de cabeza para que el efecto sea completo. Aunque solo nos estamos divirtiendo, de verdad hay algunos días en que me gustaría ser otra persona. ¿Le ha pasado? ¿Qué me dice cuando llega 15 minutos tarde a la reunión de padres y profesores? ¿O cuando olvida enviar las invitaciones para el cumpleaños de su hija? Sí, yo he cometido estas dos viles acciones. ¡Soy culpable!

¿Verdad que es bueno saber que Dios no espera que seamos perfectas? Él comprende que estamos tirando la toalla de vez en cuando… ¡Somos humanas! Él lo sabe porque Él nos creó. Usted está autorizada para cometer errores. ¡Oh! ¿Qué bueno, eh?

A medida que avanzo en años, he aprendido a relajarme un poco. O, como decimos en Texas, «he aprendido a dejar que las cosas me resbalen como el agua por la cola del pato…». (Bueno, no estoy muy segura de lo que significa, pero es bastante gráfico, ¿verdad?).

De modo que, relájese. Si usted comete un error de crianza con sus hijos, Dios la cubrirá. Recurra a Su Palabra en busca de sabiduría y orientación. Todos debemos «Querer ser como Él por eso».

AL MAESTRO

*Señor, gracias por quererme aunque no soy,
ni nunca seré, perfecta. Amén.*

19 DE ABRIL

«No nos atrevemos a igualarnos ni a compararnos con algunos que tanto se recomiendan a sí mismos. Al medirse con su propia medida y compararse unos con otros, no saben lo que hacen».
2 Corintios 10.12

Nuestra responsabilidad era hacer un afiche para promover la idea que los padres se hicieran socios de la organización PTA. Suena bastante fácil, ¿verdad? Bueno, esta sencilla tarea se convirtió en un fiasco de todo un día. Una vez que me informaron que cada clase tendría su propio afiche, me puse nerviosa. Eso significaba que nuestro poster tenía que ser extraordinariamente bueno porque sería comparado con todos los demás. Este afiche de la clase de quinto grado de Abby pasó a ser más que una tarea, ¡una misión!

Usando nuestros suministros de arte recién comprados, Abby y yo comenzamos a crear un afiche muy alegre. El lema era ¡Únete al equipo!, por lo que recortamos figuras deportivas y las pegamos sobre la tabla en blanco. Luego escribimos las palabras «¡Únete al equipo!» y decoramos cada letra con brillo. Estaba muy orgullosa de nuestra creación, hasta que vi los otros afiches.

¡Eran obras maestras! Nuestro mejor esfuerzo no había sido lo suficientemente bueno. De pronto, sentí pesar por Abby, porque su mamá era una pobre artista. ¡Pero ella no estaba para nada desilusionada! En efecto, pensaba que nuestro póster era el mejor. Ya sabe, todo es según la perspectiva con que se mira. Pídale a Dios que le dé una perspectiva inocente hoy.

AL MAESTRO

*Señor, ayúdame para que esté satisfecha con mi mejor esfuerzo.
Por favor, dame una perspectiva inocente. Amén.*

20 DE ABRIL

«Fijemos la mirada en Jesús, el iniciador y perfeccionador de nuestra fe, quien por el gozo que le esperaba, soportó la cruz, menospreciando la vergüenza que ella significaba, y ahora está sentado a la derecha del trono de Dios».

HEBREOS 12.2

Estábamos planeando una despedida de soltera en mi casa para una amiga muy querida. Su dama de honor preguntó si todas usaríamos rosa, el principal color en la boda de Camila. Me pareció una magnífica idea; sin embargo, ¡yo me parezco al payaso Ronald McDonald de rosa! Mi pelo es rubio-dorado, con un matiz de rojo, y el rosa hace que se vea como cobre. Cuando uso ese tono (lo que es muy difícil), mi marido y mis hijos me llaman «la Heatmiser». (¿Se acuerda del malvado Heatmiser en la tira cómica de *Scooby Doo*?).

Cuando me lamentaba de tener que usar ese color, mi hija de diez años, Abby, dijo algo que nunca olvidaré.

«No te preocupes como te vas a ver», dijo. «De cualquier modo, todos los ojos estarán fijos en Camila. Es su fiesta».

¡Caray! ¡Cuánta perspicacia para apenas diez años!

Tenía razón. Estaba tan centrada en verme bien que había perdido de vista la única razón de la reunión, demostrarle nuestro afecto a Camila.

Muchas veces, estoy tan absorta en mí misma que pierdo de vista el verdadero objetivo de algo. ¿Le pasa a usted también? La Palabra nos dice que fijemos nuestros ojos en Jesús. Si usted fija sus ojos en Él, permanecerá centrada en el objetivo, no en usted misma. ¿Dónde tiene puesta su mirada hoy?

AL MAESTRO

Señor, ayúdame a mantener mis ojos en Ti. Amén.

21 DE ABRIL

«Todo lo puedo en Cristo que me fortalece».
Filipenses 4.13

He tenido grandes sueños, tan grandes que me ruboriza compartirlos con los demás. Algún día, escribiré sobre mis sueños en mi periódico, y cuando los lea, me avergonzaré de mí misma. Tengo esa actitud de, «¿Quién te crees que eres? Nunca lograrás esas cosas».

La voz de la «Nellie Negativa» asoma su horrible cara de vez en cuando, y tengo que hacerla callar con la Palabra de Dios porque esta dice que yo puedo hacer *todas* las cosas en Cristo que me fortalece. No soy yo, ¡es Él! Dios en mí puede lograr cosas aún más grandes que las que nunca pude soñar.

Dios en usted puede hacer «cosas enormes, formidables» también, como le gusta decir a mi hija Allyson. De modo que, ponga su gran fe por encima de todo, ¡y siga adelante con esos sueños! Puede ser que siempre quiso escribir un libro para niños o hacer clases de estudios bíblicos para mujeres. Cuando las oportunidades se presenten, Dios, que puso esos sueños en su corazón, le ayudará a cumplirlos.

¿No son estas excelentes noticias? Dios ha permitido que usted sueñe grandes sueños, así que usted puede esperar que Él le ayude a tener el éxito que espera. Usted tiene grandes sueños y tiene a un Dios grande, ¡Esa es una poderosa combinación!

AL MAESTRO
Padre, sé que Tú eres el autor de mis sueños, así que Te pido que me ayudes a convertirlos en realidad. Amén.

22 DE ABRIL

«¡Pero gracias a Dios, que nos da la victoria
por medio de nuestro Señor Jesucristo!».
1 CORINTIOS 15.57

Ha sido uno de *esos* días. Usted sabe a lo que me refiero, cuando no importa lo que usted haga, igual terminará frustrada. Es en *esos* días cuando la perfección parece una lejana eternidad. Es en esos días cuando estoy segura que nunca estaré a la altura de las circunstancias. Es en esos días cuando tengo que detenerme y arrastrarme hasta el regazo de mi Padre celestial y dejar que Él me reconforte.

Él me recuerda que soy una vencedora por medio de Él. Me dice que soy la niña de Sus ojos. Me susurra: «Puedes hacer todas las cosas a través de Mí». Repentinamente, soy restaurada, revivida, reanimada y estoy lista para seguir.

Sabe, nosotros necesitamos hacer lo mismo con nuestros niños. Hay muchos días en que mis hijas llegan arrastrándose de la escuela, con el ánimo por el suelo. Puedo ver que se han encontrado con alguna «cosa insoportable» ese día. Ahí es cuando nosotras las mamás podemos aportarles vida, tal como nuestro Padre celestial lo hace con nosotras. Podemos restaurarlas, revivirlas, reanimarlas y enviarlas de vuelta, listas para seguir.

Así que, consiga usted misma re-energizarse para que esté lista para dar esto mismo a sus niños. Recuerde, usted tiene victoria por medio de Jesús. ¡Grite su victoria hoy!

AL MAESTRO
Gracias Padre, por amarme cuando caigo,
por falta de perfección. Amén.

23 DE ABRIL

*«¿No saben que en una carrera todos los corredores compiten,
pero solo uno obtiene el premio? Corran, pues,
de tal modo que lo obtengan».*

1 CORINTIOS 9.24

Solía correr en la pista. Bueno, fue hace *muchos* años que yo competía, pero recuerdo lo que era correr hacia la meta, dándose por entera. No siempre gané, pero estoy segura que lo di todo. Nuestro entrenador de pista nunca exigió nada más que el mejor desempeño. Estaba contento con nosotras si corríamos con el mayor esfuerzo, incluso si no ganábamos el primer lugar.

¿Sabe qué? Dios siente de igual modo. Él no espera que usted sea la mejor en cada situación. Él solo espera que usted haga su mejor esfuerzo cada vez. Si usted va por el oro y solamente trae medalla de plata, está bien.

Como dice la Biblia, prosigo al blanco. Corro la buena carrera. Guardo la fe. Entonces, aún cuando usted nunca obtenga el premio, será capaz de oír la voz de Dios susurrándole: «Bien hecho, mi buena y fiel servidora», porque usted lo habrá dado todo.

Así pues, ate esas zapatillas de pista espiritual y vuelva a la carrera. ¡La meta lo aguarda!

AL MAESTRO

Gracias, Padre, por darme Tu aprobación incluso cuando no gano la carrera. Ayúdame a dar siempre lo mejor. Te amo. Amén.

24 DE ABRIL

«He visto que aun la perfección tiene sus límites;
¡sólo tus mandamientos son infinitos!».
Salmos 119.96

¿Sabe cuál es el problema al tratar de ser perfecto? Una se
desilusiona de sí misma y de los demás.

Durante los momentos de mi vida en que me quejo de ser como
«Polly, la Perfeccionista», es también cuando soy más crítica de mí
y de otros. Cuando entro en la moda del perfeccionismo, no solo
encuentro fallas en todo lo que hago, sino también en todo lo que
hacen los demás. Como puede imaginarse, no tengo muchos amigos
que quieran aguantarme cuando me pongo el sombrero de «Polly, la
Perfeccionista».

Conclusión, nadie es perfecto. No importa cuán arduamente
tratemos, nunca alcanzaremos la perfección sino cuando estemos
en el cielo. Eso no quiere decir que no debemos luchar por ser y
hacer lo mejor, sino que significa que debemos darnos una pausa
a nosotros y a los demás. Quite sus ojos de sus defectos, deje de
encontrar faltas en los demás y ponga su mirada en Dios.

Descanse en el Señor y medite sobre Su perfección. Después de
todo, es lo único perfecto. Él no espera perfección de usted, así que
usted no debe esperarlo de otras personas. Si usted está en ese estilo
de «Polly, la Perfeccionista», pídale al Señor que la ayude a aceptarse
como ser humano y siga adelante.

AL MAESTRO

Padre, ayúdame a luchar por alcanzar la perfección,
pero también a aceptarme cuando fracaso. Amén.

25 DE ABRIL

«Todos fallamos mucho. Si alguien nunca falla en lo que dice, es una persona perfecta, capaz también de controlar todo su cuerpo».
SANTIAGO 3.2

Estoy tan agradecida con Dios por haber utilizado personas imperfectas para hacer Su voluntad sobre esta tierra. Tome a Moisés, por ejemplo. Mató a un egipcio porque maltrataba a un israelita y más tarde se enojó mucho porque el pueblo de Dios adoraba a un becerro de oro, que hizo añicos los Diez Mandamientos.¡Vaya! ¿Y qué me dice de Pedro? Cortó la oreja de un tipo y negó que conocía a Jesús —no una vez sino... ¡tres veces! ¡Caray! ¿Verdad que ayuda saber que tanto Moisés como Pedro tuvieron problemas? Por alguna razón, eso me parece reconfortante.

Bueno, no he cortado la oreja de alguien últimamente, pero he arrancado con los dientes algunas cabelleras. Y aunque no he hecho añicos algunos de los mandamientos, he transgredido algunos de ellos. Mi marido y mis hijas serían los primeros en decirle a usted que yo no soy perfecta. Pero, soy una obra en proceso. Exactamente de la misma manera que Moisés y Pedro, todos vamos avanzando de gloria en gloria. Y agradezca al Señor porque usa a personas imperfectas tal como nosotros. Él conoce nuestras limitaciones, y aún así nos ama. Así que, si usted está en un día como para «hacer añicos los mandamientos y cortar orejas», no se preocupe. ¡Dios todavía puede usarla!

AL MAESTRO
Gracias, Señor, por usarme, aunque soy menos que perfecta. Amén.

26 DE ABRIL

«...pero él me dijo: "Te basta con mi gracia, pues mi poder se perfecciona en la debilidad." Por lo tanto, gustosamente haré más bien alarde de mis debilidades, para que permanezca sobre mí el poder de Cristo».

2 Corintios 12.9

A nadie le gusta admitir sus puntos débiles, pero ¡eh!, todos los tenemos. La buena noticia es que Dios puede trabajar con la debilidad. En efecto, su Palabra nos dice que Su poder se hace perfecto en nuestra debilidad. Soberbio, ¿no? Por lo tanto, ¿por qué es tan difícil admitir nuestras debilidades?

Seré honesta, odio admitir que tengo defectos, especialmente delante de mis niños. Me gusta aparecer perfecta y como «superheroica». Quiero que Abby y Allyson piensen que tienen la mejor mamá del mundo, que su madre ama a Dios, las ama a ellas y que todavía puede seguir construyendo con lo mejor de ellas. Pero, en los últimos años, estoy segura que mis hijas se han dado cuenta que su mamá tiene muchos puntos débiles. ¡Definitivamente! El gato está fuera de la bolsa, por así decirlo.

Y estoy de acuerdo con eso. Si dejamos que nuestros niños vean nuestros defectos, se sentirán mejor respecto de sus mismas debilidades. Así que no trate de ocultar sus debilidades o de buscar excusas. Solo admita que las tiene y deje que el poder de Dios se perfeccione en ellos.

AL MAESTRO

Padre, gracias por trabajar con mis debilidades. Amén.

27 DE ABRIL

«Toda buena dádiva y todo don perfecto descienden de lo alto, donde está el Padre que creó las lumbreras celestes, y que no cambia como los astros ni se mueve como las sombras».

SANTIAGO 1.17

Cuando Abby y Allyson nacieron, escribí en sus libros de bebé «Mis regalos de lo Alto». Así era exactamente cómo me sentía con cada una de mis hijas. Cada vez que me inclinaba sobre sus caritas, me costaba creer en tanta bendición. Apuesto a que usted sentía lo mismo cuando tuvo a sus hijos. Ya sea que usted los dio a luz o los adoptó, ellos fueron los mejores obsequios que alguna vez recibió. ¿Fue así?

Recuerdo haber pensado: *Son tan perfectas, y yo no he hecho nada para merecer estas preciosas niñas. Solo Dios me las dio. ¡Me ama tanto!*

Dios es así. Le gusta hacernos regalos, eso es lo que hacen los papás.

Así que, incluso en los días cuando sus queridos pequeños son mucho menos que perfectos y usted está pensando: *me parece que la Escritura dice que el Padre solamente nos regala lo bueno y perfecto...* ¡Regocíjese! Usted es bendecida. Alabe al Padre por sus hijos, su esposo, su hogar y toda su familia y sus amigos. Dios ama enviar bendiciones por medio de nosotros, especialmente cuando apreciamos lo que Él ya nos ha enviado.

AL MAESTRO

Padre, gracias por cada obsequio que has puesto en mi camino. Especialmente Te agradezco por mis hijos. Te amo. Amén.

28 DE ABRIL

«...sino que el amor perfecto echa fuera el temor. El que teme espera el castigo, así que no ha sido perfeccionado en el amor».
1 JUAN 4.18

Está bien, ya he aceptado el hecho de que nunca seré perfecta. Pero es bueno saber que el amor perfecto de Dios está a mi alcance y que Él echa fuera todo temor. Usted sabe, como mamás, tenemos muchos temores respecto de nuestros hijos. Tememos que no se desarrollen bien mientras crecen dentro de nosotras. Tememos a equivocarnos como padres. Tememos que no aprendan como los demás niños. Tememos no estar dedicándoles suficiente tiempo... etcétera, etcétera, etcétera.

Pero Romanos 8.15 nos dice que no recibimos un espíritu que nos hace esclavos del temor; más bien recibimos el Espíritu de adopción. Eso nos da derecho para clamar a Dios llamándole como Abba, nuestro Padre. Él quiere que corramos a Él cuando estamos temerosos. Él quiere sacar esos miedos de nuestro corazón.

Así que, si usted está luchando contra el temor a la incompetencia, o si está preocupada por sus niños al punto que su estómago está hecho un nudo ¡corra a Dios! ¡Deje que Él reemplace su temor con Su perfecto amor! ¡Ese es un trato que usted no puede rechazar!

AL MAESTRO
Padre, gracias por Tu amor perfecto.
No tendré temor porque Tú eres mi Dios. Amén.

29 DE ABRIL

«Por lo tanto, como escogidos de Dios, santos y amados, vístanse de afecto entrañable y de bondad, humildad, amabilidad y paciencia».
COLOSENSES 3.12

¿Se ha fijado que todo el mundo parece tener una opinión respecto de la manera cómo deberíamos criar a los hijos? Oh, sí, incluso la mujer de la tintorería me dijo que debo quitarle el chupete a mis hijas antes de que pase mucho tiempo, porque si no, se le pudrirían los dientes. Ese fue un interesante bocadito de información, que no había contabilizado al separar la ropa «solo para limpiado en seco».

Muchas veces usted recibirá consejos sobre la crianza de los hijos de su propia madre o de su suegra, los pida o no. Ellas sienten que es su deber aportar su granito de arena de conocimientos. Si somos parecidas, a veces se cansa de esta consejería interminable. Usted lee libros sobre crianza. Usted los cría en oración. Admítalo, hay ocasiones en que le gustaría gritar: «¡Basta! ¡Son mis hijos, y estoy haciendo lo mejor que puedo!».

Pero antes de atacar a su mamá verbalmente, la próxima vez que ella la critique por el tipo de detergente que está usando para lavar la ropa del bebé, ore. Pida a Dios que la ayude a recibir el aporte de cada una con gentileza y gratitud. Usted por cierto no tiene que seguir ese consejo, pero simplemente sonría con dulzura cuando ellas desarrollen sus teorías sobre el mejor entrenamiento para aprender a usar la bacinilla. Algún día, será usted la que esté ofreciendo consejos. Es así, usted lo sabe. ¡Nos convertimos en nuestras madres de hoy!

AL MAESTRO
Padre, ayúdame a recibir el consejo con gracia y gratitud. Amén.

30 DE ABRIL

«El camino de Dios es perfecto; la palabra del Señor es intachable.
Escudo es Dios a los que en él se refugian».
2 Samuel 22.31

«¡A mi manera o nada!» me oí gritando a Abby mientras abandonaba la pieza.

Teníamos una discusión algo fogosa acerca de su desobediencia. Le hice saber que ella debía seguir las reglas de la casa, o pasaría mucho tiempo encerrada en su habitación, ¡Punto! A los diez años, Abby no estaba muy interesada en la perspectiva del «encierro de por vida». Así que mi declaración de «a mi manera o nada» le parecía más efectiva.

Mientras sea una frase insidiosa, no es muy correcta a los ojos de Dios. No es mi meta criar a mis hijas a mi manera, porque muy pocas veces es la correcta. Mi instinto se equivoca a menudo, y soy demasiado emocional para tomar decisiones buenas y sólidas todo el tiempo. La manera de Dios es la más eficaz. Es divertido, sin embargo, pensar en cuántas veces me he olvidado de eso, he hecho las cosas a mi modo y me han rebotado en la cara.

Así que, si usted hoy está tratando de manejar todo a su propio modo, ¡no lo haga! Entrégueselo a Dios. Pida Su divina intervención. Su camino es el mejor. Después de todo, ¡Él es el camino!

AL MAESTRO
Señor, quiero hacer las cosas a Tu manera,
toda mi vida. Te amo. Amén.

1 DE MAYO

¡Que den gracias al Señor por su gran amor,
por sus maravillas en favor de los hombres!
SALMOS 107.21

¿Le encanta hacer regalos a sus niños? ¿Verdad que es emocionante sorprenderlos con algo que ellos han estado deseando por mucho tiempo, como una nueva bicicleta o un viaje a Disney World?

Es tan agradable ver sus ojos iluminados, sus sonrisas de entusiasmo y sus sonrisas nerviosas. Amo bendecir así a mis niños. Cuando Abby y Allyson me abrazan hasta casi ahogarme y exclaman un «¡Gracias!» mi corazón se derrite. Apenas puedo esperar hasta la próxima vez, cuando de nuevo haga algo así por ellas.

Usted sabe, Dios es igual. Él ama bendecir a Sus hijos. Ama sorprendernos con el deseo de nuestros corazones. Su delicia es enviarnos regalos inesperados y bendiciones. Pero Él también espera que nosotros reconozcamos Sus bendiciones. Él espera que tengamos corazones agradecidos. Así, asegúrese de que la próxima vez que el Padre le envíe una bendición, usted se detendrá inmediatamente y le agradecerá por su maravilloso regalo. ¡Adelante! Dígale ahora mismo cuán agradecida está hoy. ¡Él hace tanto por todos nosotros! ¡Es digno de ser alabado!

AL MAESTRO

Gracias, Señor, por todo lo que haces por mí. Te admiro y estoy muy
agradecida por las muchas bendiciones en mi vida. Amén.

2 DE MAYO

«Den gracias al Señor, porque él es bueno».
Salmos 107.1

¿Alguna vez ha escuchado la expresión, ¡Agradécele a tu buena estrella!? La gente dice eso muy a menudo. Incluso usted misma puede haberlo dicho un par de veces. O qué me dice de «¡Hurra, gracias al cielo!». Es curioso cómo deslizamos palabras en nuestro discurso sin darles su verdadero significado, aunque realmente deberíamos tener más cuidado con las expresiones, en especial cuando estamos agradeciendo algo.

Cuando algo bueno le ocurra, no le agradezca a su buena estrella o al cielo, ¡No tienen nada que ver en esto! Agradézcale a su amante Padre celestial que nos bendice espléndidamente cada día. Adquiera el hábito de reconocer inmediatamente la misericordia del Señor, tan pronto como la recibe. Si encuentro un lugar de estacionamiento frente a Wal-Mart, digo: «Gracias, Señor, por disponer este sitio justo para mí». Si agradecer a Dios se convierte en un hábito, usted encontrará muchas razones para alabarle.Eso la coloca en una actitud de gratitud, ¡y ese es el mejor lugar para estar!

AL MAESTRO

Gracias, Señor, por todo lo que Tú haces por mí cada día. Ayúdame para reconocer mejor cada bendición que pones en mi camino. Amén.

3 DE MAYO

«Los que aman tu ley disfrutan de gran
*bienestar, y nada los hace tropezar».
SALMOS 119.165

¿Sabía usted que la Palabra de Dios contiene aproximadamente siete mil promesas en sus páginas? Hay promesas para cubrir cualquier circunstancia o problema que podamos encontrar. Si está enferma y necesita el toque de salud de Dios, Su Palabra dice: «Por sus heridas ustedes han sido sanados» (1 Pedro 2.24 (b)). Si está pasando por apuros financieros, la Biblia dice: «Así que mi Dios les proveerá de todo lo que necesiten, conforme a las gloriosas riquezas que tiene en Cristo Jesús» (Filipenses 4.19). Si sus adolescentes se están rebelando contra usted y Dios, la Palabra dice: «Pero el amor del Señor es eterno y siempre está con los que le temen; su justicia está con los hijos de sus hijos». (Salmos 103.17)

No importa qué está ocurriendo en su vida hoy, Dios lo tiene todo bajo control. Si usted puede encontrar una promesa en Su Palabra, usted tiene algo sólido para levantarse y en qué basar hoy su fe. ¿No está agradecida por eso? La Palabra de Dios tiene todas las respuestas y tenemos acceso a ellas las veinticuatro horas del día. Vivimos en un país que disfruta de libertad religiosa, de modo que podemos leer sus promesas incluso en público. Alabe hoy al Señor por sus promesas.

AL MAESTRO

Gracias, Señor, por Tu Palabra. Te alabo por las
muchas promesas contenidas en sus páginas. Amén.

4 DE MAYO

«Así que podemos decir con toda confianza: "El Señor es quien me ayuda; no temeré. ¿Qué puede hacerme el ser humano?"»
HEBREOS 13.16

¿Recuerda esa canción de los años ochenta, "¿Qué has hecho por mí últimamente?", de Janet Jackson? Aunque me gusta esa canción (la está tarareando ahora mismo, ¿verdad?), no me gusta esa actitud, especialmente cuando viene de mis hijas. El otro día acarreé a casa varios vestidos de Limited Too, su tienda favorita. Quedaron paralizadas durante unos veinte minutos.

A la noche, cuando ya no daba más y las llevaba a un McDonald de la ciudad para comer algo rápido, oí decir a una, «tú nunca haces nada por nosotras». ¡Quería tirar sus conjuntos nuevos por el inodoro! Pero no lo hice. En lugar de eso, cerré la puerta de mi dormitorio para reflexionar a solas. Durante ese rato, el Espíritu Santo me reveló que yo algunas veces actuaba del mismo modo con el Señor. Él me da un torrente de bendiciones, y me pongo muy contenta por un momento, pero dos días más tarde, estoy por ahí lloriqueando porque el Señor se ha olvidado de mí, simplemente porque algo no resultó de la forma como yo quería.

¿Hace usted lo mismo? Si es así, arrepiéntase y pida a Dios que la libre de esa actitud de «¿qué has hecho por mí últimamente?».

AL MAESTRO
Gracias, Señor, para todo lo que haces por mí.
Ayúdame para que nunca olvide Tus bondades. Amén.

5 DE MAYO

«Así que recomiendo, ante todo, que se hagan plegarias, oraciones,
súplicas y acciones de gracias por todos, especialmente por los
gobernantes y por todas las autoridades, para que tengamos paz y
tranquilidad, y llevemos una vida piadosa y digna».
1 TIMOTEO 2.1-2

Desde que Estados Unidos de América experimentó la tragedia del 11 de septiembre del año 2001, he mirado la vida de manera diferente. Creo que a todos nos ha pasado lo mismo. El 11 de septiembre nos hizo darnos cuenta de que el mañana no nos pertenece, por lo que debemos agradecer el hoy.

Eso me ha hecho más agradecida por cada minuto de cada nuevo día. Me ha hecho abrazar a mis niños más a menudo. Me ha hecho llamar por teléfono a mi marido solo para decirle que lo quiero. Me ha hecho compartir mi fe con un poco más de decisión. Me ha hecho volver a priorizar aspectos de la vida. Y me ha hecho apreciar la libertad y los privilegios que vienen de ser una ciudadana estadounidense.

¿Está usted agradecida hoy por sus derechos como estadounidense? Entonces únase a mí y comprométase a orar con regularidad por nuestros líderes y nuestras fuerzas militares que defienden y protegen a este país. Agradezcamos a Dios por Su protección sobre esta nación y alabémosle porque podemos adorar Su nombre sin temor. Y, motivemos a nuestros hijos para que hagan lo mismo. ¡Con oración y alabanza, damos al demonio un par de patrióticos puñetazos!

AL MAESTRO
Señor, oro hoy por mi nación y Te agradezco por permitirme vivir en
un país que fue fundado sobre las creencias cristianas. Amén.

6 DE MAYO

«Más bien, busquen primeramente el reino de Dios y su justicia,
y todas estas cosas les serán añadidas».
MATEO 6.33

¿Sus hijos también presentan el síndrome del «dame»? Usted ya sabe, la etapa del «dame esto y dame eso». Hemos vivido algo de eso en nuestro hogar. Por supuesto, se trata de los «terribles dos» cuando todo «¡ES MÍO!». Y luego, pasados los diez años, los «dame» son mucho más caros. En lugar de «dame ese chupete», es un «dame ese Go-kart». (Me pregunto si cuando sean adolescentes aparecerá un «¡Dame ese Corvette!»).

Cualquiera sea la época, el síndrome de «dame» es perjudicial. Mire, los «dame» siempre conducen a más «dame». La Biblia lo diría de este modo:

«Dame engendran más dame». Una vez que usted ha satisfecho la primera «petición de dame», hay muchas más que la siguen. ¡Es permanente!

Pero, si buscamos a Dios primero, todos nuestros anhelos y «dame» serán satisfechos. Necesitamos mantener nuestros «dame» bajo control y enfocar nuestras energías a buscar a Dios. Si engendramos niños adictos a los «dame», ellos tendrán esa mentalidad para relacionarse con el Señor. Sus oraciones estarán llenas de un «Hola Señor, dame esto y dame aquello. Amén». Pida a Dios para que saque los «dame» de su grupo familiar hoy. ¡Esa será una solicitud que Él estará feliz de satisfacer!

AL MAESTRO
Señor, Te ruego que quites la actitud de «dame» de mi familia.
Te amo. Amén.

7 DE MAYO

«Hay amigos que llevan a la ruina,
y hay amigos más fieles que un hermano».
PROVERBIOS 18.24

A veces ser mamá implica cierta soledad. Antes que mis hijas nacieran, yo era un personaje público, pasando de evento en evento social. Después de que Abby y Ally llegaron, era afortunada si conseguía darme una ducha al mediodía. Así que perdí contacto con un montón de relaciones sociales, a muchos de las cuales solo veía en los eventos. Y, algunas de mis más queridas compañeras de universidad me dieron una especie de plantón una vez que me convertí en mamá. Después de todo, ellas estaban todavía solteras y viviendo una vida absolutamente diferente. Eso me dejó con unas pocas amigas que encontré en el grupo MOP (Madres de Preescolares) y nuestra iglesia. Yo no había sido muy cercana con ninguna de ellas, y no había mucho tiempo para construir relaciones personales con bebés en casa. De modo que clamé a Dios por una amiga. Ahí fue cuando oí esa voz apenas audible diciendo «Yo soy tu amigo».

¡Caramba! Me había olvidado completamente que tenía un amigo en Jesús, aunque hubiera cantado ese himno miles de veces en mi vida. Así, si usted se está sintiendo sola y sin amigos hoy, levante su mirada. Tiene un amigo en Él. Estoy agradecida por Su amistad.

AL MAESTRO
Señor, gracias por ser mi mejor amigo. Amén.

8 DE MAYO

«Para que te cante y te glorifique, y no me quede callado.
¡Señor mi Dios, siempre te daré gracias!».
SALMOS 30.12

Enseñamos a nuestros niños a decir «por favor y gracias» y eso está muy bien. Los modales son muy importantes; sin embargo, a menudo me pregunto si solo estamos enseñándoles a «cumplir con la norma» sin la apropiada motivación. En otras palabras, ¿dicen ellos «gracias» porque suponen que es lo que hay que decir, o porque ellos están realmente agradecidos?

Me parece correcto enseñar a mis niñas a que sean hijas agradecidas y que aprecien lo que tienen. Por supuesto, me gusta que ellas den el verdadero significado a la respuesta «gracias» en su vida diaria. Pero más que todo, quiero que ellas sean agradecidas a nuestro Señor Jesucristo por Sus muchas bendiciones.

Creo que el mejor camino para enseñar a nuestros niños a que tengan un corazón agradecido hacia nuestro Padre celestial es con el ejemplo. Si ellos nos ven a nosotras, sus madres, alabando a Dios y reconociendo Su misericordia todos los días de la vida, ellas seguirán nuestra guía. Así que, tome tiempo no solo para enseñar la parte formal de la palabra «gracias» sino también su fondo. ¡Entremos en Sus puertas con acción de gracias en nuestros corazones cada día! Él es digno de nuestra alabanza y nuestros niños necesitan saberlo. Siga así, ¡levante su alabanza!

AL MAESTRO

Señor, gracias por ser mi Padre celestial. ¡Te alabo hoy! Amén.

9 DE MAYO

*«Cada mañana y cada tarde debían estar presentes
para agradecer y alabar al Señor».*
1 CRÓNICAS 23.30

Nunca he sido muy madrugadora. Esto fue especialmente cierto cuando era niña. Esperaba hasta el definitivamente último momento posible para salir de la cama. Pero mi «despertador» matinal empezaba a las 6 de la mañana cada día de la semana, por cortesía de mi madre, Marion, quien sí es madrugadora.

Ella no solo llamaba a la puerta y decía «hora de levantarse». Oh, no, ella era mucho más festiva que eso. Mi madre ponía en acción toda una extravagancia musical. Comenzaba con la interpretación de "Este es el día que nos ha dado el Señor. Nos regocijaremos y alegraremos en él". Todo este canto era acompañado de fuertes aplausos, y si esto no surtía efecto, prendía y apagaba las luces al mismo tiempo que cantaba.

Como puede haber adivinado, continúo orgullosamente con esta tradición. Aún canto la misma canción, acompañada de fuerte palmoteo y tengo mi propio show de luces. Y mis niñas refunfuñan y gimen de la misma manera como lo hacía yo.

No obstante esto, iniciamos cada día alabando a Dios y agradeciéndole por otro día de vida, ¡algunas un poco más que otras! Si estamos empezando el día en el lado correcto, ¿por qué no participar en la diversión?

AL MAESTRO
Señor, gracias por darme otro día para alabarte. Amén.

10 DE MAYO

«¡Alaben al Señor, proclamen su nombre,
testifiquen de sus proezas entre los pueblos!».
1 CRÓNICAS 16.8

¿Sabía usted que en varias ocasiones la Biblia nos insta a decir lo que Dios ha hecho por nosotros? En otras palabras, cuando Dios nos bendice, tenemos que gritarlo desde los tejados. Mis niñas son realmente buenas en esto.

El año pasado, Abby apenas podía esperar para decir a todos cómo Dios la había bendecido con boletos y pases para estar detrás de los bastidores en el concierto del grupo cristiano «Newsboys» en Dallas. Había rogado a Dios que le permitiera ir porque ella nunca había ido a un concierto, y milagrosamente, Dios respondió ¡de gran manera! ¡Fue realmente asombroso! El Señor «simplemente hizo que uno de los miembros de la banda viniera a una venta de libros autobiografiados. Y mi hija «de pura casualidad» estaba conmigo y, de «pura casualidad» él nos dio entradas y tickets para detrás de los bastidores. ¿No es espectacular lo lejos que Dios llega con tal de bendecir a Sus hijos?

Así que, siga adelante y testifique acerca de la bondad de Dios para con su vida. Anime a sus niños a compartir sus testimonios de alabanza también. En efecto, usted podría incluso programar un tiempo todas las semanas para «Reportes de Alabanza Familiar». Sería entretenido ¡y a Dios le complacería mucho!

AL MAESTRO
Señor, eres tan bueno con nosotros, ¡y quiero gritar
Tus bondades desde todos los tejados! Amén.

11 DE MAYO

*«¡Aleluya! ¡Alabado sea el Señor! Den gracias al Señor,
porque él es bueno; su gran amor perdura para siempre».*
SALMOS 106.1

Cuando mis niñas eran muy pequeñas, acostumbraba a oírlas orar
en la noche. Ellas agradecían a Dios por todo lo que hay bajo el sol,
por los saltamontes, las palomitas de maíz, las tortas de barro, las
famosas galletas de Oreo, las mascotas, las piscinas, los gatitos, las
barras de chocolate, las clases de ballet... ¡Por todo! Tanto es así, una
de las oraciones de Allyson inspiró mi libro de apuntes, *Por qué Te
amo, Señor*. Ella me desarmó completamente, agradeciéndole a Dios
por las más pequeñas cosas, ¡incluso por un *loly pop*!

Pero, como usted sabe, las oraciones de nuestros niños además
de ser bonitas deberían ser un modelo para el crecimiento de las
de nosotros. Cuando ellos cuentan sus bendiciones, realmente *las
cuentan*. Muchas veces, como adultos, nos lanzamos a nuestras
oraciones de antes de dormirnos sin realmente agradecer a Dios
por nada específico. Nosotras solo levantamos una oración genérica
y esperamos por lo mejor. Si vamos al Señor como niñas pequeñas,
como Su Palabra dice, estamos seguros de hacer lo correcto. Así que,
siga el ejemplo de sus chicos. Agradezca al Señor y ¡hable *realmente*
de sus bendiciones!

AL MAESTRO

*Señor, quiero agradecerte por todas Tus bendiciones en mi vida;
Tu amor incondicional, mis niños, mi compañero, mis familiares, los
días soleados. Las flores de primavera, mis mascotas, mi iglesia, mis
amigos. Por las películas de Doris Day... ¡Por todo! Amén.*

12 DE MAYO

«Tú eres mi Dios, por eso te doy gracias;
tú eres mi Dios, por eso te exalto».
SALMOS 118.28

Cuando pienso en mi padre terrenal, siempre me sonrío. Mi papá es el tipo de papá que mima en exceso a sus hijos. Mi hermana dice en broma que ella es su regalona, y yo le respondo que soy yo, pero con toda honestidad, él nos hace sentir a ambas como sus regalonas. Y, si usted le pregunta a mi hermano, ¡dice que *él* es el favorito de papá! Así es mi papá, y así es exactamente Dios también. Él es un Padre mimoso. Él nos ama muchísimo. En realidad, ¡Él nos adora!

Pero yo no quiero a mi papá porque él sea bueno conmigo o porque me haga sentir que yo soy su regalona. Quiero a mi papá simplemente porque es papá. Usted lo sabe, nosotros debemos amar a nuestro Padre celestial por esa misma razón, no por lo que Él nos da o hace por nosotras, sino simplemente porque Él es nuestro Padre. Eso es lo que el salmo 118.28 me dice: «Tú eres mi Dios, por eso te doy gracias; tú eres mi Dios, por eso te exalto». Dígale hoy a Él cuánto le ama, solo por ser Él.

AL MAESTRO
Padre, quiero alabarte hoy solo por quién eres.
Estoy tan agradecida de que seas mi Padre celestial.

13 DE MAYO

*«Lleguemos ante él con acción de gracias,
aclamémoslo con cánticos».*
SALMOS 95.2

Cuando pienso en el ataque de alguien en batalla, pienso en un «asalto sorpresivo». Imagino un fenomenal ejército camuflado, acercándose silenciosamente al enemigo por la noche, cuando todos duermen. Si yo estuviera planificando un ataque, eso es probablemente lo que haría. Pero, ¿sabe? Dios no planificó ataques como esos. Una y otra vez en el Antiguo Testamento, Dios envió «el equipo de alabanza y adoración» delante de sus tropas, cantando y tocando música al Señor. Puede apostar que no se acercaron a hurtadillas a nadie, con todos esos cantos y gritos elevándose.

Obviamente, Dios estaba tratando de comunicarnos algo. ¡Que la alabanza y la adoración son muy importantes! Hay días en que yo no me siento alabando a Dios. Usted sabe de los días que hablo, ¿cierto? Como cuando el profesor la llama para decirle que su hijo está reprobando en matemática. O, cuando su jefe le dice que la compañía está reduciendo personal y que usted va a ser despedida.

Esos no son tiempos de gozo; sin embargo, se supone que debemos alabar a pesar de las circunstancias. ¿Por qué? Porque cuando alabamos al Señor, especialmente en los malos tiempos, aseguramos nuestra victoria. Si usted necesita una victoria hoy, ¡Alabe al Señor!

AL MAESTRO

Padre, yo Te alabo hoy a pesar de las cosas malas de mi vida. Amén.

14 DE MAYO

*«Que habite en ustedes la palabra de Cristo con toda
su riqueza: instrúyanse y aconséjense unos a otros
con toda sabiduría; canten salmos, himnos y canciones
espirituales a Dios, con gratitud de corazón».*
COLOSENSES 3.16

La frase «con gratitud en el corazón» aparece una y otra vez en las Escrituras. ¿Sabe lo que eso me dice? «Hey, Michelle, solo agradecer a Dios no es suficiente. Tu corazón tiene que estar lleno de gratitud». Usted puede engañar a su familia y amigos con una gratitud falsa o una alabanza lastimera, pero Dios mira el corazón. Ve lo que realmente hay allí.

Me encuentro haciendo esto mismo con mis niños también. Abby o Allyson harán un dibujo y me lo entregarán (por lo general cuando estoy en mitad de algo sumamente importante), y yo diré: «Gracias, tesoro. Es realmente lindo». Apenas le doy una mirada y lo cuelgo en el refrigerador. ¿Le ha pasado? Mire, no solo debemos tener un corazón lleno de gratitud cuando alabamos a Dios, sino además cuando agradecemos a nuestra familia. Los niños son perceptivos. Puede que no sean capaces de ver su corazón, pero ellos se dan cuenta cuando usted entiende sus motivaciones.

Así que, haga un chequeo de corazón hoy. ¿Está lleno de gratitud? Si no, rellénelo. Obtendrá la gratitud de Dios con su nombre puesto encima. Solo pregúntele a Él.

AL MAESTRO
*Padre, Te alabo con todo mi corazón hoy.
Te amo y Te admiro. Amén.*

15 DE MAYO

«Dando siempre gracias a Dios el Padre por todo,
en el nombre de nuestro Señor Jesucristo».

EFESIOS 5.20

Era una de las amigas de Abby, pero esta niña pequeña me fastidió. Quiero a los niños. ¡Incluso escribo libros para niños! Pero ella era un verdadero reto. Una tarde, llevé a Abby y a su amiguita de compras. Mientras estábamos en la librería cristiana, compré un lindo brazalete de cruz para cada una. Abby me abrazó y agradeció. ¡Pero la amiguita ni siquiera dijo gracias! Solo se deslizó el brazalete y siguió feliz de la vida.

Me quedé pensando: *Si fuera mi hija, la disciplinaría ahora mismo.* ¿Pero sabe qué? No me correspondía disciplinarla. Mi tarea era simplemente mostrarle el amor de Jesús. Vea usted, Jesús espera que mostremos gracia y misericordia a otros de la misma manera que Él nos muestra gracia y misericordia a nosotros. Y, yo sé que han habido ocasiones en que Dios me ha bendecido, y yo me he «deslizado» y seguido mi camino feliz de la vida. ¿Qué me dice de usted? Si ha sido poco agradecida últimamente, arrepiéntase y pase algún tiempo agradeciendo a Dios por Su bondad hoy.

AL MAESTRO

Padre, ayúdame para que tenga un espíritu agradecido siempre.
Ayúdame para que te refleje a Ti. Amén.

16 DE MAYO

*«Pero los exhorto a temer al Señor y a servirle fielmente
y de todo corazón, recordando los grandes beneficios
que él ha hecho en favor de ustedes».*
1 Samuel 12.24

Siempre oigo ese contagioso corito de adoración y alabanza que
dice: "¡Mira lo que ha hecho el Señor!". Es uno de mis favoritos
de todos los tiempos. Me encanta la melodía, por supuesto, pero
especialmente me gustan las palabras, «¡Mira lo que ha hecho el
Señor!». Por eso es que me gusta llevar un diario, porque así puedo
mirar para atrás y ver lo que Dios ha hecho en mi vida.

Tengo una pequeña libreta de apuntes (que parece mordida de
ratas a esta altura) que yo llamo mi «Diario de oración y alabanza», y
allí anoto las peticiones de oración. Entonces, cuando Dios responde
a mis oraciones, vuelvo a leerlas y las verifico, grabando los detalles
de la intervención milagrosa de Dios. Es emocionante mirar hacia
atrás y ver lo que el Señor ha hecho.

La animo a empezar a mantener un diario de oración y alabanza
si es que no lo tiene aún. Puede usted crear un diario de oración
y alabanza de la familia de modo que los niños puedan participar
también. Incorpore este diario en el culto familiar. Se sorprenderá
de ver cuán a menudo Dios se manifiesta de gran manera. Como
tenemos tendencia a olvidarnos de algunas cosas a menos que las
anotemos en alguna parte, empiece a anotar, ¡y celebre a Dios por lo
que Él ha hecho!

AL MAESTRO
*Padre, agradezco Tu fidelidad. Estoy asombrada por
todo lo que Tú has hecho en mi vida. Amén.*

17 DE MAYO

«¡Y eso que ni siquiera saben qué sucederá mañana! ¿Qué es su vida? Ustedes son como la niebla, que aparece por un momento y luego se desvanece».
SANTIAGO 4.14

No hace mucho, nuestro pastor nos planteó esta pregunta: «Si alguien le dijera que a usted le queda solo una semana de vida, ¿qué haría?».

¡Caramba! Nunca había pensado en eso antes. Por supuesto, querría pasar cada segundo con mi familia, dándoles amor y abrazándolos. No dejaría que las tensiones diarias de la vida se apoderaran de mí. Me enfocaría en lo positivo. Y creo que invertiría mucho tiempo agradeciéndoles a las personas que conozco por el amor que me han demostrado siempre. Querría que ellos sepan cuánto significó su amor en mi vida antes de dirigirme al cielo.

Cuando estaba considerando estas cosas, nuestro pastor dijo: «Así que, ¿por qué esperar? Continúe y haga esas cosas ahora. Usted no necesita tener un diagnóstico negativo como fundamento para hacer esas cosas, ¿no le parece?».

Bien, supongo que no. Mi pastor tenía razón. Podemos demostrar nuestro amor, dar abrazos y desplegar nuestra gratitud hoy. No tenemos que esperar una terrible crisis de salud para movilizarnos. Así que, en marcha. Viva hoy como si fuera el último, porque algún día así será.

AL MAESTRO
Padre, Te agradezco otro día de vida. Te amo. Amén.

18 DE MAYO

«Hermanos míos, considérense muy dichosos cuando tengan que enfrentarse con diversas pruebas».
Santiago 1.2

Visité recientemente un sitio en la Internet que me hizo sentir un poco culpable por todas las veces que me he quejado por las cosas del diario vivir. El título señala, «Cosas por las que hay que estar agradecido»:

- Por los impuestos que pago, porque significa que tengo empleo.
- La ropa que me queda cómoda, porque significa que tengo suficiente comida.
- Por los montones de ropa sucia, porque significa que tengo ropa para cambiarme.

Está bien, sea honesta. ¿Alguna vez se ha sentido agradecida por pagar impuestos, por tener sobrepeso o por las cargas de ropa sucia? Yo tampoco. Sin embargo, es un concepto interesante. Nos hace pensar ¿no? Debemos estar buscando razones para estar agradecidas, aun en las cosas que normalmente no llenarían nuestro corazón de gratitud.

Y, debemos impartir esa misma actitud en nuestros hijos. Serán niños mucho más felices si aprenden esa postura en la vida. Así que, cuando su hija no sea invitada a la «fiesta del año», puede estar agradecida de que su mamá la llevará en cambio al cine. O, cuando su hijo no queda en el equipo de fútbol americano, puede estar agradecido de que tendrá más tiempo libre para practicar guitarra. En realidad se trata de buscar ese rayo de sol que hay detrás de cada nube. Encuentre ese rayo hoy.

AL MAESTRO
Señor, Te alabo por las buenas o no tan buenas cosas de mi vida. Amén.

19 DE MAYO

«Tampoco hemos buscado honores de nadie;
ni de ustedes ni de otros».
1 TESALONICENSES 2.6

En la literatura, los personajes tienen que tener siempre una motivación para sus actos. Si el lector no comprende esa motivación, el rol de los personajes parece inventado y poco natural.

En la vida, la motivación es fundamental también. Descubrí esto de un modo difícil. Sabe usted, siempre he sido una persona a la que le gusta agradar. Soy quien se ofrece para hornear diecisiete queques para la venta anual de repostería, simplemente porque quiere caerles bien a los miembros de la organización PTA y que piensen que ella es una madre sacrificada. A lo mejor usted también es una persona a la que le gusta agradar.

Ser una persona preocupada por agradar no solo es agotador sino además no tiene sentido. Primero, usted nunca podrá complacer a todo el mundo. Y segundo, si usted está haciendo cosas para solo ganar la admiración y aprobación de la gente, su motivación es errónea.

Piense en algo como esto, ¿estaría sirviendo de esa manera si usted no fuera reconocida o apreciada por sus acciones? Si su respuesta es sí, entonces su motivación es correcta. Pero si usted está haciendo las cosas simplemente para ganar elogios, su motivación puede estar equivocada. Aun si nadie reconoce sus buenas acciones, anímese, Dios lo sabe. Él está tomando nota. ¡Y Él cree que usted es magnífica!

AL MAESTRO

Señor, ayúdame para que guarde puras mis motivaciones
para servirte a Ti y a los demás. Amén.

20 DE MAYO

*«Más bien, sean bondadosos y compasivos unos
con otros, y perdónense mutuamente, así como
Dios los perdonó a ustedes en Cristo».*
EFESIOS 4.32

¿Conoce a personas que nunca oyen la palabra «gracias»?

Usted podrá detectar a esta gente. Generalmente están malhumorados. Encontré a una persona así hace poco en la zapatería. Estaba verificando mi compra (con el entrecejo fruncido, debería agregar) cuando me di cuenta que no me había hecho la rebaja en el precio de los zapatos. Le dije: «Señorita, de acuerdo con la indicación del catálogo estos zapatos tienen un descuento de un treinta por ciento».

Miró el cartel, luego los zapatos, otra vez el cartel, y dijo: «No son los mismos zapatos».

«Creo que sí lo son», le expliqué, «porque verifiqué el número del artículo en el aviso».

Resopló malhumorada y arrojó los zapatos debajo del mostrador. Entonces, pisando fuerte, se fue al área de liquidaciones e hizo su propia investigación. Después de algunos minutos volvió, con el ceño fruncido todavía, y dijo: «Tiene razón. Están en oferta. Tengo que rehacer la orden».

Era obvio que estaba teniendo un día complicado. Así que, me propuse apoyarla. Le agradecí haber hecho de nuevo mi boleta. La felicité por su eficiencia. Terminamos teniendo una simpática conversación. Hasta sonrió. Propóngase mostrar aprecio a alguien hoy. ¡Empiece con sus niños!

AL MAESTRO

*Señor, ayúdame para que aproveche las oportunidades
para bendecir a otros. Amén.*

21 DE MAYO

«En todo tiempo ama el amigo;
para ayudar en la adversidad nació el hermano».
PROVERBIOS 17.17

¿Ha visto por televisión la serie cómica *Las Chicas de Oro*? A veces vuelvo a verla cuando la reponen. Me encanta ese show y especialmente me gusta la canción "Gracias por ser un amigo" que canta Andrew Gold. La letra todavía me hace sonreír: «Gracias por ser un amigo, que va y que viene otra vez. Tu corazón es sincero; sabes ser amigo y confidente».

¿Quién no querría tener un amigo que se ajustara a esa descripción? Los buenos amigos son difíciles de encontrar y aún es más difícil conservarlos. Por esa razón debemos estar muy agradecidos por nuestros amigos. Como mamás, estamos tan ocupadas que difícilmente nos damos tiempo para nuestros amigos. Pero necesitamos amigos. Si no se ha dado tiempo últimamente para decirle a una amiga cuánto la aprecia, entonces, ¿por qué no hacerlo hoy? Escríbale una tarjeta o llámela. Envíele flores. Haga galletas o programe un almuerzo con ella.

Mientras hace esto, cuénteles a sus hijos lo mucho que usted valora la amistad de ellos también. A medida que mis hijas crecen, me doy cuenta de cuán bendecida soy de tener su amistad. ¡Ellas son mis mejores compañeras de compras! Adelante, tienda la mano a un amigo hoy.

AL MAESTRO

Señor, gracias por mis amigos. Ayúdame a ser una
mejor amiga de aquellas personas especiales que
Tú has puesto en mi vida. Te amo. Amén.

22 DE MAYO

«Proclamaré el nombre del Señor.
¡Alaben la grandeza de nuestro Dios!».
Deuteronomio 32.3

¿Ha escuchado alguna vez la expresión, «Alaba y serás exaltada; quéjate y permanecerás donde estás». ¡Es una frase que realmente pega un puñetazo! Significa que si usted se queja de sus circunstancias, permanecerá en ellas mucho más tiempo que si alaba al Señor, a pesar de todo.

Seguro que es fácil decirlo, pero no es tan fácil hacerlo. No se si usted, pero cuando yo estoy pasando por dificultades, es cuando me resulta más difícil alabar al Señor. Más bien quiero retirarme a mi dormitorio con una caja de dulces de menta y refunfuñar un rato. Pero estar de malhumor no cambiará nada, al igual que quejarse.

Alabando a Dios durante las épocas oscuras, le estamos diciendo que confiamos en Él, incluso cuando no nos sea posible ver la luz del día. Cualquiera puede confiar en Dios y alabarle en la cima de la montaña, pero solo aquellos que realmente conocen Su fidelidad de pueden alabarle en el valle. Y es en esos momentos cuando realmente sentimos la tierna misericordia de Dios y experimentamos un gran crecimiento espiritual.

Así pues, alabe a Dios hoy, aunque no tenga ganas. A través de su alabanza, usted abre la puerta para que Dios obre en su vida.

AL MAESTRO

Señor, Te alabo a pesar de las dificultades en mi vida.
Ayúdame para que Te alabe en lugar de quejarme. Amén.

23 DE MAYO

«¿Hasta cuándo ha de murmurar contra mí esta perversa comunidad?
Ya he escuchado cómo se quejan contra mí los israelitas».
NÚMEROS 14.27

¿Ha leído alguna vez acerca del viaje de 40 años de los hijos de Israel hacia la Tierra Prometida? En la actualidad, ese viaje no debería tomarles más de 40 días aproximadamente. Como esto no fue así, ellos fueron sus propios peores enemigos. Dios los acababa de rescatar de la esclavitud; había hecho que los egipcios les entregaran ropa y riquezas; había separado el mar Rojo para que pudieran cruzarlo; les había proporcionado maná del cielo como alimento, ¡y aún así se seguían quejando! Así fue, se lamentaron del maná que Dios les enviaba fielmente cada mañana. Querían algo diferente. En el fondo estaban diciendo: «Hey, ¿podría enviarnos algunos waffles? ¡Estamos muy aburridos con este asunto del maná!».

Desafortunadamente, a veces en nuestros hogares tenemos la misma actitud de los israelitas. Si voy a preparar carne a la cacerola, con papas y zanahorias, Abby reclamará: «¿Por qué carne?» «¡Usted sabe que a mí no me gusta la carne!».

O si voy a comprar pan integral, Allyson dirá: «¡A mí me gusta el pan blanco. No voy a comer eso!». ¿Le parece conocido?

Quejarse no solo nos ofende a nosotros sino que exaspera a Dios también. Por lo tanto, no se lo permita ni a Juanito ni a Pepito. Los quejumbrosos existen en su casa. Enseñémosles a ser agradecidos. Nuestros niños finalmente aprenderán, ¡o tendrán que quedarse en sus cuartos por cuarenta años!

AL MAESTRO

Señor, ayúdame a enseñar a mis niños a ser
agradecidos y no quejumbrosos. Amén.

24 DE MAYO

«Por eso, Dios nuestro, te damos gracias,
y a tu glorioso nombre tributamos alabanzas».
1 CRÓNICAS 29.13

Recién hace unos días estaba limpiando debajo de nuestra cama, cuando encontré algo especial. Era una carta que escribí a mi prima Judy pero que nunca envié. ¡La carta tenía cinco años! Al parecer, se había caído de mi antigua libreta de direcciones. Cuando leí mis palabras, tuve que sonreír. Le hablaba de todas las maravillas que Dios había hecho en nuestras vidas los últimos seis meses. Había sanado a Jeff de una infección terrible. Me había abierto una puerta para escribir en una revista cristiana. Había hecho que nuestra casa se vendiera al mejor precio, ¡tantas razones para alabarle!

Cuando terminé de leer la carta, supe por qué nunca la despaché. Dios quería que yo la encontrara cinco años después. Las palabras de esa carta hicieron que reflexionara sobre ese tiempo de nuestras vidas, una época en que no teníamos mucho. No estaba trabajando a tiempo completo, y vivíamos apenas entre un sueldo y el siguiente. Aún así, Dios siempre proveyó.

Pasé el resto de esa tarde reflexionando en la fidelidad del Señor. ¿Por qué no se da hoy un poco de tiempo y recuerda las veces en que Dios ha intervenido por usted? ¡Es un viaje por el sendero de la memoria que vale la pena!

AL MAESTRO
Señor, gracias por manifestarte siempre a mí. Te amo. Amén.

25 DE MAYO

«¡Que den gracias al Señor por su gran amor, por sus maravillas en favor de los hombres!».
SALMOS 107.21

«Gracias, Señor, por salvar mi alma. Gracias A Ti, Señor, por crearme. Oh, gracias, Señor, por darme Tu gran salvación, tan abundante y libremente». Esas son las palabras de un corito que siempre cantaba de niña en la iglesia. ¿Sabe lo que más recuerdo de ese canto? Es cómo se veía cantando Iván Hunter, un hombre maravilloso que dirigía nuestro tiempo de adoración. Su cara casi resplandecía. Aunque yo era una niña, me daba cuenta que Iván estaba cantando acerca de algo que él realmente creía y que valoraba.

Iván no perdía oportunidad de mostrar su gratitud al Señor. Testificaba a quien quisiera escucharle, así fuera el hombre que recogía la basura o el alcalde. Bueno, Iván se fue al cielo hace algunos años, pero su recuerdo sigue vivo. Y estamos haciendo todo lo que podemos para seguir con esa tradición de testificar. En una de esas ocasiones, oí a Abby decirles a sus amigas acerca de algo que Dios había hecho por ella. Y Ally a menudo me recuerda las bendiciones en mi vida, especialmente si no «estoy de humor». Jeff hace lo mismo. Mire, es bueno ser audaz por Jesús. Haga del acto de testificar un hábito al interior de su grupo familiar.

AL MAESTRO

Señor, ayúdame para ser audaz por Ti. Te alabo. Amén.

26 DE MAYO

Entonces quitaron la piedra. Jesús, alzando la vista, dijo:
«Padre, te doy gracias porque me has escuchado».
JUAN 11.41

Comprendo totalmente por qué Jesús quiere que nosotros nos volvamos a Él como niños. Cuando los niños oran, no tienen dudas de que Dios oirá sus peticiones y las responderá. Esa es la manera como todos deberíamos orar.

Yo solía elevar una oración tipo «rueda de la fortuna». Hacía la petición al Señor y luego «hacía girar la rueda de oración», esperando que se detuviera bien a la derecha, lo que querría decir que había llegado a los oídos de Dios, por lo que Él me concedería lo pedido. ¡Qué absurdo! ¿verdad? Tal vez usted ha hecho lo mismo.

Pero desde que descubrí ese versículo en Juan, nunca más he enviado oraciones de ningún tipo a la «rueda de la fortuna». En lugar de eso, hago una petición al Señor y le agradezco a Dios por oír mis oraciones. Me imagino que si Jesús creía que era una buena idea agradecerle a Dios por oír sus oraciones, probablemente también sea buena idea que yo lo haga. Además, estoy realmente agradecida que Él oiga mis oraciones. Algunas veces Dios es el único que me escucha. (Si el Cartoon Network está puesto, olvídelo, ¡mis niñas no me sintonizan!). Así que, adelante... hable con Dios. Cuéntele a Él sus sueños, sus derrotas y sus angustias. Ore con fe y agradézcale por oírla. Eso hará la diferencia.

AL MAESTRO
Señor, quiero agradecerte por oír mis oraciones.
Eres un Dios asombroso. Amén.

27 DE MAYO

«Además, en las oraciones de ellos por ustedes, expresarán el afecto que les tienen por la sobreabundante gracia que ustedes han recibido de Dios. ¡Gracias a Dios por su don inefable!».
2 CORINTIOS 9.14-15

Gracia. Decimos gracia. Nombramos Gracia a las nenas. ¿Pero realmente comprendemos cuán maravillosa es la gracia de Dios en nuestras vidas? No querría vivir ni un segundo sin que ella estuviera actuando en mi vida. En otras palabras, no es mérito nuestro. Por cierto, tampoco la merecíamos, pero Dios nos da Su gracia de todos modos. ¡Qué maravilloso es eso!, ¿no?

Y donde usted encuentra gracia, casi siempre descubre la misericordia a su lado. ¡Oh! ¡Qué buena noticia!, ¿verdad?

El pueblo que vivió bajo la ley no tuvo el lujo de la gracia. Cuando quebrantaban las reglas más ínfimas, estaban en serios problemas. Estoy tan agradecida de la gracia de Dios, porque me equivoco de manera regular. Pero cuando fracaso, puedo correr a Él. No tengo que ocultarme, porque cuando me arrepiento, Él me da Su gracia. Me dice: «Está bien, Michelle, lo harás mejor la próxima vez».

Del mismo modo que Dios nos muestra gracia, debemos mostrarla a nuestros niños. No son perfectos. Van a fallar de vez en cuando. Pero, si les mostramos gracia, ellos correrán hacia nosotros cuando estén en problemas. No se ocultarán de nosotros.

AL MAESTRO
Padre, Te alabo por el regalo de la gracia. Amén.

28 DE MAYO

*«Que el Dios de la esperanza los llene de toda alegría
y paz a ustedes que creen en él, para que rebosen
de esperanza por el poder del Espíritu Santo».*
ROMANOS 15.13

Uno de mis CD favoritos de alabanza y adoración es «Te agradezco, Señor, por el Espíritu Santo», de Keith Moore. Cuando compré por primera vez ese CD, comencé a cantar la letra, «Te agradezco, Señor, por el Espíritu Santo», pero en realidad yo nunca le había agradecido de verdad a Dios por Su regalo del Espíritu Santo.

El Espíritu Santo es realmente un obsequio. La Palabra de Dios lo llama nuestro Consolador. Como mamá, hay días en que yo definitivamente necesito ser consolada. ¿Nunca ha tenido esos días con «sentimientos de autocompasión»? En ese momento, me siento indigna. Siento que he fallado como madre. Me siento desagradable. Al mismo tiempo, no sé siquiera cómo orar. Pero es ahí cuando me vuelvo al Espíritu Santo. Él me conforta. Me ayuda a saber cómo orar. Me guía a las Escrituras para encontrar la Palabra pertinente para la circunstancia exacta. ¡Me da una vitalidad mayor que la podría ofrecerme cualquiera inyección de vitamina B-12! El Espíritu Santo hará lo mismo por usted. De manera que si no ha agradecido a Dios por el Espíritu Santo, ¿por qué no lo hace hoy?

AL MAESTRO
Padre, gracias por el regalo del Espíritu Santo. Amén.

29 DE MAYO

*«Por eso, Dios nuestro, te damos gracias,
y a tu glorioso *nombre tributamos alabanzas».*
1 Crónicas 29.13

¡Thank you very much! Sí, esa es la única frase que recuerdo de mis clases de inglés de la universidad. No importa el idioma, la palabra «gracias» agrada al Padre. Alabar Su santo nombre debería ser la segunda costumbre más arraigada para nosotros. ¿Sabía que la Biblia dice que los ángeles continuamente alaban al Señor? Siempre los imagino con el rostro inclinado ante Su trono, alabándole las 24 horas del día, los 7 días de la semana. ¿Ese es un muy hermoso concierto, verdad?

Debido a que me he hecho una más ávida adoradora, comprendo ahora por qué Dios busca nuestra alabanza. No es que Él la quiera por un tema de ego. Ciertamente Él no necesita nuestra adoración, pero Él sabe que adorándolo y teniendo un corazón agradecido, nuestro interior cambia. Si usted está alabando, usted no se está lamentando. Si usted está alabando, usted está despejando lo que yo llamo «la autopista de las bendiciones». Mientras un espíritu negativo y una actitud de permanente queja pone bloques de rocas en esa supercarretera, ¡un corazón agradecido despeja el camino!

Así que, alabe a Dios hoy, ¡en cada lengua en que pueda pensar! ¡Él es digno de nuestra alabanza! Haga que sus hijos se involucren. Hay muchas razones para dar gracias. Puede hacer que cada niño alabe a Dios en diferentes idiomas. ¡Hágalo divertido y haga un estruendo de gozo!

AL MAESTRO

*Padre, Te doy a Ti toda la alabanza y el honor hoy.
¡Tú lo mereces todo! Amén.*

30 DE MAYO

«La maldición del Señor cae sobre la casa del malvado;
su bendición, sobre el hogar de los justos».
PROVERBIOS 3.33

Adoro darles a mis niñas cosas que les gustan. Creo que es por eso que amo tanto las compras de Navidad. Hago compras navideñas durante todo el año. Si veo algo que sé que le gustaría a Abby o Allyson, lo compro y lo guardo para las fiestas. De todas maneras, siempre es una tentación entregarles a las niñas esos regalos de Navidad en el mismo momento. De hecho, en muchas ocasiones, eso es exactamente lo que hago. No puedo resistirlo. ¡Se los tengo que entregar antes! Le apuesto que usted hace lo mismo. Somos mamás. Es nuestra naturaleza dar a nuestros niños. ¡No podemos servirnos a nosotras mismas!

Lo mucho que nos gusta conceder a nuestros hijos los deseos de su corazón, palidece en comparación a cuánto disfruta nuestro Padre celestial bendiciéndonos. ¿De dónde cree usted que proviene ese deseo de regalar a nuestros hijos? De Dios.

Él es el mejor dador de regalos. Él apenas puede esperar para entregarle ese juego de sillas que tanto tiempo ha esperado. Él quiere que usted tenga esas vacaciones en Disney World. Él ama vernos disfrutar las bendiciones que nos envía. Así que, disfrute sus bendiciones hoy. Haciendo eso, usted estará bendiciendo al Padre.

AL MAESTRO

Padre, aprecio todos los regalos especiales que me das.
Gracias por amarme tanto. Amén.

31 DE MAYO

«Servir al pobre es hacerle un préstamo al Señor;
Dios pagará esas buenas acciones».
PROVERBIOS 19.17

¿Alguna vez ha visto esos comerciales en TV que muestran a los niños de otros continentes que no tienen nada que comer? Yo apenas puedo mirarlos. Es desgarrador ver la pobreza y desesperanza que enfrentan día a día. Gracias al impulso de mis hijas, actualmente apoyamos a una pequeña niña de ultramar llamada Carmen. Las niñas adoran escribirle cartas a Carmen y enviarle fotos instantáneas de nuestra familia y de las mascotas. También les encanta enviarle regalos. Si bien no podemos remitirle algo demasiado grande, sí podemos enviarle pequeños recuerdos.

Nos gusta seleccionar muñecas de papel para ella, y nos han dicho que las ama. Muchos niños en los Estados Unidos no pensarían que las muñecas de papel son tan entretenidas, pero si nunca han tenido nada, una muñeca de papel puede ser muy «cool». Probablemente usted estaría sinceramente agradecida por una.

Esa es la clase de actitud que quiero tener, una «gratitud por una muñeca de papel». Quiero ser agradecida incluso por los gestos y regalos más pequeños. Quiero que mi Padre celestial sepa que estoy muy agradecida, tanto si me envía una muñeca de papel como si me envía un Cadillac Escalade. Quiero la misma actitud agradecida en mis niñas. Enseñémosles a nuestros niños ese tipo de gratitud.

AL MAESTRO
Padre, te alabo hoy por las grandes y pequeñas
bendiciones en mi vida. Amén.

1 DE JUNIO

«Y el Señor me respondió: «Escribe la visión, y haz que resalte
claramente en las tablillas, para que pueda leerse de corrido».
HABACUC 2.2

¿Ha escuchado alguna vez la expresión, «¿Correr con la visión»? Al igual que otros dichos, este también se basa en las Escrituras. Es una especie de un minuto en televisión de la versión de Habacuc 2.2, y uno de mis versículos favoritos. En efecto, por mucho tiempo lo tuve grabado en mi computadora para verlo todos los días y acordarme de «la visión».

Aunque mi visión o sueño puede ser diferente del suyo, con el fin de ver su ciclo completo, tenemos que hacer lo mismo, ¡tenerla delante de nosotras! Eso significa meditar en las Escrituras que tienen relación con nuestra visión, orar sobre ella, conversar acerca de nuestra visión con aquellos que comparten la misma fe y creer que Dios nos da visiones para que sucedan.

Si usted ha perdido su sueño, pida a Dios que se lo restaure. Él ha colocado sueños y visiones en el corazón de cada uno de nosotros. Su sueño puede estar aletargado, pero está allí. Pida a Dios que lo vuelva a despertar. Entonces escriba su visión en su diario, para que no la vuelva a olvidar.

AL MAESTRO

Gracias, Señor, por poner esa visión especial en mi corazón.
Ayúdame para que la mantenga ante mis ojos. Confío en
que Tú la harás realidad en la medida que yo Te siga. Amén.

2 DE JUNIO

«Todo lo puedo en Cristo que me fortalece».
FILIPENSES 4.13

Por mucho tiempo, no pensaba que era bueno tener otros sueños además de ser mamá. Pensaba que era egoísta si deseaba más. Pero aquellos pensamientos estaban equivocados. Descubrí que era Dios quién había colocado aquellos sueños y deseos dentro de mí. Es Él quién me hizo soñar, así que ¿por qué debería sentirme culpable?

Tal vez usted siempre ha deseado escribir libros para niños, pero piensa que es solo un capricho descabellado. Si está apasionada por esto, si escribir libros para niños es algo que enciende su corazón, es más que un capricho. Es probablemente una parte del plan de Dios para su vida. Pida a Él que le muestre Su plan hoy. Él podría no haberle mostrado todo (porque usted podría agobiarse viendo el plan completo), pero Él le mostrará lo suficiente para dar los pasos iniciales hacia la satisfacción de su sueño. ¿No es maravilloso?

Ser mamá es la tarea más grande que jamás tendremos, pero Dios no quiere limitarnos. Él puede usarnos, aún en medio de la maternidad. Nada es demasiado grande para Él, y nada es imposible con Él. Así que, ¡siga adelante y cumpla sus sueños!

AL MAESTRO

*Señor, ayúdame para que Te siga por el camino
que conduce a mis sueños. Amén.*

3 DE JUNIO

«Si ustedes creen, recibirán todo lo que pidan en oración».
MATEO 21.22

¿Ha visto televisión últimamente? Yo ya estaba familiarizada con el Cazador de Cocodrilos, pero no tenía ni idea que también existía el Atrapador de Serpientes. No pude evitar observar cómo estas dos personas usaban un palo largo y un saco para capturar a una serpiente marrón venenosa en Australia. ¡Qué susto!

¿Puede imaginarse un día despertando y diciendo: «Sabe, me gustaría dedicarme a perseguir y capturar serpientes venenosas para ganarme la vida»? Obviamente, esas personas que tratan con animales peligrosos y mortales disfrutan lo que hacen. A Steve Irwin, el cazador de cocodrilos, le gustaba lo que hacía. Estaba cumpliendo su sueño realmente, aunque ese sueño resulte extravagante para la mayoría de nosotros.

Eso es lo que adoro en nuestro Padre celestial. Él da sueños exclusivos a cada uno de nosotros, y luego nos equipa para cumplirlos si confiamos. No hay sueños demasiado simples, absurdos, audaces o extremos para nuestro Dios. Él siente gran júbilo al vernos perseguir las ambiciones que ha puesto dentro de nosotros. No puede esperar a verla realizarse en su sueño, ¡incluso si sueña perseguir cocodrilos en Australia!

AL MAESTRO

Señor, gracias por poner sueños singulares en mi corazón. Ayúdame para que siga en pos de ellos sin temor ni vacilación. Amén.

4 DE JUNIO

«Donde no hay visión, el pueblo se extravía;
¡dichosos los que son obedientes a la ley!».
PROVERBIOS 29.18

He visto que esto ocurre con las personas que se jubilan temprano en la vida. Pierden su dinamismo. Pierden su visión. Pierden la razón para levantarse por la mañana. Pero usted no tiene que estar en la edad de jubilarse para perder su visión. También he visto a madres jóvenes perder su esperanza y energía. Al diablo le encanta desanimarnos y robar nuestra esperanza.

No importa dónde estamos en la vida, madre de un recién nacido o una mamá cuyo último niño se acaba de graduar de la escuela secundaria, necesitamos tener una meta, un sueño, una visión. Si no la tenemos, la Palabra dice que pereceremos. No creo que se refiera a que falleceremos físicamente, pero moriremos espiritualmente. Por eso es que es tan importante conocer el plan de Dios. ¿Conoce usted el plan de Dios para su vida?

Si no lo conoce, pida al Señor que le muestre Su visión para su vida. Busque Su plan, y una vez que lo descubra, escríbalo y manténgalo frente a usted. Agradezca a Dios esa visión cada día. Manténgala junto a su corazón, y solo comparta esa visión con gente en la que puede confiar. Su visión es algo para ser atesorado y celebrado.

AL MAESTRO

Señor, ayúdame para nunca perder mi visión o mi dinamismo.
Quiero moverme hacia Ti. Amén.

5 DE JUNIO

«Enséñame a hacer tu voluntad, porque tú eres mi Dios».
SALMOS 143.10

«Un sueño es un deseo que hace que tu corazón...». ¿Recuerda la letra del tema musical de la película *Cenicienta* de Disney? Siempre me ha encantado esa película. Estaba tan entusiasmada cuando mis hijas dejaban atrás a Barney y podían ver conmigo *La Cenicienta*. Y siempre me han gustado esas canciones. Hay mucho de verdad en esas palabras.

Un sueño no es solo un pensamiento que la mente trae por sí sola. En lugar de eso, es una visión que viene del corazón antes de que alcance su cerebro. Entienda, los verdaderos sueños en la vida nacen en nuestro espíritu, muy al interior de nosotras. Los sueños son más que fantasías de paso. Son más que divagaciones caprichosas de la mente. Son mucho más. Son de Dios.

Si usted no ha permitido a su corazón tener cualquier sueño últimamente, pida a Dios que le muestre el sueño que Él tiene para usted. Él no se ha olvidado de ellos y usted tampoco debería hacerlo. Tenga entusiasmo respecto de sus sueños. Agradezca que Dios termina las cosas de las cuales es autor. Él es el creador de sus sueños, de modo que usted sabe que Él los traerá para que ocurran. Siga adelante y sueñe. ¡Sueñe en grande!

AL MAESTRO
*Señor, vuelve a despertar los sueños en mi interior,
los que pusiste allí. Te amo. Amén.*

6 DE JUNIO

«El corazón tranquilo da vida al cuerpo,
pero la envidia corroe los huesos».
PROVERBIOS 14.30

¿Alguna vez sus sueños se han roto en las costuras? Los míos sí. Han habido días en que yo me he preguntado si Dios todavía cuida de mis sueños, deseos, metas o anhelos. Miro alrededor y veo buenas cosas pasándoles a todos los demás. Y yo me pregunto si Dios se ha olvidado de mí. Asumo por entero la postura de «¿Y qué de mí? ¿Alguna vez le ha tocado? Es algo desagradable. Ese pensamiento de *¿y qué de mí?* en ocasiones puede conducir a los celos, la envidia, la amargura y la desesperanza. Así, si usted va por ese camino, ¡corra a la salida más cercana!

Si usted no puede alegrarse porque su amiga finalmente podrá cambiarse a la casa que tanto anhelaba, Dios nunca la bendecirá con la casa de sus sueños. Si usted no puede bailar de alegría con su hermana cuando ella se gana un crucero con todos los gastos pagados, Dios nunca bendecirá a su familia con sus vacaciones soñadas. En medio de los sueños de todos los demás que se van haciendo realidad, tenemos que guardar nuestros corazones en rectitud. Si no lo hacemos, nunca conseguiremos que marchen los nuestros. Mantenga sus ojos en el Maestro, y Él hará que sus sueños se hagan realidad también. No se preocupe cuando vea que otros son bendecidos. El Señor tiene bendiciones más que suficientes para repartir.

AL MAESTRO
Señor, ayúdame a ser feliz cuando otros realizan sus sueños
porque sé que los míos se harán realidad también. Amén.

7 DE JUNIO

«Pero los que confían en el Señor renovarán sus fuerzas; volarán como las águilas: correrán y no se fatigarán, caminarán y no se cansarán».
ISAÍAS 40.31

«¿Ninguna contracción hoy?».

«No todavía» dije entre dientes. «Tal vez si subiera y bajara corriendo las escaleras unas cuantas veces».

Corrí en las escaleras. Caminé alrededor de la manzana. Tomé aceite de castor. Hice todo lo que podía para empezar el alumbramiento, pero ese bebé ni se movía. A ella no le importaba que tuviera un retraso de siete días. No le importaba que yo estuviera realmente ansiosa por recibirla. Ella no saldría sino hasta que estuviera lista. Cuando finalmente decidió hacer su descenso, dimos la bienvenida a Abby Leigh Adams al mundo. Era perfecta y justo a tiempo a los ojos de Dios.

Esperar. Esa es una de las cosas más difíciles que tenemos que hacer a medida que nuestros sueños se filtran dentro de nosotros. ¿Ha notado alguna vez que el cronómetro de Dios nunca parece ser el nuestro? Y no importa cuánto le gritemos, Él no responderá a nuestros sueños sino hasta que sea el tiempo correcto. No importa si usted espiritualmente baja o sube escaleras, o camina alrededor de la manzana, sus sueños no verán la luz hasta que Dios diga que es el tiempo. De modo que, si usted está esperando que nazca un sueño, y está cansada de esperar, resista. ¡Su promesa es así!

AL MAESTRO

Señor, gracias por mi sueño. Ayúdame a esperar paciente y fielmente hasta que vea la luz. Amén.

8 DE JUNIO

*«Ahora bien, la fe es la garantía de lo que se espera,
la certeza de lo que no se ve».*
HEBREOS 11.1

Abby, mi niña de diez años, es una aspirante a escritora que siempre llega con historias. Así que, como a su mamá, le gusta andar trayendo una libreta. De ese modo, si se le viene una gran idea, la puede apuntar antes de que se le olvide. El otro día encontré en un negocio una preciosa libreta azul con las palabras «Atrévete a Soñar», en plateado, escritas sobre la cubierta. ¡Tenía que comprarla! ¡Me estaba hablando! ¡Qué gran mensaje para Abby, y qué gran mensaje para todas nosotras!

Atreverse a soñar.

Usted lo sabe, soñar es algo atrevido. Requiere estirar el pescuezo mentalmente. Soñar grandes sueños exige dar grandes pasos de fe. Puede no ser un lugar cómodo, pero es definitivamente emocionante. Es que a mí me gusta vivir al límite.

A Dios le gustan aquellos que se atreven a soñar. ¿Recuerda a Pedro? Fue el único que se atrevió a soñar y saltó fuera del barco. Lo estaba haciendo muy bien también, hasta que quitó sus ojos de Jesús. Pero aquí están las buenas nuevas. Cuando Pedro comenzó a hundirse, Jesús lo rescató. Él hace lo mismo con nosotras. ¡Así que salga de la embarcación y atrévase a soñar!

AL MAESTRO

*Señor, ayúdame a atreverme cuando lleguen
los sueños que Tú pusiste en mí. Amén.*

9 DE JUNIO

«No den lo sagrado a los perros, no sea que se vuelvan contra ustedes y los despedacen; ni echen sus perlas a los cerdos, no sea que las pisoteen».
MATEO 7.6

¿Ha escuchado la expresión «No des tus perlas a los puercos»? Mi mamá solía darme ese consejo cuando yo compartía mis sueños con una amiga del colegio, la misma que después me molestaba con sus bromas. Hoy me encontré compartiendo la misma sabiduría con mis niñas.

Mire, no todos van a abrazar nuestros sueños y a celebrar nuestras victorias. ¡Es verdad! Incluso amigos cristianos podrían no querer oír lo que Dios ha colocado en su corazón, especialmente si esto es más grande que lo que hay en el de ellos. Desgraciadamente, el monstruo de ojos verdes que es la envidia vive en muchos cristianos también.

Por lo tanto, sea cuidadosa con quien elige para estar en su círculo íntimo. No comparta sus sueños con cualquiera. Sus sueños son demasiado preciosos para arrojarlos a los perros y a los cerdos. Solo comparta sus ideales con su familia y amigos cristianos íntimos, los que se alegrarán y lo celebrarán con usted. Si usted no tiene a nadie así en su vida, ruegue a Dios que le envíe alguien en quien pueda confiar. Y no olvide que siempre puede confiar en Él.

AL MAESTRO

Gracias, Señor por darme tan preciosos sueños. Ayúdame a ser cuidadosa cuando los comparto con otros, para que no confíe en la gente equivocada. Amén.

10 DE JUNIO

«A algunos Dios les da abundancia, riquezas y honores, y no les falta nada que pudieran desear, pero es a otros a quienes les concede disfrutar de todo ello. ¡Esto es absurdo, y un mal terrible!».
ECLESIASTÉS 6.2

¿Sabía usted que de hecho existe una asociación destinada al estudio de los sueños? Hay muchas personas que han dedicado sus vidas a interpretar y descubrir el significado de diversos sueños e imágenes. ¡Salvaje! ¿no?

Si usted es como yo, probablemente estará pensando: *¿Tienen de verdad que irse a dormir por un tiempo largo para tener sueños?* Si usted está en ese estado de «madre de recién nacidos o bebés», probablemente usted no acumula mucho tiempo REM (Fase del sueño conocida como *Movimiento Rápido del ojo*) cuando duerme. No se desespere. ¡Esas cosas que le producen ojeras van a tener un buen fin!

Demasiada pizza o algo que hemos visto en la TV puede desencadenar los sueños que tenemos por la noche, pero los sueños que laten profundamente dentro de nuestros corazones vienen de una fuente diferente, ¡Dios! No necesitamos ninguna asociación ni experto que interprete su significado para nosotras. Dios es el creador de esos sueños, así que pregúntele a Él. Tiene todas las respuestas, y Él está deseando compartir Su sabiduría con usted. De modo que, medite sobre los sueños que viven dentro de usted, y siempre recuerde Quién los puso en su corazón. No los habría puesto allí si Él no estuviera seguro de que se cumplirán.

AL MAESTRO
Gracias, Señor, por los sueños que pusiste dentro de mí. Por favor, revélamelos para comprender más plenamente. Amén.

11 DE JUNIO

«Todo lo puedo en Cristo que me fortalece».
FILIPENSES 4.13

«¿Qué quieres ser cuando grande?» le pregunté a mi hija Ally, cuando tenía solo cuatro años.

Pensó por un momento y luego respondió con total naturalidad: «Una estrella de cine».

«Fantástico», le respondí. «Entonces tú le pagas a papá y mamá un departamento en un condominio para jubilados en la Florida».

Los niños saben soñar en grande. ¿Sabe por qué? Porque nadie les ha dicho todavía que no pueden tener grandes sueños. Me encanta eso en los chicos. No tienen esa voz interior diciéndoles: «No puedes ser una estrella de cine. No eres lo suficientemente buena ni bonita. Nunca serás capaz de cumplir tus sueños». No, ellos creen que pueden hacerlo. ¿Y sabe qué? ¡Tienen razón! La Palabra de Dios dice que podemos hacer todas las cosas a través de Cristo que nos fortalece. Todo significa todo, ¿correcto?

Por eso es que Jesús dijo que debíamos tener la fe de los niños. Debemos ser capaces de confiar en GRANDE cuando llegan los sueños y las expectativas que Dios ha puesto dentro de nosotros. El Señor no los habría puesto allí si no fuera a ayudarnos para conseguirlos. Así que, aprenda de sus hijos. Vuelva a la fe de su infancia y empiece a creer.

AL MAESTRO

Señor, ayúdame a creer como mis hijos creen. Ayúdame a soñar grandes sueños como ellos lo hacen. Te amo. Amén.

12 DE JUNIO

Al terminar la lectura de la ley y los profetas, los jefes de la sinagoga mandaron a decirles: «Hermanos, si tienen algún mensaje de aliento para el pueblo, hablen».

HECHOS 13.15

Demoledores de sueños. Parecen estar en todas partes. Hace poco participé en una conferencia de escritores cristianos donde compartí el panel de revista con editores de prestigiosas publicaciones y otros autores profesionales. Cuando comenzaron las preguntas de la audiencia, los miembros del panel dieron rienda suelta a sus personalidades demoledoras de sueños. Uno por uno, dijeron a esas personas que anhelaban ser escritores que ellos no podrían vivir como tales. «La competencia es a muerte». «Las revistas no pagan casi nada por una historia». «¡No abandonen sus trabajos estables!».

Quería levantarme en medio de la charla y decir: «¡No es verdad. Usted puede hacerlo. ¡Si yo puedo vivir como una escritora profesional, usted también puede! Dios no hace diferencia con las personas. ¡Lo que hizo por mí, lo hará por usted!».

Lo dije un poco para prevenirlos de los demoledores de sueños, y usted no creería cuántas personas se acercaron para agradecerme. ¡Caray! Esa experiencia realmente me abrió los ojos. La gente está hambrienta de estímulo. Están cansados de los demoledores de sueños.

Si usted está rodeada por demoledores de sueños, déjeme animarla hoy. Dios cree en usted. Ignore a los destructores de sueños. En verdad, tienen miedo de creer y ellos se resienten de sus pasos de fe. Ore por ellos, pero evítelos a cualquier costo.

AL MAESTRO

Señor, ayúdame para que nunca sea una destructora de sueños. Amén.

13 DE JUNIO

«Mis maldades me abruman, son una carga demasiado pesada».
SALMOS 38.4

¿Ha experimentado un sentimiento de culpa últimamente? Oh, sí, me ha pasado. Recién la semana pasada me perdí la presentación del coro de mi hija, a causa de un compromiso de negocios. Me dolió el corazón no estar ahí. Claro que lo grabamos en video, pero no es lo mismo que la presentación en vivo, ¡pasó para siempre! Incluso ahora cuando se lo cuento a usted, me siento culpable.

A veces, cumplir nuestros sueños, tiene un precio. Como escritora, tengo que viajar ocasionalmente para promover mis libros. No estoy fuera muy a menudo, pero cuando me pierdo algo como el concierto del coro empiezo a cuestionarme mi cometido como madre. Entonces, me pregunto incluso si soy una buena madre. Si dejo que mi mente permanezca en eso por mucho tiempo, empiezo a cuestionarme a la vez si debería dejar de escribir.

Entonces, Dios me recuerda que Él está en control de mi vida. Él ya ha ordenado mis pasos. Sabía que tenía que perderme esa presentación coral y Él comisionó a mi marido para que fuera y lo grabara en video para mí. Así, si ha experimentado sentimientos de falsa culpabilidad últimamente, ¡no los cargue más! La culpa no viene de Dios, ¡así que no vaya para ese lado! Agradezca al Señor por las cosas buenas en su vida.

AL MAESTRO
Señor, ayúdame a evitar esos intensos sentimientos de culpa.
Te los entrego a Ti ahora mismo. Amén.

14 DE JUNIO

«Además les digo que si dos de ustedes en la tierra se ponen de acuerdo sobre cualquier cosa que pidan, les será concedida por mi Padre que está en el cielo».
MATEO 18.19

Tengo una sobrina que colecciona esas lindas y regordetas figuras angelicales llamadas «Dreamsicles». Tal vez usted las colecciona también. Tengo un par de ellas en la pieza de mis hijas. ¿Sabe lo que me gusta de esas pequeñas figuras? Me gusta su nombre, Dreamsicles. Muchas de las mercaderías de hoy que representan a los soñadores, provienen de la Nueva Era. No es el caso de estos pequeños modelos. A mi sobrina le gustan porque ellos son pequeños recordatorios que dicen: «¡Hey, cree en tus sueños! ¡Atrévete a soñar! ¡No te rindas!».

¿Quién no necesita que se le recuerden esas cosas? Incluso si no tiene Dreamsicles por todas partes en su casa, usted necesita recordarse a sí misma que hay que soñar. Deje que su mente construya sus sueños. Mírese caminando en sus sueños. Comparta sus sueños con sus hijos y permítales compartir los de ellos con usted. Recuérdense sus sueños unos a otros y apóyense. Entonces, como familia, ustedes pueden orar sobre esos sueños todas las noches. Definitivamente, cuando esos sueños empiecen a manifestarse, ustedes pueden celebrar juntos como familia. Cuando una familia alcanza esa fe, ¡tenga cuidado! Esos sueños están justo a la vuelta de la esquina.

AL MAESTRO

Gracias, Señor, por mis sueños. Ayúdame a ir en pos de ellos y a apoyar los sueños de mis hijos también. Amén.

15 DE JUNIO

Al que puede hacer muchísimo más que todo lo que podamos imaginarnos o pedir, por el poder que obra eficazmente en nosotros.
EFESIOS 3.20

Fui la clásica soñadora despierta, cuando era una niñita creciendo en Indiana. Me sentaba en la clase, miraba por la ventana, y soñaba que estaba en cualquier parte, menos en la sala de la profesora Webster. No podía esperar a crecer para tener una vida que no incluyera tareas escolares. Ahora que soy toda una adulta, todavía sueño despierta. He cambiado las tareas escolares por quehaceres domésticos, pero en mi interior, básicamente me siento como esa misma niña pequeña.

Todavía tengo esperanzas y sueños en los que pienso diariamente. Todavía creo que Dios va a hacer grandes cosas para mí. Y ahora, veinticinco años después de haber estado en la clase de cuarto grado de la señora Webster, sé que Dios puede hacer lo imposible en mi vida. Él me lo ha manifestado una y otra vez.

¿Dios se lo ha revelado a usted? ¿Tiene confianza de que Él es capaz de actuar por encima de todo lo que alguna vez podamos preguntar o pensar? Ahora bien, no sé si usted, pero yo puedo preguntar y pensar acerca de un montón de cosas, de modo que ese versículo me entusiasma mucho. Debería entusiasmarla a usted también. Si usted nunca ha visto el poder de Dios en su vida, pídale que le muestre Su poder hoy. Él lo hará. Solo está esperando que usted se lo pida.

AL MAESTRO

Padre, creo que Tú estás por encima de todo lo que yo podría alguna vez pensar o preguntar. Gracias por trabajar en mi vida. Amén.

16 DE JUNIO

«Lo que pidan en mi nombre, yo lo haré».
JUAN 14.4

Usted debe haber visto una estrella fugaz, que pasa como un disparo por el cielo de la noche, y le ha susurrado a sus hijos: «¡Rápido, pidan un deseo!». A nosotros nos encanta mirar el cielo nocturno y ver quién puede descubrir la primera estrella fugaz. Es muy divertido, especialmente si se está afuera en el campo, donde el cielo es tan impresionante, lejos de las luces de la ciudad.

Pero, sabe, la última vez que vimos una estrella fugaz y le dije eso a mis niñas, escuché esa voz apenas audible susurrándome algo a mí. Dijo: «No necesitas una estrella fugaz para pedir un deseo. Tú puedes pedirme cualquier cosa». ¡Caramba! Esa fue una completa revelación. Supongo que siempre había sabido que podía pedir a mi Padre celestial cualquier cosa, grande o pequeña, pero nunca lo había pensado de esa manera.

Nosotras tenemos que dejar de pedir deseos a estrellas fugaces y hacer que nuestras peticiones sean conocidas por Dios. Cuente sus sueños al Padre. Deje que Él conozca sus más íntimos deseos. Desear nunca llevó a nadie a ninguna parte, pero las oraciones cambian las cosas para mejor. Las oraciones llenas de fe cambiarán su situación. Así que siga adelante. Ore hoy por sus sueños, usted no tiene que esperar por una estrella fugaz.

AL MAESTRO

Padre, te pido que lleves a cabo...........................en mi vida.
Creo que Tú puedes transformar este deseo en una realidad. Amén.

17 DE JUNIO

*«Ésta es la confianza que tenemos al acercarnos a Dios:
que si pedimos conforme a su voluntad, él nos oye».*

JUAN 5.14

Cuando mis niñas eran muy jóvenes, me preguntaban las cosas más divertidas. ¡Pensaban que la mamita podía hacer cualquier cosa! Una vez, Abby me preguntó si yo podía tocar las estrellas. Pienso que para su diminuto cuerpo de tres años, mis cinco pies y tres pulgadas deben haberle parecido mucha altura. A sus ojos, yo *podía* tocar las estrellas. Ella creía en mí.

Así es como nuestro Padre celestial quiere que nos sintamos respecto de Él. Quiere que nosotros le miremos con total asombro, confianza y que le preguntemos: «Padre, ¿Tú puedes tocar las estrellas?». Pero, a diferencia de mí, puede responder afirmativamente porque Él puede hacerlo todo, ¡Él *hizo* las estrellas!

A veces cuando pienso en el futuro y cómo es Su plan para mi vida, pienso: *¡No puedo hacer eso! No tengo lo que se necesita.* Y es cierto, yo no, pero Él puede. Solo tenemos que conocerle. ¿Usted le conoce?

Si usted no le conoce, pida a Jesús que sea su Señor y Salvador hoy. Todo lo que usted tiene que hacer es decirle a Él que se arrepiente de sus pecados y le pide que tome control de cada parte de su vida. El que sí puede tocar las estrellas quiere vivir en su corazón… así que siga adelante y pídaselo.

AL MAESTRO

Señor, por favor toma control de cada parte mi vida. Te amo. Amén.

18 DE JUNIO

*«Cierto día José tuvo un sueño y, cuando se lo contó
a sus hermanos, éstos le tuvieron más odio todavía».*
GÉNESIS 37.5

Algunos sueños no son para compartirlos. Considere los de José, por ejemplo. ¿Recuerda cuando les contó a sus hermanos acerca de sus sueños? Ellos no se emocionaron mucho al saber que el hermanito había soñado que algún día ellos se inclinarían ante él. Puedo imaginarme lo que habrían dicho mis hermanos mayores si yo les hubiera contado que Dios me dio un sueño en el cual ellos se inclinaban ante mí. ¡Probablemente no estaría viva para escribir este devocionario!

Mire, hay sueños que, se supone, son para que se los guarde. No todos van a querer celebrar con usted. Por eso es una muy buena idea mantener un diario. Cuando usted quiera compartir sus sueños con otros, pregúntese si Dios quiere que los mantenga solo entre los dos, ¡escribiéndolos en su diario! Es una manera de grabar las muchas cosas que Dios ha puesto en su corazón. Entonces, cuando ocurren en la realidad, usted puede volver y releer lo que Dios le reveló con meses de anticipación y celebrarlo con sus amigos más cercanos y su familia.

AL MAESTRO

*Señor, gracias por los sueños que Tú me has dado. Ayúdame para
que sepa cuándo es el tiempo correcto de compartir y
cuándo no es apropiado. Te amo. Amén.*

19 DE JUNIO

«Tengan fe en Dios», respondió Jesús.
MARCOS 11.22

Últimamente, mi pastor ha estado predicando sobre cómo tener una nueva actitud de fe. He aquí las preguntas que ha estado utilizando para desafiarnos:

* ¿Está usted defendiéndose o está usted atacando?
* ¿Está usted defendiendo el fuerte, o está conquistando nuevos territorios?
* ¿Está usted atracado en lo seco, o ha zarpado hacia lo profundo?
* ¿Está tirando la toalla, o va al próximo *round*?
* ¿Se está retirando, o está avanzando?
* ¿Está usted persiguiendo sus sueños, o está renunciando a ellos?
* ¿Está persiguiendo sus sueños o los está atrapando?

¡Caramba! Mi fe es tan plena que quiero creer que estoy atrapando a mis sueños, no exactamente persiguiéndolos. Pero, esa clase de fe viene solamente del Señor. Visualizar y meditar sobre nuestros destinos no es suficiente. Tenemos que meditar acerca de las palabras de Dios y tener tiempo de oración antes de que tengamos la clase de coraje necesaria para zarpar.

AL MAESTRO
Señor, ayúdame a atrapar mis sueños. Ayúdame para ser creativa y resuelta cuando llegan a mi fe. Te amo. Amén.

20 DE JUNIO

«Por último, hermanos, consideren bien todo lo verdadero, todo lo respetable, todo lo justo, todo lo puro, todo lo amable, todo lo digno de admiración, en fin, todo lo que sea excelente o merezca elogio».
FILIPENSES 4.8

¿Alguna vez se ha disuadido usted misma para no recibir una bendición? Esto se logra pensando mucho en las cosas equivocadas. Soy culpable de esto. Dios pone algo en mi corazón, y cuando llega a mi cabeza, ya he pensado en diez razones por las que no funcionará.

Cuando mis niñas eran apenas unos bebés, mi hermana estaba a cargo de un estudio bíblico en nuestra iglesia en Bedford, Indiana. Era excelente. Mi hermana extraía la Palabra de tal modo que realmente ministraba a las damas. Pero Dios la llamó junto a su marido para servir como pastores en otra ciudad, quedando el estudio bíblico sin una líder. Mi prima Aimee dijo que creía que el Señor me estaba llamando a dar un paso adelante, pero yo me sentía mucho más cómoda observando desde el lado. En secreto, también sentía la dirección del Señor para asumir la tarea de mi hermana, pero estaba asustada. Nunca había estado en la escuela bíblica. Yo era solo una mamá, ¡y a veces no era ni siquiera muy buena en eso!

Finalmente acepté, y Dios estuvo conmigo. Él me capacitó para enseñar lo que nunca antes había conocido. Mire, no me llamó porque yo sabía mucho. Me llamó porque le conocía a Él ¿A qué la está llamando el Señor hoy? Sea obediente. Él no está buscando profesionales; solo necesita corazones bien dispuestos.

AL MAESTRO
Señor, ayúdame para que sea obediente a Tu primer llamado. Amén.

21 DE JUNIO

«También la lengua es un fuego, un mundo de maldad. Siendo uno de nuestros órganos, contamina todo el cuerpo y, encendida por el infierno, prende a su vez fuego a todo el curso de la vida».
SANTIAGO 3.6

En el transcurso de los años en que Abby y Ally asisten a la escuela elemental, he servido en cuanto comité tiene la organización PTA. Desde espectáculos de talentos a carnavales escolares. Organizar un programa de talentos no era un sueño para mí, pero acepté la tarea porque era necesario.

La experiencia fue muy difícil, pero aprendí algunas cosas acerca de trabajar con gente. Mirando hacia atrás, fue una gran preparación para servir en el equipo docente de las conferencias de autores, porque dondequiera que haya un racimo de escritores, usted va a tropezar con algunos egos.

Haber batallado con las madres me dejó mucho más preparada cuando recibí comentarios tajantes de otros autores en esas conferencias. Así que, cuando un miembro de la facultad me dijo: «Lo siento, usted no puede cenar aquí. Esto es solo para académicos» fui capaz de sonreír suavemente y decirle: «Bien, qué buena noticia, porque soy miembro de la facultad». Si Dios no me hubiera ayudado a entrenar mi lengua durante la dura experiencia del espectáculo de talentos, no habría podido «reprimirme» ante este «portero de la cena de los académicos» y arrepentirme más tarde.

Así que, no desprecie los pequeños comienzos. A cualquier cosa que la llamen, ponga lo mejor de sus habilidades. Solo considérelo como preparación ¡Vale la pena!

AL MAESTRO
Señor, ayúdame a hacer hoy lo mejor que puedo. Amén.

22 DE JUNIO

Porque yo sé muy bien los planes que tengo para ustedes
afirma el Señor, planes de bienestar y no de calamidad,
a fin de darles un futuro y una esperanza.
JEREMÍAS 29.11

Hace poco conté que Allyson tenía solo ocho semanas creciendo en mi vientre, cuando los doctores pensaron que yo podría abortar. En efecto, me enviaron a casa para esperar «lo inevitable». Había estado sangrando en exceso, y el diagnóstico no era bueno. Pero Dios es el Médico de los médicos. Amén. Él intervino donde la medicina se detuvo, y fui capaz de traer a Abyy casi de tiempo completo. Solo se adelantó tres semanas, perfecta en todo sentido.

Después de escuchar esta historia, Ally me miró con sus grandes ojos azules y dijo: «Soy muy especial, ¿verdad, mamá?».

Sonreí y dije: «Sí, seguro que lo eres. Dios debe tener un plan muy especial para ti, mi niña».

Allyson sabe en su fuero interno que Dios tiene grandes planes para ella y nadie podrá convencerla de lo contrario. Todos nosotros necesitamos aferrarnos a esa revelación hoy. Debemos saber que Dios piensa que somos especiales y que Él tiene asombrosos planes para nuestras vidas. Aunque su vida haya sido difícil hasta ahora, eso no cambia el hecho de que Dios tiene un plan especial para usted. Tómese de esto hoy. Medite en ello. Comience a agradecer a Dios por Su plan y entonces observe cómo Él lo despliega ante usted.

AL MAESTRO

Señor, gracias por los planes que tienes para mí.
Ayúdame a vivirlos. Amén.

23 DE JUNIO

«Les di leche porque no podían asimilar
alimento sólido, ni pueden todavía».
1 Corintios 3.2

¿Sabe que Dios no nos muestra zanahorias solo para molestarnos? No, si Dios pusiera una zanahoria al frente de nosotros, es porque quiere que la comamos. Usando esta figura de historieta, podemos decir que Él sería un Dios injusto si pusiera un sueño en nuestros corazones sin la intención de ayudarnos a que lo alcancemos. Servimos a un Padre celestial justo y amante. Él no quiere retener cosas ante nosotros, pero algunas veces tiene que hacerlo, porque no estamos listos aún.

Cuando nuestras niñas eran bebés, no podían esperar a crecer. Querían hacer lo mismo que estaban haciendo los niños mayores, ¿verdad? Pero, como padres, teníamos que protegerlas de «las cosas de los niños grandes» porque ellos todavía eran pequeñas. Abby quería colgarse a toda costa de la escalera de barras en el parque. Parada en el suelo, estiraba sus brazos hacia las barras, y lloraba. Su boquita temblaba y el corazón se me rompía. Pero no podía permitirle trepar a esas barras; ella no era lo suficientemente grande. No sabía hacerlo.

Así mismo ocurre con el Señor. Si usted no ha realizado aún su sueño, no es que Dios la haya olvidado, sino que usted no está lista aún. Si solo esperamos, ¡estaremos en las barras altas antes de darnos cuenta!

AL MAESTRO
Señor, ayúdame a ser paciente mientras espero que
mi sueño se haga realidad. Amén.

24 DE JUNIO

«Acerquémonos, pues, a Dios con corazón sincero y con la plena seguridad que da la fe, interiormente purificados de una conciencia culpable y exteriormente lavados con agua».

Hebreos 10.22

Si es mamá de varones, usted podría haberse sentado durante horas en los partidos de la Liga Menor. ¿Cuántas veces ha oído gritar al entrenador «¡Mira la pelota!». Probablemente, cientos.

Usted sabe, ese es un muy buen consejo para nosotras también. Si mantenemos la mirada en la pelota, es decir nuestros sueños, estaremos centradas en ellos con determinación. Pero si estamos mirando en la galería de sueños cumplidos de todos los demás, nunca alcanzaremos el nivel de éxito que Dios tiene reservado para nosotras.

Me gusta mucho esa escena de la película *La Novia Fugitiva*, cuando Maggie (Julia Roberts) trata de seguir avanzando por el pasillo en lugar de escaparse como lo hace por lo general, y el «loco del deporte» de su prometido dice: «Vamos, querida, sé la pelota». Ese también es un buen consejo. Si podemos entrenar nuestras mentes y corazones para que permanezcan centrados en los planes de Dios para nosotras, finalmente veremos ese plan. Disfrutemos las cosas que Dios ha planeado para nosotras desde el comienzo de los tiempos.

Por eso, no aparte sus ojos de la pelota. ¡Sea la pelota! Siga adelante con Dios, y antes de que usted lo piense, estará bailando en la zona de triunfo.

AL MAESTRO

Señor, ayúdame para que guarde mi enfoque sobre Ti y tus planes.

25 DE JUNIO

*«Y ustedes no recibieron un espíritu que de nuevo los esclavice
al miedo, sino el Espíritu que los adopta como hijos
y les permite clamar: "¡Abba! ¡Padre!"»*
ROMANOS 8.15

¿Tiene temor de no poder cumplir sus sueños? ¿Le preocupa no ser lo suficientemente buena, lo suficiente ágil de mente o lo suficientemente talentosa para hacer aquellas cosas que Dios ha puesto en su corazón? Creo que todos enfrentamos esos momentos de inseguridad y temor. Pero no podemos permitir que el temor habite en nuestras vidas. El miedo es letal para nuestro grado de alegría. Letal para nuestra autoestima y para nuestro andar con Dios.

Enfóquelo de esta manera, donde comienza el miedo, empieza el fracaso. Así que, si usted permite que el miedo controle su mente, usted se está negando la oportunidad de tener éxito. El temor es lo opuesto a la fe; no se puede estar en temor y en fe al mismo tiempo. Tiene que elegir. Por lo tanto, ¡escoja la fe!

Pare la grabación del miedo que está reproduciéndose en su cabeza. Pida a Dios que la llene con tanta fe que no haya espacio para el temor. No permita que el demonio impida que Dios la use. No permita que la prive de avanzar en sus sueños. Este es su tiempo; el de Satanás terminó.

AL MAESTRO
Señor, lléname de fe. Te entrego mis temores. Amén.

26 DE JUNIO

«Si ustedes creen, recibirán todo lo que pidan en oración».
MATEO 21.22

Me encantan los cuentos infantiles que terminan con un «...y ellos vivieron felices para siempre». ¡Sí, correcto! Si solo fuera tan fácil, ¿no? En realidad, nuestros hogares no siempre son felices. Tener un buen matrimonio exige mucho trabajo. Un hogar feliz demanda trabajo. Pero, tanto uno como el otro, son posibles.

Debemos fundar a nuestros matrimonios y a nuestras familias sobre la Palabra de Dios. Esa es la única manera en que alguna vez tendremos «el cielo en la tierra». Esa es la única manera en que podemos experimentar lo de «por siempre felices». Encuentre enseñanzas en la Palabra que puedan ser aplicadas a sus situaciones familiares y sosténgase con ellas.

Empiece hoy a orar por su marido y sus niños. No estoy diciendo una frase rápida en su oración matinal: «Bendice a mi marido y a mis niños». Lo que quiero decir es que se comprometa verdaderamente a orar por ellos. No tiene que saber exactamente cómo hacerlo. El Espíritu Santo la ayudará. El punto es este, ser feliz por siempre *es* posible. A través de un tiempo de oración y del estudio de la Palabra, usted puede vivir el sueño del cielo en la tierra en su hogar. Pues bien, ¡ese es un sueño que vale la pena y que hay que defender!

AL MAESTRO

Señor, gracias por mi cónyuge y mis hijos. Ayúdame a ser la esposa y la madre que Tú quieres que sea. Por favor, aumenta la felicidad en mi hogar. Amén.

27 DE JUNIO

*«Les aseguro que a menos que ustedes cambien y
se vuelvan como niños, no entrarán en el reino de los cielos».*
MATEO 18.3

Los niños tienen la mejor imaginación. La semana pasada, mi marido
y yo trabajamos en el carnaval de la escuela de nuestras hijas.
Dirigíamos la caseta de «primeros auxilios» donde tratamos falsas
heridas con gasa, añadiendo sangre falsa y supuestas vendas de
hospital. ¡Fue un gran éxito! Pero la parte más divertida fue escuchar
las historias que cada chico sacó en relación a sus heridas falsas.
Un niño pequeño dijo a su amigo: «¿Ves esto? Es una mordida de
tiburón». Otro dijo que estaba lastimado por correr más que una
manada de burros salvajes. ¡Creo que ese fue mi favorito!

Escuchar a los chicos compartir historias salvajes y escandalosas
todo el día me hizo darme cuenta por qué es tan fácil para ellos
soñar grandes sueños. Ellos tienen la más asombrosa imaginación. No
les cuesta nada soñar en grande. Dios no tiene que trabajar a través
de todas las dudas de la incredulidad como lo tiene que hacer con
nosotras. Cuando crecemos, perdemos mucho de esa habilidad para
imaginar y soñar. Llegamos a ser cínicos, cargados de equipaje.

Podemos aprender de nuestros niños. Si queremos soñar sin
limitaciones como ellos, Dios hará grandes cosas. Así que, siga
adelante. Deje que su mente llegue a ser como la de un niño, y sueñe.

AL MAESTRO
*Señor, gracias que mis niños tienen vívida imaginación.
Ayúdame a aprender de ellos. Amén.*

28 DE JUNIO

*«Grande es el Señor, y digno de suprema alabanza en la
ciudad de nuestro Dios, Su monte santo».*

SALMOS 48.1

¿Está usted agradecida cuando Dios abre las puertas a sus sueños?
¿Se da cuenta usted inmediatamente que Él es quien abre la puerta,
o atribuye su éxito a la buena suerte, casualidad o a su propia
destreza? Algunas veces cuando Dios responde a nuestras oraciones
y nos promueve a lugares que solo estaban en nuestros sueños, nos
olvidamos de agradecerle.

Cada vez que mis niñas se olvidan de agradecerme por algo
muy importante que he hecho por ellas, me siento desilusionada y
ocasionalmente me duele, pero igual las amo. Dios siente de la misma
manera. No deja de querernos porque nos olvidamos de agradecerle,
pero Él por cierto merece nuestra alabanza y adoración. Por eso,
asegúrese de que usted aprovecha cada oportunidad para alabar al
Señor cuando Él responde a una oración, abre una puerta, o le da Su
comprensión divina.

Dios anhela escucharnos alabar Su nombre. Así que, busque
oportunidades para alabarlo. Cuando usted logra un ascenso
inesperado en su trabajo, inmediatamente alabe al Señor. Si hereda
algo de dinero de un pariente que ni siquiera sabía que existía,
agradezca al Señor. Si usted consigue una beca para retomar sus
estudios y terminar su grado, agradezca al Señor. Él es quien abre la
puerta de sus sueños y Él merece nuestra alabanza.

AL MAESTRO

*Señor, Te alabo por ser el libertador de mis sueños.
Eres sorprendente y Te amo. Amén.*

29 DE JUNIO

«El temor del Señor conduce a la vida;
da un sueño tranquilo y evita los problemas».
PROVERBIOS 19.23

¿Ha escuchado la expresión, «Sé feliz ahí mismo, en el camino a dónde vas»? Si siempre está anhelando el futuro, se perderá lo bueno que está pasando en este instante. Tiene que encontrar el justo equilibrio.

Mis hijas hacen esto de vez en cuando. Cuando eran niñas, recibían tantos regalos para Navidad que no podían alegrarse con el que recién habían abierto porque estaban concentradas en abrir el siguiente. Apenas miraban los patines de dos ruedas que acababan de recibir antes de pasar al próximo paquete. No era sino hasta que todos los regalos estaban desempacados que ellas podían realmente disfrutar la carga de bendición que habían recibido.

¿Ha sido culpable de eso, también? ¿Está usted mirando por el próximo regalo que tiene que desempacar en lugar de alegrarse por las bendiciones que están por todas partes alrededor suyo? Es fácil que le ocurra, especialmente si está en las etapas de pañales, dentición y tratando de entrar en los vestidos de antes del embarazo. Hay días en que es difícil encontrar el «obsequio» en todo esto, pero mire atentamente. Hay regalos por todas partes. Disfrute el hermoso tiempo de la maternidad. No pierda un minuto de ella. Cada momento debe ser atesorado. Tiene que disfrutar hoy antes que lo tenga que hacer mañana.

AL MAESTRO
Señor, ayúdame a disfrutar cada minuto de mi camino. Amén.

30 DE JUNIO

«Marta, Marta, le contestó Jesús, estás inquieta y preocupada por muchas cosas, pero sólo una es necesaria. María ha escogido la mejor, y nadie se la quitará».
Lucas 10.41–42

En medio de los traslados compartidos para ir y venir del colegio, la práctica de animación de las bandas, la práctica de gimnasia, el coro, el grupo de jóvenes de la iglesia y las tareas escolares, mis niñas tienen muy poco tiempo para «no hacer nada» en estos días. Están tan ocupadas, que dudo que ni siquiera tengan tiempo para soñar despiertas. Tendríamos que programar un día de sueño para los martes, entre las 4 y las 4:15 de la tarde, para que eso ocurriera.

Es fácil ver que los niños de hoy están demasiado ocupados por su propio bien, pero ¿qué me dice de nosotras? ¿Qué cree usted que ellas sacan como conclusión de esto? Además de llevarlas y traerlas de sus prácticas, tenemos nuestras propias actividades y compromisos. Tampoco hay mucho tiempo para soñar o meditar en las cosas que Dios ha puesto en nuestros corazones.

Pero necesitamos *hacernos* tiempo. Es crucialmente importante para nuestra salud espiritual. Tome tiempo para repasar sus anotaciones diarias, medite sobre una o dos porciones de la Escritura, hable con Dios acerca de sus sueños y agradezca a Él Su bondad. Yo no puedo pasar un día sin ese tiempo, y nadie debería. Nuestros niños también lo necesitan, de modo que anímense a dedicar tiempo para Dios. Él lo merece.

AL MAESTRO

Padre, ayúdame a meditar sobre Tu bondad cada día. Y ayúdame a enseñarles a mis hijos que Tú eres digno de nuestro tiempo. Amén.

1 DE JULIO

«¿Quién entre ustedes teme al Señor y obedece la voz de su siervo?
Aunque camine en la oscuridad, y sin un rayo de luz,
que confíe en el nombre del Señor y dependa de su Dios».
Isaías 50.10

¿Usted recuerda esa canción "Afírmate en mí" de Al Green? Creo que el Club Nouveau la repuso en los años ochenta. Me encanta la letra de esa canción. Siempre me ha parecido algo más bien de naturaleza inspiradora. ¿Recuerda la letra? «Afírmate en mí. Cuando no te sientas fuerte, yo seré tu amigo. Te ayudaré a seguir». (¡La está cantando sola ahora mismo! ¿Verdad?).

Si hay algo que las mamás necesitan, es alguien en quien apoyarse de vez en cuando. ¿Puedo escuchar un amén, hermana? Cuando la lavadora de platos se descompone, el auto está en el taller, los niños están enfermos, su cuenta bancaria está con saldo en contra y el día de pago es en una semana más... todos necesitamos alguien que nos apoye.

Estoy agradecida de que tengamos un Señor en quien apoyarnos durante las épocas difíciles. Aunque nuestros esposos, hijos o amigos no comprenden nuestros sentimientos, e incluso si no hay nadie más por ahí cerca, siempre tenemos a Dios. Él promete en Su Palabra nunca dejarnos ni olvidarnos. Podemos apoyarnos en Él, estará feliz de que lo hagamos. Así que, si ha tenido un día pésimo, una semana pésima o incluso un año pésimo, Dios la comprende y la ama. Siga adelante, afírmese en Él. Él será su Amigo.

AL MAESTRO
Gracias, Señor, porque puedo apoyarme en Ti.
Gracias por estar siempre cerca. Amén.

2 DE JULIO

«Depositen en él toda ansiedad, porque él cuida de ustedes».
1 Pedro 5.7

Cuando el bebé de mi amiga nació muerto hace algunos años, todos quedamos desolados. Recuerdo cuando recibí la llamada. Me quedé aturdida. Ninguno de nosotros sabía qué decir o hacer. No había explicación alguna. Y no había palabras para consolarla. El único consuelo para su dolor vino de *la Palabra*, la Palabra de Dios. El Señor estuvo allí con mi amiga y su familia durante ese horrible período y fue lo que los ayudó a levantarse.

Tal vez usted ha perdido a un hijo, o tal vez su niño se ha escapado de casa. No puedo pretender saber exactamente por lo que usted está pasando, pero Dios lo sabe. Cualquiera sea el dolor que esté experimentando, Dios está allí para ayudarla. Él la ama y se preocupa por su pérdida. Él se conduele cuando usted está herida. Él desea consolarla. Todo lo que usted tiene que hacer es pedir.

Aunque nunca comprenderé por qué mi maravillosa amiga perdió su bebé, he llegado a entender una cosa esencial, Dios está allí cuando estamos en problemas. Nunca nos dejará. Así que, lleve a Él sus cargas. Él en verdad cuidará de usted, más que ninguna otra persona.

AL MAESTRO
Señor, Te entrego hoy mis heridas y mi sensación de pérdida. Gracias por estar allí para mí, sin importar lo que sea. Te amo. Amén.

3 DE JULIO

«Escucha, Señor, mi oración; atiende a mi súplica.
Por tu fidelidad y tu justicia, respóndeme».
SALMOS 143.1

«¡La odio!» gritó Abby , dando un fuerte portazo.

«Bueno, yo tampoco estoy muy feliz contigo», chillé de vuelta, tranqueando el pasillo hacia mi dormitorio.

Ese tipo de letal intercambio de palabras convertirá de inmediato cualquier día en un día negro. Y claro, eso fue lo que sucedió en nuestra casa. En efecto, pasó no hace mucho cuando yo no autoricé a Abby para que fuera a la casa de su amiga hasta que no hubiera ordenado su closet. Abby perdió la paciencia y yo también. ¿Le parece conocido?

Hay días en que me pregunto si estoy hecha para este rol maternal, especialmente cuando mis hijas me dicen: «¡La odio!». Eso me hace dudar mucho de mí misma. En esos días, quiero comerme una bolsa grande de M&Ms y tomar unos dos litros de bebida de dieta. Pero eso solo conduce a la culpabilidad y a un tiempo extra en la máquina de ejercicios. Por eso, he aprendido una ruta mejor, entregárselo a Dios. Él tiene todas las soluciones. Él cuida de usted. Él desea consolarla. Y usted se sentirá mejor. Además, la oración está libre de calorías. ¡Participe hoy!

AL MAESTRO
Señor, ayúdame para que no me ofenda cuando mis niños me
dicen cosas desagradables. Te entrego mis heridas. Amén.

4 DE JULIO

«Si mi pueblo, que lleva mi nombre, se humilla y ora, y me busca y abandona su mala conducta, yo lo escucharé desde el cielo, perdonaré su pecado y restauraré su tierra».
2 CRÓNICAS 7.14

Barbacoas en el jardín posterior. Picnic familiares. Emblemas rojos, blancos y azules. Desfiles patrióticos. Fuegos artificiales en el parque. Ah... ¡Adoro el 4 de julio! Sin embargo, amo este día por muchas más razones que las mencionadas aquí. Lo amo porque, como estadounidense, en esa fecha celebramos nuestra libertad.

Cada vez que escucho esa canción de Lee Greenwood que dice: «Estoy orgulloso de ser americano», me emociono hasta las lágrimas. Cada vez que canto el himno nacional en una competencia deportiva, me dan escalofríos. Estoy muy agradecida por vivir en los Estados Unidos. Estoy muy agradecida de poder criar a mis hijas aquí, en la tierra de los libres, en el hogar de los valientes. Disfrutamos de tantas libertades aquí.

Tomemos este momento para agradecer a Dios por América, y oremos por nuestros líderes y por los hombres y mujeres que defienden a este país. Estimule a sus niños para que oren con usted. Hágase un hábito de orar por América y por aquellos que guían esta poderosa tierra, no solo hoy, sino cada día. ¡Feliz 4 de julio!

AL MAESTRO

Gracias, Señor, por América. Oro hoy por los líderes y por los que la defienden. Guíalos y protégelos. Amén.

5 DE JULIO

«Porque el que te hizo es tu esposo;
su nombre es el Señor Todopoderoso.
Tu Redentor es el Santo de Israel;
¡Dios de toda la tierra es su nombre!».
Isaías 54.5

Tengo una muy buena amiga que es madre soltera. Es una mujer asombrosa. Trabaja largas jornadas para pagar las cuentas y aún encuentra tiempo para leerle cuentos a su hijita. Asiste a la mayoría de los eventos del colegio, y todo lo hace con una sonrisa en el rostro. Yo estoy admirada de mi amiga.

Cuando la felicito, siempre dice lo mismo: «Solo hago lo que tengo que hacer». Y para ser honesta, hay días en que ella no sabe si podrá hacer todo. Se preocupa de pagar las cuentas a tiempo. Se pregunta si será capaz de comprarle a su hija esas zapatillas de marca para jugar tenis. Se siente sola. Pero está consciente de lo más importante, que Dios dijo que Él sería su esposo. Ella ha aprendido a confiar en Él para todas las cosas de la vida. Así es como yo quiero ser. Estoy agradecida de mi amiga, por todo lo que ella me enseña acerca de cómo confiar en el Señor.

AL MAESTRO
Señor, por favor cuida a todas las mamás solteras del mundo.
Gracias por estar ahí para todas nosotras. Amén.

6 DE JULIO

«Pero el Señor le dijo a Samuel: No te dejes impresionar por su apariencia ni por su estatura, pues yo lo he rechazado. La gente se fija en las apariencias, pero yo me fijo en el corazón».
1 SAMUEL 16.7

Todas las mañanas cuando me miro en el espejo, me parece que he cambiado un poco. Cuanto más estudio mi cara, descubro más pequeñas líneas formándose alrededor de mis ojos. ¿Cómo llegaron allí? No es nada fácil verse a los treinta tan bien como a los veinte. ¿Puedo oír un amén? Ahora me estoy untando con todo tipo de ungüentos mágicos la cara y el cuello. Afirmantes. Tonificantes. Antiarrugas. Antimanchas. Antienvejecimiento. Antioxidantes. Lo que me nombren, yo lo estoy usando. Tal vez usted también.

Bien, he aquí las buenas noticias: Aun si no podemos hacer retroceder las huellas del tiempo, incluso si nuestras caras tienen un poco más de líneas que hace diez años, aun si vamos envejeciendo, Dios todavía nos quiere. Nos ama en nuestros peores días. Él piensa que somos especiales, no por nuestra apariencia exterior, sino por la condición de nuestro corazón. La Palabra dice que el hombre mira la apariencia externa pero Dios mira el corazón. Por lo tanto, siga adelante y úntese con todas esas cremas de belleza, pero esté segura de disponer de tiempo para gozar del calor de la presencia del Señor por medio de Su Palabra y a través de la oración. Ese es el único tratamiento de belleza verdadero y duradero, ¡así que vaya por él!

AL MAESTRO

Señor, gracias por quererme así como soy. Amén.

7 DE JULIO

«No prevalecerá ninguna arma que se forje contra ti; toda lengua que te acuse será refutada. Ésta es la herencia de los siervos del Señor, la justicia que de mí procede afirma el Señor».

ISAÍAS 54.17

¿Recuerda la canción "Sobreviviré" de Gloria Gaynor? Apuesto que la está cantando ahora mismo, ¿si? Hay días en que "Sobreviviré" llega a ser mi canción lema. ¿Sabe de qué días hablo? Estoy hablando de aquellos días en que todo sale mal. Su hijo descubre que está reprobando cuatro de sus seis asignaturas; su hija necesita 850 dólares para la cuota y el pago del uniforme de porrista en la banda; su marido quiere el calzoncillo rosa; el perro se ensucia sobre su alfombra nueva y su tintura aplicada en casa le ha dado a su pelo un encantador tonito naranja.

En esos días, la guerrera que hay en mí vocifera, ¡sobreviviré! Es una manera de decir: «Adelante, espíritu maligno, sigue nomás. ¡Yo sobreviviré!». Por supuesto, no habría tenido el coraje, la fuerza o la voluntad para seguir si no fuera por mi Padre celestial. Él es quien susurra en mi oído: «Está bien. No te preocupes por eso. Yo cuidaré de ti. ¡Estás saliendo a la superficie! ¡No te sueltes! ¡Mantente firme!».

Si usted no tiene a Dios como su animador en esos días tan llenos de desafíos, probablemente estaría cantando *blues* en lugar de "Sobreviviré". Así que continúe. Pida hoy a Dios que la ayude.

AL MAESTRO
Señor, hoy necesito Tu ayuda. Gracias porque eres mi más grande animador espiritual, especialmente cuando necesito una cuota extra de estímulo. Amén.

8 DE JULIO

*«Los israelitas se animaron unos a otros, y volvieron a presentar
batalla donde se habían apostado el primer día».*

JUECES 20.22

¿Se anima a sí misma en el Señor? Como mamás, nosotras apoyamos
a todos los demás, a nuestros maridos, a nuestros niños, a nuestros
amigos, a familiares y a nuestros vecinos. Pero rara vez nos damos
tiempo para apoyarnos a nosotras mismas. En lugar de eso, somos
demasiado críticas de nosotras. Dejamos que el diablo nos dé una
paliza, diciéndonos cuán horrible somos. Si le prestamos mucha
atención, nos convencerá de que somos indignos de ser servidores
de Dios. Nos dirá que somos pésimas madres y esposas. Nos dirá que
hemos fracasado en la vida. El diablo nos presentará la condena por
nuestra culpa tan a menudo como se lo permitamos.

Así que, dígale: «¡NO MÁS!».

Debemos impedir que el diablo nos engañe. No viva en sus
mentiras; medite en la Palabra de Dios. La Biblia dice que usted es
plenamente capaz de cumplir su destino. Dice que ninguna arma
moldeada contra usted prosperará. Dice que usted puede hacer
todo por medio de la fuerza de Dios. Deje de enfocarse en lo que
no puede hacer y empiece a concentrarse en lo que puede hacer.
Renuncie a estar mirando cuán lejos tiene que llegar, y comience a
mirar de cuán lejos ha venido. ¡Anímese a sí misma en el Señor hoy!
Es su turno.

AL MAESTRO

*Gracias, Señor, por darme la habilidad para cumplir mi destino.
Ayúdame a permanecer fortalecida en Ti. Amén.*

9 DE JULIO

*«Si ustedes aman solamente a quienes los aman,
¿qué recompensa recibirán? ¿Acaso no hacen
eso hasta los recaudadores de impuestos?».*
MATEO 5.46

¿Se da cuenta usted de que tenemos preciosas oportunidades cada día para mostrar nuestro amor a otras personas? ¡Es cierto! Cuando un vendedor llama en medio de la cena y usted quisiera colgarle el teléfono en la oreja, no lo haga. Muestre misericordia y bondad. O cuando es tratada con rudeza al salir de la tienda de comestibles, no devuelva violencia por violencia. No. Resista esa actitud negativa con la bondad.

¿Por qué? La Biblia nos dice que no debemos hacer a otros lo que no nos gustaría que nos hagan a nosotros. Si nos disciplinamos a nosotras mismas y mostramos gentileza cuando deseamos reaccionar con rudeza, Dios nos recompensará. Esto es especialmente cierto cuando se refiere a nuestros hijos. ¡Inténtelo! La próxima vez que uno de sus niños le haga el signo de «no me importa» y la dejen plantada sin ninguna razón, sonría con dulzura y diga, «eres tan importante para mí. Te amo». No será fácil. Su lado humano querrá gritar: «Escucha jovencito, ¡no me vengas con eso! Soy tu madre. Así que no vas a salirte con la tuya».

Haga de la amabilidad un hábito. Usted encontrará que si siembra semillas de bondad, cosechará poderosos frutos de bondad. Esa es la clase de cultivo que quiero en mi vida, ¿qué me dice de usted?

AL MAESTRO

*Señor, ayúdame a mostrar amor y bondad a las personas
desagradables y crueles. Amén.*

10 DE JULIO

«Pero, Señor objetó Gedeón, ¿cómo voy a salvar a Israel?
Mi clan es el más débil de la tribu de Manasés,
y yo soy el más insignificante de mi familia...».
JUECES 6.15

¿Alguna vez se ha sentido incapaz de ser una buena madre? Hay días en que piensa: *Señor, ¿estás seguro que yo puedo hacer esto?* Si hay veces en que usted se siente incompetente, no es la única. Las mujeres de todo el mundo luchamos con sentimientos de inseguridad, dudas y desesperanza. Aun cuando usted se sienta incapaz de hacer todas las cosas que le corresponde, Dios la ve más apta de lo que usted cree.

A veces, aún los grandes líderes de la Biblia se sentían incompetentes. ¿Recuerda lo que respondió Moisés cuando Dios lo llamó para que dijera al Faraón que dejara ir a los israelitas? Moisés dijo que posiblemente él no podría hacerlo. Le respondió a Dios que había escogido a la persona equivocada antes de, finalmente, acceder a cumplir el pedido. ¿Y qué me dice de Gedeón? Cuando Dios lo llama para guiar a Su pueblo contra Madián, respondió: «Yo soy el más insignificante de mi familia». Sin embargo, el Señor se dirigió a él como «poderoso hombre de valor». Dios no vio a Gedeón como un débil gusano en el polvo. Él lo consideró como un poderoso hombre de valor. ¡Dios la ve a usted como poderosa, fuerte y capaz también! Pida al Señor que usted pueda verse a sí misma como Él la ve.

AL MAESTRO
Señor, ayúdame a mirarme como Tú me ves. Te amo. Amén.

11 DE JULIO

«Yo te digo que tú eres Pedro, y sobre esta piedra edificaré mi iglesia, y las puertas del reino de la muerte no prevalecerán contra ella».
MATEO 16.18

¿Sabía usted que a Dios le encanta usar a personas comunes y corrientes para hacer cosas extraordinarias? Mire a Pedro. Era solo un pescador, pero Dios se refirió a su declaración de fe como «la Roca sobre la cual edificaré Mi iglesia».

¿Y María? Era una adolescente que todavía no se había casado, pero Dios la escogió para que diera a luz a Jesús. ¿Y David? Él era el menor de la familia. Cuando sus hermanos fueron a la guerra, tuvo que quedarse en casa y cuidar las ovejas. Sin embargo, Dios lo llamó a desafiar al gigante Goliat. ¿Extraordinario, verdad?

Así que, si usted se está sintiendo como si no estuviera hecha para el trabajo de la maternidad, ¡alégrese! Dios la está usando para hacer cosas extraordinarias para Su reino. Él no les habría confiado a sus preciosos hijos si creyera que no es capaz de manejarse. Por supuesto, algunos días son difíciles. Pero, ¡hey!, Dios es un Dios grande, mayor que todas nuestras dudas, transgresiones y fallas. Usted no tiene que ser perfecta. Solo tiene que estar dispuesta. Abra su corazón y deje que Dios restaure su esperanza hoy. ¡Él tiene planes aún más extraordinarios para usted!

AL MAESTRO
Señor, haz hoy conmigo algo extraordinario. Amén.

12 DE JULIO

«Porque el Señor es grande y digno de toda alabanza;
¡más temible que todos los dioses!».
1 CRÓNICAS 16.25

El otro día estaba en Wal-mart (mi segundo hogar) y vi a una mamá pasando apuros con su hijo bebé. Él sollozaba en medio de la típica exigencia de «¡quiero ese juguete!». Me sonreí recordando las muchas veces que había pasado por la misma situación con Abby y Allyson y sentí lástima por ella. Me habría gustado decirle: «Ya pasará, algún día usted se va a reír cuando se acuerde de este episodio». Pero no me atreví a compartirle estas sentimentales palabras de sabiduría en ese momento, ¡capaz que me hubiese dado un golpe en la cabeza con el bate de su niño, que tenía un mango mortal!

Todos tropezamos con momentos difíciles cuando estamos criando, pero si podemos guardar las cosas en su debida perspectiva, formaremos vidas mucho más felices. Cuando Abby y Ally acostumbraban a tener esos ataques en público, yo me sentía muy humillada. Dejaba que el diablo me robara mi alegría por varios días después de uno de esos arrebatos. Mirando hacia atrás, era una pérdida de tiempo. Debería haber ocupado esos momentos en disfrutar a mis hijos, no a castigarme a mí misma por sus conductas. No deje que Satanás le robe su alegría, no importa cuán feo sea esto. Solo sonría y ore al Señor por cada momento de la crianza, los buenos y los malos.

AL MAESTRO

Señor, gracias por cada momento de la crianza,
aún los más difíciles. Ayúdame a guardar mi alegría. Amén.

13 DE JULIO

«No nos cansemos de hacer el bien, porque a su debido tiempo cosecharemos si no nos damos por vencidos».
GÁLATAS 6.9

¿Se pregunta a veces si sus niños entienden lo que usted les dice? Hay momentos, cuando imparto palabras de sabiduría a Abby y Allyson, y realmente puedo ver a sus mentes volar por el más allá. Esto es especialmente cierto si les enseño mientras el Cartoon Network o Lizzie McGuire están en la televisión.

Bueno, ¡tome fuerza! Resulta que ellos sí nos escuchan y racionalizan algo de lo que decimos. Tuve una evidencia de esto recién el otro día. Mientras nos preparábamos para emprender el camino hacia el muy anticipado carnaval de la escuela, Ally empezó a llorar. Tenía un sarpullido rojo horrible en toda la cara y los brazos. Obviamente se trataba de una reacción alérgica a algo. Mientras buscaba a tientas el número de teléfono del doctor Yee, Ally empezó a orar por ella misma. Al cabo de cinco minutos, la erosión cutánea disminuyó hasta tomar un tinte rosa. Después de diez minutos, ¡había desaparecido completamente! Jeff, Abby y yo estábamos sorprendidos. No sé si estaba más impactada porque Dios la había sanado, o porque Ally había pensado en pedirle a Él que la sanara. Ambos eran milagros dignos de ser celebrados.

Así que, no se canse de enseñar a sus hijos. Algo de esa sabiduría está quedando ahí, ¡Se lo prometo!

AL MAESTRO

Señor, ayúdame a aprovechar la lección que hay en cada oportunidad en la que mis niños se vean envueltos. Amén.

14 DE JULIO

«Adquiere sabiduría, adquiere inteligencia;
no olvides mis palabras ni te apartes de ellas».
PROVERBIOS 4.5

Cuando usted es madre de niños pequeños, pareciera que todos se sienten con derecho a darle consejos. Como si este asunto de la maternidad no fuera lo suficientemente duro, personas de todas los tipos de vida sienten la necesidad de compartir sus pildoritas de sabiduría con usted.

Cuando Abby tenía dos años, todavía amaba su chupete. No podía apartarlo de ella. Solo quería tener su tete. Eso aparentemente molestaba a los demás, porque a cualquier lugar que fuéramos, las personas me sugerían maneras para ayudar a Abby a que dejara atrás su chupete. Después de cerca de ocho datitos de sabiduría relativos a su adicción, dejé de escuchar. Seguro, yo sonreía dulcemente, asentía con mi cabeza ocasionalmente y agradecía, pero estaba cantando las canciones de Barry Manilow en mi cabeza.

A todo esto, ninguno de los consejos que me dieron funcionaron. ¿Sabe usted lo que funcionó? La oración. Es verdad, Jeff y yo simplemente oramos por sabiduría para tratar el dilema del chupete, y Dios nos dio un «Plan para purgar el tete». ¿Adivine qué? Funcionó. Así que, cuando cualquiera esté tratando de decirle qué hacer, sonría dulcemente, asienta, y cante «I Write the Songs» en su cabeza, pero acuda a Dios por respuestas. Los consejos pueden ser baratos, ¡pero la sabiduría de Dios es gratis!

AL MAESTRO

Señor, ayúdame a ser amable con aquellos que ofrecen consejos,
pero te estoy pidiendo a Ti por sabiduría en cada situación. Amén.

15 DE JULIO

Luego Nehemías añadió: «Ya pueden irse. Coman bien, tomen bebidas dulces y compartan su comida con quienes no tengan nada, porque este día ha sido consagrado a nuestro Señor. No estén tristes, pues el gozo del Señor es nuestra fortaleza».

NEHEMÍAS 8.10

¿Conoce usted una persona que «echa el avión abajo»? Usted sabe el tipo del que hablo, de la persona que nunca tiene un buen día. Aquella a la cual nadie le pregunta «¿cómo estás?», porque deberá escuchar acerca de su poca fortuna, mala suerte y enfermedades, por horas. Quizás usted es una de las que «echa el avión al suelo». Si lo es, hay esperanza.

No tiene que vivir más con una nube negra sobre su cabeza. Dios es su camino de salida para la tristeza y la derrota. Él la ayudará a hacer de la existencia gozosa un modo de vida.

Decida hoy transformarse en una persona positiva, no solo por su salud, sino que también por la de sus niños. Ellos asimilan nuestras actitudes derrotistas. Se transformarán en mini tristes y derrotados si dejamos que el espíritu de la desesperanza y depresión invada nuestros hogares. Así que, dejemos que toda la tristeza y condenación salga de nuestras vidas de una vez y para siempre. Tome el hábito de hacer esta confesión todos los días: «Estoy bien capacitada para llenar mi destino. Dios me ha hecho una vencedora. Ningún arma creada en mi contra prosperará. El gozo del Señor es mi fuerza». ¡Tarde o temprano, esa nube negra que había estado tapando el sol, de seguro se moverá!

AL MAESTRO

Señor, ayúdame a ser una persona positiva. Amén.

16 DE JULIO

Todo lo puedo en Cristo que me fortalece.
FILIPENSES 4.13

¿Ha visto usted ese *reality show* «Sobreviviente»? Si su respuesta es no, he aquí el esquema: básicamente toman a un grupo de hombres y mujeres y los ponen en un remoto y dificultoso lugar donde deben «sobrevivir» al juego. El último en ser votado para salir del lugar, gana el millón de dólares. A menudo he pensado que deberían filmar la próxima temporada de *Sobreviviente* en mi casa. Vería cuántos de ellos podrían hacer tres cargas de lavado al día, levantar a los niños y dejarlos listos para ir a la escuela, empacar los almuerzos, escribir seis historias con fecha límite, solucionar, estar lista, recoger a los niños de la escuela, acarrearlos de ida y vuelta de sus asuntos después del colegio, ir de compras al almacén, armar la cena, ayudar con las tareas, pasar tiempo con Dios, devolver las llamadas telefónicas, ¡y suma y sigue! Estoy exhausta solo de escribir todas las cosas que las mamás hacemos cada día. ¿Sobreviviente? ¡Déme un respiro! Después de ser una mamá que trabaja, estoy lista para cualquiera de ellos.

¡Le apuesto que usted también lo está! Hacer equilibrio y mantener todas las pelotas en el aire es agobiante. De hecho, algunos días parece prácticamente imposible. Pero en esos días, miro a Dios. Él dice que puedo hacer todas las cosas a través de Él, así que me tomo de Él para eso. ¡Usted debería hacer lo mismo!

AL MAESTRO
*Gracias, Señor, por darme la fuerza y la habilidad
para abordar los desafíos. Amén.*

17 DE JULIO

«Pidan, y se les dará; busquen,
y encontrarán; llamen, y se les abrirá».
MATEO 7.7

«Nadie conoce los problemas que yo he visto. Nadie conoce las penas...». ¿Recuerda esa cancioncita? Tiene que cantarla con real voz de melancolía para lograr todo su efecto. Es divertido hacer bromas sobre cantar «blues», pero no es tan divertido cuando se está en medio de un proceso depresivo.

Después de que nació Abby pasé por una leve depresión posparto que es muy común en ese período. A lo mejor usted también ha vivido esa terrible experiencia. Recuerdo haber estado amamantando a Abby y sollozando al mismo tiempo, sin saber por qué lloraba. Recuerdo haber tratado de subir el cierre de mis pantalones y llorar porque faltaban dos pulgadas para que cerrara. Recuerdo haberme sentido indefensa, desesperanzada y desorientada. No tenía la menor idea de cómo ser mamá. Pero, gracias a Dios, Él lo sabía. Él tenía todas las respuestas y después de acudir a Él pidiéndole ayuda, pude salir de ese «pozo de desánimo».

Si hoy se está sintiendo depresiva, levante su mirada. Dios está ahí para usted. Él tiene todas las respuestas que usted necesita. Y Él está listo y deseoso de impartirle esa sabiduría. Todo lo que tiene que hacer es pedirla.

AL MAESTRO

Padre celestial, por favor líbrame de esta depresión. Quiero caminar
con alegría. Gracias por todas Tus bendiciones en mi vida. Amén.

18 DE JULIO

*«Pues Dios es quien produce en ustedes tanto el querer como
el hacer para que se cumpla su buena voluntad».*
FILIPENSES 2.13

¿Alguna vez usted se siente en rebeldía? Mi madre llama a eso
«franja de mañas». Al parecer mi franja es una milla más ancha
que el término medio. ¿Conclusión? Algunas veces me cuesta
mucho ser obediente. A lo mejor a usted también. Pero aquí está la
buena noticia: tenga o no tenga usted conciencia de ello, Dios está
trabajando en su interior. Él está constantemente preparándola con
el propósito de que usted quiera obedecerle. Nos quiere tanto que
está deseoso de trabajar con nosotras hasta que nuestras rebeldías
se hayan ido del todo. ¡Él nunca se da por vencido! Él no hace
hincapié en nuestra desobediencia. Él nos ve a través de los ojos del
amor. Cuanto más entendemos ese amor, más queremos caminar
en obediencia. Cuanto más abrazamos el amor del Padre, más
anhelamos complacerle.

Aquí hay más buenas noticias: Dios está haciendo el mismo
trabajo al interior de nuestros niños. Por eso, cuando ellos quieren
desobedecer, Él está deseoso de andar esa milla *extra* para ayudarles
a *desear* la obediencia. Claro, Él ama a nuestros niños mucho
más que nosotros. En la medida que andamos en Sus caminos,
nos convertimos en mejores ejemplos para nuestros hijos. Todos
ganamos.

AL MAESTRO

Padre celestial, gracias por ayudarme a ser más obediente. Amén.

19 DE JULIO

«Acuérdate de la palabra que diste a este siervo tuyo,
palabra con la que me infundiste esperanza».
SALMOS 119.49

Cuando algo devastador ocurre a uno de nuestros hijos, es difícil seguir adelante. Somos madres. Estamos programadas para sentirnos heridas cuando ellos están heridos. Haríamos cualquier cosa para que todo les salga bien, pero a veces eso no está en nuestra mano. Cuando nuestros niños han sido arrestados por conducir hebrios... cuando a nuestro bebé se le diagnostica cáncer... cuando su hijo tan despierto tiene problemas en el colegio... es tiempo de correr a la Palabra de Dios. Cuando más necesita a Dios, Él está ahí para usted. Y usted lo encontrará en Su Palabra.

Cuando nos estábamos preparando para cambiarnos de Indiana a Texas, me preocupó que Abby y Allyson pudieran tener problemas para hacer amigos en nuestro nuevo hogar. Me inquietaba que echaran mucho de menos a sus abuelos y a sus amigas. Temí estar cometiendo un error. Después de llorar un poco, abrí la Palabra de Dios y comencé a leer en Josué.

Ahora bien, no soy una experta en el Antiguo Testamento, pero ese día el Espíritu Santo me llevó directamente a Josué 1.9. Entonces leí: «No temas ni desmayes, porque Jehová tu Dios estará contigo dondequiera que vayas».

Dios sabía que yo necesitaba la seguridad que Él estaría conmigo durante el traslado y con mis hijas también. Su Palabra me confortó. La confortará a usted también. Así que búsquela hoy.

AL MAESTRO
Padre celestial, gracias por Tu Palabra. Amén.

20 DE JULIO

*«Cuando te llamé, me respondiste;
me infundiste ánimo y renovaste mis fuerzas».*
SALMOS 138.3

A mis hijas les encanta cantar la canción "Supergirl" que dice: «Soy una Supergirl y estoy aquí para salvar al mundo». La otra noche, cuando me estaban dando serenata con esa letra, me dije a mí misma, «¡Ese debería ser mi lema musical!». A veces trato de ser Supergirl, pensando que mi trabajo puede salvar al mundo y ahí es cuando de verdad me meto en líos.

Las mamás somos arregladoras. Mientras esa determinación y la actitud de *querer es poder* trabaja a nuestro favor la mayoría del tiempo, puede también funcionar en contra nuestra si nos hacemos autosuficientes. Si confiamos demasiado en nosotras mismas, dejamos a Dios afuera de la ecuación. Por supuesto, eso nos lleva a un caos total, a la confusión y al fracaso final.

Así que, ¡vamos Supergirl!, quite esa *S* de su camisa y vuelva a poner a Dios en su lugar. Él tiene la fuerza que usted necesita. Él tiene las respuestas que usted busca. ¡Él tiene todo! Segunda de Corintios 12.9 nos dice que Su poder se perfecciona en nuestra debilidad, de manera que es muy oportuno que se sienta estresada e incapaz de satisfacer las demandas que hay sobre usted en este momento. ¡Oiga!, está en la perfecta situación para que Él haga Su mejor obra.

AL MAESTRO

*Señor, me doy cuenta que trato de hacer demasiado por mí misma,
por lo que te entrego todo a Ti. Por favor toma control
de cada área de mi vida. Amén.*

21 DE JULIO

«Conozcamos al Señor; vayamos tras su conocimiento.
Tan cierto como que sale el sol, él habrá de manifestarse;
vendrá a nosotros como la lluvia de invierno, como la
lluvia de primavera que riega la tierra».

OSEAS 6.3

No soy una persona madrugadora. Más bien soy un búho noctámbulo. Pero parece que cuando tengo que trabajar, muchos de mis vuelos son muy temprano en la mañana. Por eso, unas tres o cuatro veces al año, realmente veo salir el sol. ¡Caray! ¡Texas tiene los más hermosos amaneceres! Como la tierra es tan plana aquí en Fort Worth, se tiene una vista espectacular. ¡La obra de la mano de Dios es tan ostensible que me hace desear levantarme temprano!

Y aunque rara vez veo salir el sol, sé que esto siempre sucede. Esa es una cosa en la que usted puede confiar, no importa en qué parte del mundo esté, el sol siempre sale. Por eso me gusta tanto Oseas 6.3. Me dice: «Oye, tan cierto como que sale el sol, Él habrá de manifestarse para ti». ¿No es esa acaso una buena noticia? Eso quiere decir que no importa lo que usted esté viviendo, Dios está allí, listo para responder a sus necesidades.

Así que cada vez que usted vea al sol en el cielo, permita que sea un recordatorio de la promesa de Dios para con usted. Él está ahí, listo, deseoso y apto para intervenir en su favor.

AL MAESTRO
Señor, gracias porque siempre estás ahí para mí. Amén.

22 DE JULIO

«Pero si a ustedes les parece mal servir al Señor, elijan ustedes mismos a quiénes van a servir: a los dioses que sirvieron sus antepasados al otro lado del río Eufrates, o a los dioses de los amorreos, en cuya tierra ustedes ahora habitan. Por mi parte, mi familia y yo serviremos al Señor».

JOSUÉ 24.15

¿Están sus niños sirviendo al Señor? ¿Han hecho a Jesús el Señor de sus vidas? Si usted tiene un niño porfiado, conozco la angustia que debe estar experimentando. Pero recuerde esto: ¡No está terminado hasta que se termina, y el fin todavía no comienza! Puede parecer que su niño se está rebelando contra usted y contra Dios, pero continúe orando. Siga creyendo. Busque Escrituras sobre las cuales apoyarse. Tenga fe en que Dios está trabajando tras bambalinas para atraer a su hijo hacia el Reino.

Puede parecer desesperanzador en este momento, pero Dios es nuestra esperanza y nuestra gloria. Él ama a su niño más de lo que usted lo ama. Él es capaz de dar vuelta situaciones sin levantarse de Su Trono. Así que, no se preocupe. Solo crea. Durante este tiempo de oración por la salvación de su hijo, rodéese con la Palabra de Dios. Escuche música de alabanza y adoración. Vea televisión cristiana. Lea libros cristianos. Sumérjase en Dios y deje que Él construya su fe.

¿Recuerda la historia del hijo pródigo en Lucas 15? Estoy segura que ese padre pensó que había perdido a su hijo para siempre. Pero no fue así. El hijo volvió. Su hijo volverá también. No se rinda. Manténgase firme y espere un milagro.

AL MAESTRO

Señor, gracias por proteger a mi hijo desobediente. Te alabo porque camina hacia el Reino. En el nombre de Jesús. Amén.

23 DE JULIO

«Yo, el Señor, no cambio. Por eso ustedes,
descendientes de Jacob, no han sido exterminados».
MALAQUÍAS 3.6

No podía creerlo. Abby hoy preguntó si podía tomar prestadas las corbatas de Jeff. Dijo que era «cool» ponerse corbatas de hombre. «Todas las chicas las usan». ¡Tuve que reírme! ¡Nosotras usábamos corbatas de hombre en los años 80! Si usted es una chica de los ochenta, probablemente usó una corbata o dos en su tiempo. (Sin mencionar los pantalones tipo bombachas, las polainas de lana, y los brazaletes plásticos de neón). ¡Caramba!, los 80 fueron un fiasco en lo que se refiere a modas, ¿no?

Abby, mi hija de diez años, piensa que su generación es la primera en vestir corbatas de hombre y brazaletes de plástico. Pienso que realmente es cierto el dicho: Si guardas algo el tiempo suficiente, volverá como última moda... ¿Dónde habré dejado mis pantalones tipo bombachas?

Bueno, los estilos vienen y van. Moda y peinados cambian de una estación a otra y de un año a otro. En un momento su peinado está de moda, y al minuto siguiente está *out*. En este mundo siempre cambiante, estoy tan feliz que Jesús nunca cambia. La Palabra dice que Él es el mismo ayer, hoy y siempre. ¡Aleluya! Una relación con Jesús, es lo único que podemos dar a nuestros chicos que nunca pasará de moda.

AL MAESTRO

Señor, gracias por ser el mismo ayer, hoy y siempre. Te amo. Amén.

24 DE JULIO

*«Los discípulos fueron a despertarlo. ¡Maestro, Maestro, nos vamos a
ahogar!, gritaron. Él se levantó y reprendió al viento y a las olas;
la tormenta se apaciguó y todo quedó tranquilo».*
LUCAS 8.24

Nunca falla. Con el primer retumbar del trueno, Abby y Allyson
llegaban gateando a nuestra cama. Como niñas pequeñas, le tenían
mucho miedo a las tormentas. Incluso ahora, cuando una de esas
tormentas con truenos del tamaño de Texas cruza el estado, las niñas
se refugian en nuestro dormitorio. Me siento plenamente identificada
porque a mí me pasaba lo mismo cuando era chica. Recuerdo que
me metía debajo de las frazadas y oraba: «Señor, ¡por favor haz que
termine esta tormenta!».

Hoy día, me encuentro a mí misma diciendo las mismas cosas
cuando las tormentas de la vida se tornan temibles. Cuando mi padre
sufrió una severa apoplejía y llamó a la familia para despedirse, oré
a Dios para que detuviera la tormenta. Y justo cuando pienso que
no puedo soportar una nube negra más, Dios interviene. Mi papá se
recuperó y continúa asombrándonos a todos.

El Señor también va a calmar las tormentas de su vida. Él no
siempre quiere aquietar las tormentas de la manera que nos gustaría
o que presumimos, pero Él lo hará. Todo lo que tenemos que hacer
es tener fe. Así pues, salga de debajo de las frazadas y llame a Aquel
que calma las tormentas.

AL MAESTRO
Señor, gracias por calmar las tormentas de mi vida. Amén.

25 DE JULIO

«¿Quién está consciente de sus propios errores?
¡Perdóname aquellos de los que no estoy consciente!».
Salmos 19.12

El closet de Allyson es siempre un desastre. A veces ni siquiera puedo abrirlo. Una vez al mes, tenemos que motivarla agresivamente para que ordene su revuelto closet. Por supuesto, paso un momento bien difícil castigándola por su desastroso closet cuando el mío no se ve mucho mejor. ¿Cómo estamos por casa?

¿Qué hay del «closet de su vida»? ¿Tiene algunas cosas ocultas ahí dentro? Todas tenemos un par de secretos en nuestro closet, cosas que nos avergüenzan y que esperamos que nadie descubra alguna vez. Pero, ¿no es acaso grandioso saber que Jesús nos ama, con cosas ocultas y todo? Cuando Jesús viene a nuestras vidas, Él limpia totalmente nuestros armarios. De hecho, Él no solo los limpia, sino que los remodela totalmente. Sustituye la desesperanza por la esperanza. Reemplaza el miedo con el amor. Nos libra de la enfermedad y nos sana.

No debemos avergonzarnos más por las cosas ocultas de nuestros closet porque Jesús ya se ocupó de ellos. Nos ha limpiado. Somos nuevas criaturas en Cristo Jesús. Así que no se preocupe nunca más de esas cosas. Jesús la ama ¡y no acumula desechos!

AL MAESTRO
Señor, gracias por hacerme una nueva criatura. Te agradezco que me liberes de las cosas ocultas que hay en mí. Amén.

26 DE JULIO

«Así que acerquémonos confiadamente al trono de la gracia para recibir misericordia y hallar la gracia que nos ayude en el momento que más la necesitemos».

HEBREOS 4.16

Tenemos un sistema en nuestra casa. Guardamos un «Formulario del buen comportamiento» sobre el refrigerador, y ahí se lleva la cuenta de las buenas acciones y cumplimiento de las tareas asignadas a Ally y Abby. Ganar una A en el reporte las hace dignas de varios tickets. Pero actitudes insolentes e irrespetuosas ganan varias X, las que anulan los tickets. ¡El sistema realmente funciona! Cuando las niñas querían perforarse sus orejas, las desafiamos a ganar veinticinco marcas. No pasó mucho tiempo antes de que ambas consiguieran su cuota y fuéramos al centro comercial para una celebración de perforación de orejas.

¿No está usted feliz de saber que Dios no tiene un sistema de tickets? Nunca alcanzaríamos la medida para llegar al cielo. No podemos ser lo suficientemente buenos, no importa cuánto nos esforcemos. Es solo por la gracia y misericordia de Dios que entramos en todas Sus promesas.

Cuando era niña pensaba que tenía que ser siempre buena para que Dios me amara. ¿No es acaso eso una falsa percepción de Dios? Asegurémonos que nuestros niños sepan que Dios los ama, aun cuando no se comporten correctamente. Asegurémonos de que sepan que Dios no está ahí para pillarlos, Él está ahí para amarlos.

AL MAESTRO

Gracias Padre por amarme incluso cuando me porto mal. Amén.

27 DE JULIO

«¿No saben que en una carrera todos los corredores compiten, pero solo uno obtiene el premio? Corran, pues, de tal modo que lo obtengan. Todos los deportistas se entrenan con mucha disciplina. Ellos lo hacen para obtener un premio que se echa a perder; nosotros, en cambio, por uno que dura para siempre».

1 Corintios 9.24-25

Tengo una vecina que se está preparando para correr una maratón. Comenzamos caminando y trotando juntas. Mi actitud fue «terminemos con esto para seguir con mi día». Pero la suya fue diferente. Empezó a gustarle salir a trotar. No pasó mucho antes de que yo no pudiera aguantar su ritmo. Yo trotaría dos millas y media y ella continuaba otras ocho o diez.

Ella tomó seriamente este nuevo esfuerzo. Ahora está suscrita a revistas de carreras. Ha comprado algunos conjuntos especialmente diseñados para carreras largas. Y solo consume alimentos que van con su programa de entrenamiento. No solo quiere terminar la competencia, ¡quiere ganarla!

Como mamás, nosotras tenemos que acercarnos a la vida con mucho de este estilo. Estamos corriendo la carrera más importante que es criar a nuestros hijos. Y, claro, algunas veces pareciera como nunca vamos a llegar a la meta. Sí, hay días cuando usted más bien canjearía sus zapatillas para correr por sus pantuflas de conejito, ¡pero manténgase firme! Siga alimentándose de la Palabra de Dios, ¡Esa es su comida de entrenamiento. ¡La meta la espera!

AL MAESTRO
Señor, ayúdame para terminar la carrera principal. Amén.

28 DE JULIO

«Por tanto, yo decreto que se descuartice a cualquiera
que hable en contra del Dios de Sadrac, Mesac y Abednego,
y que su casa sea reducida a cenizas, sin importar la nación
a que pertenezca o la lengua que hable. ¡No hay otro
dios que pueda salvar de esta manera!».
DANIEL 3.29

Keith Moore canta una canción que dice: «No hay un Dios tan grande como el mío. Ni problema tan grande que Él no pueda solucionar». Amo esa canción. La canto todo el tiempo solo para recordarme a mí misma que servimos a un Dios muy grande, un Dios que puede manejar cualquier problema.

Los niños no se complican con este concepto. Cuando Abby está molesta por algo, y digo: «No se preocupe por eso. Dios está en control. Él es mucho más grande que su problema», ella está totalmente de acuerdo. Ella sabe que Dios es un Dios grande. Pero, a medida que crecemos, recogemos la duda, la incredulidad y demás bagaje. Algunas veces, esas cosas pueden obstaculizar nuestra fe. Pueden bloquear nuestros ojos para impedirnos ver que Dios es más grande que todo cuanto podamos encontrar.

Quiero desafiarla hoy para conseguir una visión sobre la inmensidad de nuestro Dios. Si usted mantiene un diario, quiero que escriba allí todos los problemas que tiene actualmente. Puede ser que esté enfrentando la quiebra. Tal vez su marido le ha pedido el divorcio. Puede ser que sus niños estén reprobando en el colegio. Lo que sea, anótelo. Ahora, escriba estas palabras sobre la lista de problemas: «Mi Dios es más grande que todas estas cosas!».

¡Servimos a un Dios grande!

AL MAESTRO

Señor, Te alabo por ser más grande que todos mis problemas. Amén.

29 DE JULIO

«Yo he buscado entre ellos a alguien que se interponga entre mi pueblo y yo, y saque la cara por él para que yo no lo destruya. ¡Y no lo he hallado!».
EZEQUIEL 22.30

Todos nosotros sabemos que necesitamos a Dios, pero ¿ha pensado alguna vez que Dios también podría necesitarnos? Sí, Él es el Dios Todopoderoso. Sin embargo, necesita a Su pueblo. En verdad, Él necesita a personas como usted y como yo, trabajando para Él y cumpliendo Sus metas aquí en la tierra. Más que cualquier otra cosa, Él está buscando corazones dispuestos para llevar el mensaje de Su Hijo a todo el mundo.

Como mamás, podemos hacer eso en nuestro vecindario. Nuestro campo misionero podrían ser las competencias deportivas de nuestros niños, la tienda de abarrotes, el Wal-mart, las tintorerías, nuestras oficinas, el barrio, el colegio de los niños... No tenemos que viajar a África para evangelizar. Podemos tocar con Su amor a las personas en nuestro pequeño rincón.

Busque las oportunidades de compartir con otros sobre Dios. Si usted está en la tienda de abarrotes y nota que el vendedor está pasando por un día difícil, pregúntele: «¿Cómo van las cosas?». Si dice: «Bueno, no me siento muy bien», simplemente pregúntele: «¿Le importa si oro por usted? Será un placer hacerlo mientras usted está registrando mis artículos». Todavía no he encontrado nunca a nadie que diga «no». Se sienten agradecidos y Dios se complace.

AL MAESTRO
Señor, ayúdame a tocar mi mundo con Tu amor. Amén.

30 DE JULIO

«Que abandone el malvado su camino,
y el perverso sus pensamientos.
Que se vuelva al Señor, a nuestro Dios, que es generoso
para perdonar, y de él recibirá misericordia».
ISAÍAS 55.7

Mis niñas son muy rápidas para arrepentirse. Cuando Allyson tenía solo cuatro años le encantaba jugar con mi loza. Quería invitar a tomar té a sus peluches. Por supuesto, su juego no le parecía lo suficientemente elegante. Quería usar la mía especial. (Usted sabe, ¡la clase de loza que se queda en el armario hasta la cena de Acción de Gracias!). Yo le había dicho que no tocara mi loza fina, pero no pudo aguantarse.

Desafortunadamente, sus manos pequeñas no fueron muy cuidadosas. Cuando escuché un ruido de quebrazón viviendo de la sala de estar, supe lo que había pasado. Se le había caído uno de mis platillos sobre la dura baldosa y ahí estaba hecho pedazos.

Antes de que pudiera darme vuelta, oí su vocecita repitiendo: «Lo siento, lo siento, lo siento, lo siento», tan rápido como podía decirlo. No pude correr a ayudarla sino que me reí. Ella sabía que la mejor manera de salir de su desobediencia era el arrepentimiento, y tenía razón.

Usted lo sabe, podemos aprender del pronto arrepentimiento de nuestros niños. Cuando somos desobedientes a Dios, es mejor irse derecho donde Él, confesar nuestro pecado y seguir adelante. Él quiere que corramos hacia Él, no que nos alejemos de Él.

AL MAESTRO
Señor, gracias por ser tan rápido para perdonar. Amén.

31 DE JULIO

«¿Acaso no lo sabes? ¿Acaso no te has enterado? El Señor es el Dios eterno, creador de los confines de la tierra. No se cansa ni se fatiga, y su inteligencia es insondable. Él fortalece al cansado y acrecienta las fuerzas del débil».

ISAÍAS 40.28-29

Es casi el tiempo de volver al colegio y estoy exhausta. ¿Qué me dice de usted? Todos los años en esta época, las niñas y yo preparamos la vuelta a la escuela comprando la ropa, los útiles escolares y otras cosas. Esto, por supuesto, es un proceso de varias semanas. (¡Varios cheques también!).

El año pasado cuando empezamos esta aventura, no podíamos encontrar el tamaño correcto del papel cartulina. Creo que recorrí en auto todo el estado en busca de este papel. Llamé a mis amigos de otros estados para ver si ellos podían encontrarlo y enviarlo. Finalmente lo encontramos en un negocio a cuarenta y cinco minutos de nuestro hogar. ¡Estábamos cansadas, pero victoriosas!

Ser mamá demanda muchas aventuras agotadoras, pero ser consumida no tiene que ir a la par con la descripción del trabajo. Dios nos dice en la Escritura de hoy que Él nunca se cansa y que Él da fuerzas al débil y al cansado. Así que, si se siente un tanto sobrepasada y cansada hoy, pida a Dios que revitalice su organismo. Él tiene suficientes fuerzas para conducirnos aún por esta etapa de regreso a la escuela.

AL MAESTRO

Señor, gracias por darme fuerza y energía. Amén.

1 DE AGOSTO

«Pero nadie puede domar la lengua.
Es un mal irrefrenable, lleno de veneno mortal».
SANTIAGO 3.8

Las palabras pueden ser armas letales. ¿Sabía eso? Con nuestra boca podemos maldecir a alguien y provocarle un daño irreparable. No hace mucho vi en la televisión, mientras caminaba en la máquina de ejercicios, un programa de entrevistas cuyo título era: «Usted arruinó mi vida». Todos los invitados relataban historias desgarradoras y compartían cosas horribles que se habían dicho de ellos, lo cual cambió por completo el curso de sus vidas. Algunos afirmaban que vivieron el trauma de esa mala experiencia por más de veinte años. ¿Puede creerlo?

Los invitados más dañados eran los que habían asimilado palabras perjudiciales de sus propios padres. ¡Caramba! Ese programa vino a poner un signo de exclamación sobre algo que yo ya sabía en mi corazón, ¡necesitamos hablar cosas buenas a nuestros niños! ¡Debemos aprovechar cada oportunidad para decirles: «Tú puedes hacerlo! ¡Tú eres capaz de llegar a destino! ¡Lograste lo que querías! ¡Ningún arma que se levante contra ti será prosperada! ¡Te amo y Dios te ama!». Así que, utilice sus palabras con sabiduría. Ellas controlan el poder de la vida y de la muerte.

AL MAESTRO

Señor, ayúdame para que hable solo cosas buenas a mis niños. Amén.

2 DE AGOSTO

«La boca del justo imparte sabiduría,
y su lengua emite justicia».
SALMOS 37.30

¿Ha sentido usted algunas veces que sobre su cabeza hay una gran C como señal de su nivel de desinformación? Estoy segura de que mi C es visible de vez en cuando. Mientras crecía siempre pensé que cuando fuera mamá tendría todas las respuestas. Al fin y al cabo, mi madre siempre tenía respuesta para todo. Pero he descubierto que la maternidad no viene necesariamente con «la clave de las respuestas de la vida».

Muchas veces me siento completamente despistada. Tal vez usted también. Pero, gracias al Señor, no tenemos que permanecer en esa condición. Incluso si no tenemos las respuestas, Dios las tiene. Y, he aquí la mejor parte, Él está más que deseoso de compartir esa sabiduría con nosotros, así es que podemos comunicarla a nuestros niños.

Es completamente correcto admitir ignorancia cuando usted de verdad no conoce la respuesta para esa pregunta con que vienen sus niños. Solo dígales: «No lo sé, pero voy a averiguarlo. Dios tiene todas las respuestas y está deseando compartirlas conmigo». Es bueno para nuestros niños vernos como personas vulnerables de vez en cuando. Es especialmente positivo para ellos vernos buscando Su sabiduría. Así que, siga adelante, borre de su cabeza esa señal C de «no entiendo nada» y busque a Dios.

AL MAESTRO

Señor, por favor lléname con Tu sabiduría para
que pueda impartirla a mis hijos. Amén.

3 DE AGOSTO

*«No se comporta con rudeza, no es egoísta,
no se enoja fácilmente, no guarda rencor».*
1 Corintios 13.5

¿Cómo está su actitud hoy? ¿Sintiéndose un poco gruñona? Hay mañanas en que apenas abro mis ojos, de inmediato me pongo a regañar. Es como si el diablo estuviera esperando que yo me levante para que él pueda usar mi boca y decir cosas feas. ¿Le ha pasado? En esos días tengo que obligarme a caminar en amor. Seamos sinceras. Si usted no ha dormido lo suficiente, si está bajo mucha tensión, o si está sintiéndose enferma, es muy fácil ser regañona.

¡Pero se supone que las mamás no son gruñonas! ¿Ha visto usted alguna vez *Leave it to Beaver* en la TV regional? La señora Cleaver está siempre contenta. ¿Y qué me dice de Carol Brady en *The Brady Bunch*? ¡Ella es enferma de dulce!

En realidad, ninguna mamá puede ser perfecta todo el tiempo. Todas perdemos la paciencia. Todas nos quejamos. Todas actuamos mal. Todas regañamos. Pero Dios sabía eso cuando nos creó. Sabía que nuestra naturaleza carnal se impondría por momentos. Por eso es que envió a Jesús para salvarnos de nuestros pecados, de modo que podamos arrepentirnos de nuestra conducta gruñona y ponernos en la senda del amor. Así que, deseche esas actitudes mal humoradas y permita que hoy el amor tome el control.

AL MAESTRO
Señor, inúndame con Tu amor. Amén.

4 DE AGOSTO

*«En sus palabras no hay sinceridad;
en su interior sólo hay corrupción».*
SALMOS 5.9

¿Ha tenido alguna vez ganas de decir algo tan grave que prácticamente ha debido morderse la lengua para no hacerlo?

También yo.

En la película *¿Tienes un E-Mail?* que protagonizan Meg Ryan y Tom Hanks, hay un gran intercambio de mensajes. En unas escenas ella se frustra porque no puede decir exactamente lo que quiere en el momento de la discusión. Por otro lado, el carácter de Tom Hanks le permite usar términos hirientes y mordaces sin ningún titubeo. En los e-mails que ella le envía le dice que desearía tener ese talento. Él le contesta que se lo regalaría, porque es peligroso decir exactamente lo que uno piensa en el momento que lo piensa, porque provoca pesar y sentimientos de culpa. Más adelante en la película, cuando ella es capaz de decir de corrido los más hirientes comentarios en el momento justo, se da cuenta de la verdad contenida en el correo electrónico de su amigo. Se sintió pésimo por sus palabras ofensivas, pero ya estaban dichas.

Eso es lo que ocurre cuando se lanzan palabras sin nunca pensar en las consecuencias, no se puede hacer que las palabras retrocedan. Hacen el daño inmediatamente, y aun cuando usted diga que lo siente, su aguijón permanece. De modo que, piense bien antes de hablar. Haga lo que sea preciso para evitar que los comentarios indeseables escapen de su boca. ¡Puede sentir la lengua adolorida, pero su corazón se sentirá bien!

AL MAESTRO

Señor, mantén un freno sobre mi boca. Amén.

5 DE AGOSTO

*«Recorrió aquellas regiones, alentando a los creyentes
en muchas ocasiones, y por fin llegó a Grecia».*
HECHOS 20.2

Pienso que todas las madres nacieron para ser porristas y viceversa. En realidad, ese es uno de los únicos requisitos que tenía cuando me hice mamá. Había estado en la banda desde la escuela primaria y durante los años de universidad. Ahora creo que muchas veces nuestros niños no necesitan corrección; solo requieren estímulos.

Hoy la escuela es muy dura. Se espera demasiado de nuestros niños. Debido a los asuntos de financiamiento, los colegios realmente empujan a los niños para que aprueben las evaluaciones anuales. Después de meses de preparación para rendir estos tests tan importantes, finalmente llega la semana de pruebas. Uno de los amigos de Abby realmente llegó a enfermarse de úlcera el año pasado debido a la tensión. En realidad, estudiar hoy es muy difícil. Si usted le agrega todas las actividades extracurriculares y otros asuntos, ¡no hay que preguntarse por qué están estresados nuestros hijos!

Así que nuestra tarea es apoyar a nuestros pequeños. ¡Necesitamos decirles que ellos lo pueden hacer! Debemos decirles que son especiales. Necesitamos encontrar formas creativas para estimularlos. Por ejemplo, deje pequeñas notitas de estímulo en sus loncheras. Ellos necesitan nuestra aprobación y reafirmación, y tenemos que dársela rápida y oportunamente. ¡Así que, saque esos pompones y conviértase en una súper motivadora!

AL MAESTRO

Padre, ayúdame a motivar a mi familia. Amén.

6 DE AGOSTO

«El amor jamás se extingue».
1 Corintios 13.8

¿Sabe usted que algunos niños crecen sin haber escuchado jamás un «yo te quiero» dicho por sus padres? Es verdad. Tal vez usted es una de esas personas que crecieron sin oír nunca alguna de esas tres importantes palabras. Si es así, estoy segura que usted sabe cuán dañino y devastador es nunca haberse sentido amado.

Tengo una amiga que creció en una casa así, donde el amor nunca era comunicado, y ha debido luchar en esa área. Su padre solía decir: «Yo no tengo que decirlo. Mis acciones demuestran que te quiero». Eso puede ser efectivo, pero aun así necesitamos escucharlo. Como esposas, necesitamos oír esas tres palabras de nuestros maridos. Y como mamá, yo necesito trasmitir mi amor a nuestros niños.

Hay muchas maneras de decir «yo te quiero». Podemos dejar pequeñas notas a nuestros esposos o a nuestros niños, escondiéndolas en maletines y mochilas. Podemos expresar verbalmente nuestro amor cada mañana y cada noche. Podemos hacer un gran pastel y escribir «yo te quiero» sobre él. Sea tan creativa como quiera, pero asegúrese de darse el tiempo para expresar su amor todos los días. Sea una embajadora del amor en su casa.

AL MAESTRO

*Padre, ayúdame a expresar de mejor forma
mi amor a mi familia. Amén.*

7 DE AGOSTO

«Por eso se alegra mi corazón y canta con gozo mi lengua».
HECHOS 2.26

Cuando estaba en el cuarto grado, fui al campamento de la iglesia en Wildwood, al sur de Indiana. Uno de mis recuerdos más vívidos de esa experiencia fue cuando cantábamos en el bus «Regocíjate siempre en el Señor; otra vez te digo, regocíjate». Nunca he olvidado ese corito o la manera cómo me sentía cantando a pleno pulmón, rodeada de otras setenta muchachas cantando también a todo lo que daban sus pulmones. Déjeme decirle que cantábamos felices. No nos importaba que fuera el día más caluroso, el más pegajoso y más húmedo del verano, y que viajábamos en un bus sin aire acondicionado. ¡No nos importaba! De cualquier modo, alabábamos al Señor. Algunas veces, todavía canto ese corito para darme ánimo. ¿Hace eso alguna vez? Si su respuesta es no, ¡usted se lo está perdiendo!

Alabar al Señor es una de las mejores cosas que puede hacer para animarse. Es difícil estar preocupada o deprimida cuando está cantando, «Regocíjate siempre en el Señor». Aunque esté sintiéndose triste cuando empieza a cantar, al poco rato su corazón estará radiante. Esta Escritura dice que nuestras lenguas deben regocijarse, de modo que deje que su lengua se regocije hoy. Permita que sus niños la vean regocijarse en el Señor, y no pasará mucho rato antes de que ellos lo hagan también. ¡Es contagioso!

AL MAESTRO
Padre, ¡Te alabo por ser quien eres! Amén.

8 DE AGOSTO

«Porque de lo que abunda en el corazón habla la boca».
LUCAS 6.45

«F-E-A, y no tienes ninguna excusa, eres fea. Hey, hey, eres fea. ¡Huy!». ¿Alguna vez cuando niña repetía esto? Solíamos cantársela al equipo contrario cuando era porrista en octavo grado. Simpático, ¿no? Y ahora este cantito es parte de una canción con el mismo nombre. (¡Está en la banda sonora de *Provócalo!*).

Los niños lo adoran. Un grupo de chicas recientemente ejecutó esta canción en un show local de talentos infantiles y casi se vino la casa abajo por las risas. ¡Fue realmente divertido! Una de las chicas estaba vestida como una *nerd* y las otras porristas se la cantaban.

Mientras eso es gracioso en un espectáculo de talentos, no es tan simpático en el patio o en la sala de clases. Desafortunadamente, los niños (especialmente las niñas de esa edad) pueden ser crueles entre sí. Se dicen gorda, fea, tonta, pobre y otras cosas terribles como «¡perdedora!». Como padres, nosotros queremos que nuestros hijos comprendan el poder de sus palabras y las elijan sabiamente. Queremos que crezcan siendo amables y respetuosos con los sentimientos de los demás. Y lo serán si a menudo les recordamos que decir cosas feas indica la presencia de un corazón feo.

AL MAESTRO
Padre, ayúdame a enseñar a mis hijos el poder de sus palabras y la importancia de ser amable con los demás. Amén.

9 DE AGOSTO

«Mis labios no pronunciarán maldad alguna,
ni mi lengua proferirá mentiras».
JOB 27.4

«Ally, ¿entregó usted el dinero para su almuerzo?».

«Síp», respondió, pasando a mi lado como un silbido por el pasillo.

Vayamos a la mañana siguiente. Cuando estoy limpiando el closet de mi hija, descubro el sobre con «dinero del almuerzo» escrito afuera. Había sido roto, obviamente para sacar el dinero.

¿Puede decir: «COLAPSADA»?

La escuela confirmó lo que yo ya sabía, el pago del almuerzo no había llegado nunca. Mi pequeña e inteligente niña rubia se había embolsado el efectivo. La confronté cuando llegó del colegio. Inmediatamente empezó a llorar, pidiendo perdón por decir una mentira tan grande. Por supuesto que la perdoné, pero su mentira ameritaba un castigo. Entre otras cosas, no pudo ir a una fiesta ese fin de semana.

Es fácil ver que la mentira de Ally fue un error. ¿Pero qué de las mentirillas blancas que nosotras apoyamos? Usted entiende, como cuando pedimos a nuestros chicos que digan al vendedor que llama por teléfono que la mamá no está en casa ahora. Una mentira es una mentira siempre. Necesitamos estar conscientes de nuestras palabras porque nuestros niños están poniendo atención. Somos sus referentes. Estemos seguros de ser buenos modelos.

AL MAESTRO

Señor, ayúdame a ser un buen modelo para mis niños,
y ayúdanos para que todos hablemos sin engaño.

10 DE AGOSTO

«El Señor cortará todo labio lisonjero
y toda lengua jactanciosa».
SALMOS 12.3

¿Conoce usted a alguien que siempre está «una más arriba» que usted? Si usted tiene gemelos, ella tiene trillizos. Si usted hubiera tenido un trabajo de parto de treinta y cuatro horas, el de ella habría sido de cuarenta y cinco, y con problemas. Si usted le cuenta que ha bajado cuatro libras, ella ha perdido siete. ¡Ahhh! ¡Es para volverse loca! Todavía más exasperante cuando esa persona «una más arriba» lo aplica a los logros de sus niños.

Usted dice: «Mi hija acaba de aprender a hacer la rueda».

Y ella dice: «¿En serio? Mi hija puede hacer una rueda y una vuelta de carnero hacia atrás».

Es comprensible que usted quiera unirse al juego de «una más arriba», pero no lo haga. La Biblia nos dice en 1 Corintios 13 que el amor no es presumido. De modo que, si usted se une al juego de «una más arriba», su senda de amor irá a paso de tortuga. Eso no es digno.

La próxima vez que alguien trate de estar «arriba» de usted, simplemente tome un poco de aire, sonría y siga adelante. Entregue su frustración e irritación a Dios. Él puede darle amor por esa persona. Él puede ayudarla a verla a través de Sus ojos de compasión, porque alguien que está siempre ganándole a todos los demás, es una persona con una muy baja autoestima. Esa persona necesita sus oraciones, no su enojo. Así que tome el mejor camino y camine en amor.

AL MAESTRO

Señor, ayúdame a caminar en amor, pase lo que pase. Amén.

11 DE AGOSTO

«Acércate tú al Señor nuestro Dios,
y escucha todo lo que él te diga».
Deuteronomio 5.27 (a)

¿Habla usted demasiado? Escuchar ha llegado a ser más bien una práctica escasa en la sociedad actual. Somos una generación de personas a las que simplemente les encanta escucharse a sí mismas. Pero usted sabe que si estamos hablando constantemente, nos estamos perdiendo mucho. Esto es especialmente válido en nuestra vida de oración.

Cuando usted ora, ¿todo lo hace hablando? Desde nuestra infancia fuimos enseñados a orar a Dios. Aprendimos a decir el Padrenuestro. Nos enseñaron a presentar nuestras alabanzas y peticiones ante Él. Pero a muy pocos de nosotros se nos enseñó a esperar en el Señor y a escuchar su voz. Esperar y escuchar es un tema difícil. Requiere tiempo de parte nuestra. Demanda paciencia. Nos obliga a practicar. La voz de Dios no baja del cielo y nos habla a la manera de Charlton Heston. No, Él nos habla en voz suave, apenas audible, que brota del interior, el Espíritu Santo. También nos habla por medio de Su Palabra.

Así que, ¡deje de hablar y tómese el tiempo necesario para escuchar al Dios Todopoderoso! Él tiene mucha sabiduría para compartirla con nosotros si solamente nos mantenemos en silencio el tiempo suficiente para recibirla.

AL MAESTRO

Señor, quiero escuchar Tu voz. Ayúdame a oírla mejor. Amén.

12 DE AGOSTO

«Hacen mal en jactarse. ¿No se dan cuenta de que un poco de levadura hace fermentar toda la masa?».
1 CORINTIOS 5.6

Abby, mi pequeña de diez años, tiene una vívida imaginación. En efecto, creo que ella puede llegar a ser una gran escritora o ilustradora cuando grande. Pero toda esa creatividad se vuelca a veces en su discurso. Ella, como muchos otros niños, tiene tendencia a exagerar algunas veces. Cuando sale a pescar con el papá, siempre tiene una emocionante «historia de pesca» que contar.

Si bien esto es algo simpático en nuestros niños, no resulta tan bonito e inofensivo cuando *nosotros* lo hacemos. A veces, cuando he sido confrontada, he recurrido a la exageración para justificarme a mí misma. Tal vez usted ha hecho lo mismo. Hace algunos años, un colega mío dijo algo concerniente a mi persona frente a otros autores y editores. Así que, para defenderme, exageré un poco mi situación financiera. Ellos se impactaron de inmediato y yo me sentí deprimida. Había exagerado en defensa propia, pero sin importar la razón, Dios no se agrada cuando estiramos la verdad, porque «estirar la verdad», simplemente significa decir una mentira.

Si usted tiene tendencia a exagerar, pida a Dios que la ayude. El Señor me ha guiado en esta área. Él me recuerda que no tengo que justificarme a mí misma ante nadie. Él ya está contento conmigo. ¡Y también lo está con usted!

AL MAESTRO
Señor, gracias por validarme con Tu amor.
Ayúdame para que deje de exagerar. Amén.

13 DE AGOSTO

Al terminar la lectura de la ley y los profetas, los jefes de la sinagoga mandaron a decirles: «Hermanos, si tienen algún mensaje de aliento para el pueblo, hablen».
HECHOS 13.15

«¡Anímate, chica!».

Esta es una especie de expresión característica de las mujeres de hoy ¿no es cierto? En el pasado, el grito de Helen Reddy era «Soy mujer, escuche mi rugido», pero ahora el estímulo es simplemente un «¡anímate, chica!». Necesitamos estimularnos unos a otros. Como mamás debemos confortarnos unas a otras en la oración, en las palabras y en obras.

No sé qué haría en la vida sin mis amigas. Hay veces en que necesito llamar y descargarme. A veces basta con que mi compañera diga: «No estás gorda». Hay ocasiones en que solo necesito un abrazo y un simple: «¡Tú puedes!» «¡Tú puedes hacerlo!».

Como mamás, nosotras estamos dando constantemente palabras de estímulo a nuestras familias. ¡Somos las porristas! Pero también necesitamos un poco de reconocimiento cada cierto tiempo. Por eso es tan importante rodearse de personas positivas. Encontrar amigas que sean mujeres de fe y que estén allí para apoyarse unas a otras. Para amarse unas a otras. Y ayudarse con un «¡Tú puedes!» de vez en cuando. ¡Estamos juntas en esta experiencia de la maternidad, así que apoyémonos unas a otras hasta la victoria!

AL MAESTRO
Señor, gracias por los amigos que me diste.
Ayúdame para apoyarlos como Tú me apoyas. Amén.

14 DE AGOSTO

«Llena está su boca de maldiciones, de mentiras y amenazas;
bajo su lengua esconde maldad y violencia».

SALMOS 10.7

En toda multitud hay siempre un alborotador. Alguien que propaga el mal y siente gran satisfacción creando confusión y conflicto. Hay una pequeña niña en la escuela de Abby y Allyson que corresponde a esta descripción. Está constantemente en medio de una disputa. Miente respecto de otros niños. Chismorrea y divide a los amigos. ¡Es una niña muy ocupada!

Tal vez sus hijos han tenido contacto con este tipo de personas. Es difícil como mamá, mantenerse en estado de alerta cuidando que otro niño no destruya la reputación de nuestros hijos. Lo sé; me ha pasado. Pero estar en medio de la situación y hacerse cargo de representar a sus niños no es la mejor manera de enfrentarlo. Lo sé porque también lo intenté.

¿Sabe usted cuál es el mejor curso de acción? Orar. Por supuesto, ese es el último recurso al que usted querría acudir cuando alguien ha lastimado a su hijo, pero la oración es lo único que puede producir resultados seguros. Ruegue para que el alborotador encuentre a Jesús. Ore por sabiduría para resolver la situación. Y por supuesto, ore por la protección de su niño. Confiese al mismo tiempo que «ningún arma contra mí prosperará». La Palabra es poderosa y eso es la oración. Así que doble sus rodillas y use su lengua en la forma correcta. ¡La oración siempre cambia las cosas para bien!

AL MAESTRO

Señor, oro por Tu protección para con mis hijos,
y Te ruego que este niño que está causando tanto
dolor se encuentre contigo. Tócalo Señor. Amén.

15 DE AGOSTO

«En mi corazón se agita un bello tema mientras recito mis versos ante el rey; mi lengua es como pluma de hábil escritor».
SALMOS 45.1

¿Quiere que su lengua sea como la pluma de un diestro poeta? Esa es una elevada aspiración pero que está totalmente dentro de sus posibilidades si Dios llena su corazón con Su amor. Mire, la Palabra dice que la boca habla de lo que sale del corazón. Así que, si su corazón está lleno de fealdad y basura, entonces su lengua escribirá cosas desagradables.

Como mamás, nosotras necesitamos escribir muy hábilmente con nuestras lenguas porque esos «poetas pequeños» que nos llaman *mamita* están tomando notas en cada momento. Escuchan con mucha atención todo cuanto decimos, lo bueno y lo malo. Tenemos un muy corto tiempo para impactar a nuestros niños con el Reino de Dios, de modo que necesitamos hacer que cada palabra sea bien usada.

Sí, vamos a fallar algunas veces. Somos humanos. Pero, nuestra aspiración debería ser parecernos más a Jesús cada día. Si somos más parecidos a Cristo, entonces nuestros labios serán como la pluma del más hábil poeta, escribiendo lo bueno en el corazón de todos con quienes nos encontramos.

AL MAESTRO
*Padre celestial, ayúdame a usar mis palabras con sabiduría.
Llena mi corazón con Tu amor para que mi boca
pueda estar llena de Tus palabras. Amén.*

16 DE AGOSTO

*«Como naranjas de oro con incrustaciones
de plata son las palabras dichas a tiempo».*
PROVERBIOS 25.11

Es gracioso, cuando somos niños pensábamos que nuestra mamá lo sabía todo. Cuando adolescentes, pensamos que no saben nada. Como adultos, nos damos cuenta de que teníamos razón en lo primero, ellas lo saben todo. Las mamás están llenas de sabiduría; sin embargo, cuando fui mamá, no me sentía tan sabia. En efecto, no sabía casi nada de cómo ser mamá. A medida que maduraba, iba aprendiendo de a poquito, especialmente de mi propia mamá. Sus consejos eran de un valor incalculable.

Podemos aprender mucho de las mujeres piadosas que hay cerca de nosotros. Puede ser que su mamá no ha estado al lado suyo, pero Dios ha puesto a otra mujer en su vida, una tía, una abuela, una familia amiga o la esposa de su pastor. Atesore sus palabras de sabiduría. Dios las ha puesto en su vida para un propósito.

Solo piense, algún día sus niños acudirán a usted por sabiduría, ¡es cierto! La Palabra dice que ellos se levantarán un día y la llamarán bendecida. Así que, asegúrese de que usted tenga sabiduría para compartir. Valore el consejo que le dan, y aún más importante, medite en la Palabra de Dios. ¡Hay mucha sabiduría esperándola!

AL MAESTRO
*Padre celestial, gracias por las mujeres especiales de mi vida.
Ayúdame a honrarlas a ellas y a Ti. Amén.*

17 DE AGOSTO

«Mediten bien en todo lo que les he declarado solemnemente este día,
y díganles a sus hijos que obedezcan fielmente
todas las palabras de esta ley».
DEUTERONOMIO 32.46

Como padres, tenemos un mandato del Señor para enseñar a
nuestros hijos acerca de Dios. Tenemos que traspasar nuestro
conocimiento a nuestros niños; sin embargo, eso es muy difícil de
cumplir si no tenemos conocimiento para entregar. Tal vez usted
creció en un hogar cristiano. Tal vez es una cristiana nueva. Eso
está muy bien. Dios es magnífico dando cursos rápidos sobre Cristo.
Él anhela llenarla del todo con Su sabiduría. Él la capacitará para
memorizar las Escrituras. Le enseñará acerca de Su carácter. Le
ayudará a orar. ¡Solo tiene que pedírselo!

Incluso si usted ha sido cristiana desde que tiene memoria,
todavía tiene mucho que aprender. ¿Alguna vez ha leído una porción
de la Escritura con la que usted está muy familiarizada, pero que de
repente le enseña algo totalmente nuevo? Es el Señor quien le está
hablando a usted. ¿Verdad que es emocionante? La Palabra de Dios
está viva. Está allí para cuando la necesite. Tiene las respuestas que
usted busca. Y nunca será más pertinente que ahora mismo.

Enamórese de la Palabra de Dios. Escuche enseñanzas grabadas.
Asista a una iglesia basada en la Palabra. Adquiera sabiduría para
poderla traspasar a sus niños.

AL MAESTRO

Señor, enséñame para que pueda enseñar a mis niños. Amén.

18 DE AGOSTO

*«Por la mañana, Señor, escuchas mi clamor; por la mañana
te presento mis ruegos, y quedo a la espera de tu respuesta».*
SALMOS 5.3

¿Cómo comienza su día? ¿Rueda fuera de la cama lamentándose y de mal humor? ¿O salta de la cama alabando al Señor con una enorme expectativa? Si usted es como yo, no gorjea precisamente temprano en la mañana. Pero estoy aprendiendo a disfrutar mejor esas primeras horas del día. ¿Por qué? ¡Porque las mañanas son un tiempo magnífico para alabar al Señor!

Si usted empieza su día dando alabanzas a Dios, esto será mucho más energizante que un café *express*. No importa cuán malhumorada se sienta, una vez que comience a alabar a Dios por Su amor y Su misericordia, usted estará en condiciones de mejorar su estado de ánimo. ¡Esa es la manera como esto funciona!

Entonces, ¿por qué no usar sus labios para algo edificante como alabar al Señor? Inicie cada día dando gracias a Dios. Le tomará algo de práctica, pero lo logrará. El Espíritu Santo la ayudará. Alabe al Señor por las muchas bendiciones en su vida. Alábelo por otro día de vida. Alábelo solo porque Él es Dios y demanda nuestra alabanza. Permita que sus hijos vean como usted alaba al Señor, y anímelos a participar. Si así lo hace, las mañanas en torno a su casa serán mucho más brillantes.

AL MAESTRO
Señor, Te alabo por ser Quien eres. Amén.

19 DE AGOSTO

«Hermanos míos, ¿acaso puede dar aceitunas una higuera o higos una vid? Pues tampoco una fuente de agua salada puede dar agua dulce».
SANTIAGO 3.12

Sabemos por la Palabra de Dios que la lengua no es fácil de dominar. Por supuesto, no necesitaba que la Biblia me lo contara. Estoy muy consciente de que mi boca es difícil de controlar. Tal vez usted tiene ese mismo desafío. Por eso es que la Escritura realmente me convence. Si usted está alabando al Señor en la iglesia, y gritándoles a sus niños camino de casa, esta Escritura probablemente hace impacto también en usted.

Necesitamos pedir al Señor que ponga guarda a nuestros labios. Necesitamos pedirle a Jesús que nos ayude a ser buenos ejemplos para nuestros hijos. Si ellos nos ven alabando a Dios un minuto y vociferando al siguiente, se sentirán confusos y desilusionados respecto de las cosas de Dios.

Santiago 3.9 dice: «Con la lengua bendecimos a nuestro Señor y Padre, y con ella maldecimos a las personas, creadas a imagen de Dios». Debemos tener cuidado con nuestras palabras porque no solo nuestros niños están escuchando, sino el Señor escucha. Y deberemos dar cuenta de nuestras palabras, de todas ellas.

AL MAESTRO

Señor, por favor pon un guardia sobre mi boca para que pueda hablar solo lo bueno. Ayúdame a ser un buen ejemplo para mis niños. Te amo. Amén.

20 DE AGOSTO

*En efecto, «el que quiera amar la vida y pasar días felices,
guarde su lengua del mal y sus labios de proferir engaños».*
1 PEDRO 3.10

Cuando era niña, le mentí a mi padre una sola vez. Cuando se enteró, recibí unas cuantas palmadas en mis nalgas, pero lo que más me dolió fue lo que me dijo. Me miró a los ojos y señaló: «No hay nada que me desagrade más que una mentira. Estoy decepcionado de usted».

¡Ya! Yo podía manejarme con todo, excepto con el hecho de que mi papá estuviera desilusionado de mí. Hoy, como mamá de dos pequeñas niñas, he estado en el otro lado del escenario de la mentira un par de veces. Y he descubierto que a mí, tal como a mi padre, tampoco me gusta la mentira.

No basta con decirles a nuestros niños que la mentira es un pecado. Tenemos que aprovechar cada oportunidad para hacerles saber que la mentira siempre trae consecuencias. Una vez que descubrí a las niñas en una mentira, les dije que aunque ellas se fueran lejos con su engaño, y yo nunca me enterara, Dios lo sabría siempre. Eso les llamó la atención. Mire, ellas aman a Dios y no quieren decepcionarlo, del mismo modo que yo no quería decepcionar a mi padre terrenal. Así que, luche por conseguir la honestidad en su casa. Dios estará contento, ¡ y eso no es ninguna mentira!

AL MAESTRO
Señor, ayúdame a criar niños honestos y piadosos. Amén.

21 DE AGOSTO

*«Queridos hijos, no amemos de palabra ni de labios
para afuera, sino con hechos y de verdad».*
1 JUAN 3.18

Decirles «te amo» a nuestros niños es muy importante. Necesitan escuchar esas palabras diariamente. Pero, también tenemos que demostrarles que los amamos. ¿Ha pensado alguna vez acerca de esa expresión tan conocida que dice «Los hechos hablan más que las palabras»? Hay mucha verdad en lo que ahí se dice.

Mientras que es fácil decir «te amo», no es fácil mostrar nuestro amor todo el tiempo. Por eso es que también hay otra expresión muy usada que dice «hablar no cuesta nada». Como mamás, necesitamos encontrar la manera para reponer «los amo» cada día. En otras palabras, vivir nuestras palabras.

Haga hoy un esfuerzo consciente para hacer algo especial por su niño, algo fuera de lo común. Déjeles pequeñas notas. Prepáreles panqueques especiales para el desayuno y sírvalos a la luz de las velas para agregar una diversión. Planee una salida familiar nocturna a uno de sus lugares favoritos. Solo se trata de encontrar un modo diferente para mostrarles a sus niños cuánto los ama. Pida a Dios que la ayude en esta área. Él lo hará. Después de todo, la Biblia dice que Dios es amor. Él es experto en mostrar amor.

AL MAESTRO
*Padre celestial, ayúdame a mostrar Tu amor a mi
familia todos los días. Te amo. Amén.*

22 DE AGOSTO

*«No se inquieten por nada; más bien, en toda ocasión,
con oración y ruego, presenten sus peticiones a Dios y denle gracias».*
FILIPENSES 4.6

¿Ora usted por sus niños todos los días? Apostaría que sí. Las mamás somos guerreras de oración. Es parte de nuestra descripción de trabajo. Pero, ¿son sus oraciones efectivas, o las está usted anulando? ¿Está usted rogando a Dios que dé sabiduría a sus niños para tener un mejor rendimiento en la escuela, agradeciendo a Él Su intervención, y después anulando su oración hablando de la incapacidad del menor para aprender?

Vea usted, no podemos ser personas de doble ánimo. En Santiago 1.8, la Palabra nos dice: «(El hombre) es indeciso e inconstante en todo lo que hace».

Ya sabe, una voluntad negativa cancelará lo positivo siempre. Usted no puede orar respecto de algo y luego hablar contra esto, o su boca estará anulando sus oraciones. Por eso es que usted debe hablar solo palabras de fe. Nuestras palabras son recipientes de poder. Ellas dan forma a nuestro mundo, bueno o malo. De manera que, sea cuidadosa con lo que habla. Use sus palabras para dar vida a sus hijos. Use sus palabras para alabar a Dios. Use sus palabras para cambiar su actual situación. Si tiene el hábito de hablar cosas negativas, mejor se calla. Es preferible estar en silencio que hablar en contra de la Palabra. Adquiera el hábito de hablar cosas buenas ¡y observe el cambio!

AL MAESTRO

Padre celestial, ayúdame para que hable solo palabras de fe. Amén.

23 DE AGOSTO

«Tampoco debe haber palabras indecentes, conversaciones necias ni chistes groseros, todo lo cual está fuera de lugar; haya más bien acción de gracias».
EFESIOS 5.4

¿Deja de funcionar de vez en cuando el filtro de su boca? ¿Sabe usted que ese filtro nos guarda de decir las cosas que estamos pensando? El mío se detiene de vez en cuando. Es entonces cuando me ataca el mal de «meter la pata». Me ocurrió no hace mucho tiempo cuando le pregunté a una señora cuándo nacería su bebé y me contestó que ella no estaba embarazada. ¡Huy! Bien, desde ahora en adelante, a menos que una mujer lleve una camiseta con la leyenda «bebé a bordo» ¡nunca volveré a hacer esta pregunta!

Hay ocasiones en que no pensamos lo que decimos. No queremos hacerlo, pero se nos salen antes de que podamos evitarlo. Muchas veces, esas palabras pueden ser muy dañinas. Así que piense antes de hablar. Ponga en marcha su filtro del Espíritu Santo antes de pronunciar una sola sílaba. Pida al Señor que la ayude a decir solo aquellas palabras edificantes, alentadoras y sabias.

También tenemos que ayudar a nuestros niños en este proceso de filtrar las palabras. Es sabido que los pequeños dicen cosas inapropiadas. Debemos apoyarlos para que sean respetuosos de los demás, especialmente de aquellos que son diferentes. Asegúrese de que su filtro esté funcionando de manera permanente y ayude a sus hijos para que también desarrollen su propio filtro.

AL MAESTRO

Padre celestial, ayúdame para desarrollar mi filtro del Espíritu Santo y también para enseñarles a mis hijos que cuiden sus palabras. Amén.

24 DE AGOSTO

«El que es bueno, de la bondad que atesora en el corazón produce el bien; pero el que es malo, de su maldad produce el mal, porque de lo que abunda en el corazón habla la boca».

Lucas 6.45

¿Es usted una persona de mal carácter? En otras palabras, ¿tiene muy corta la mecha? Si es así, las oportunidades de que su lengua la traicione van a ser permanentes. Es típico que las personas enfadadas se desquiten de inmediato con las palabras, palabras agresivas e hirientes, en el mismo momento. Son rápidas para atacar y lentas para arrepentirse.

Cuando nos enfadamos, con frecuencia decimos cosas que no sentimos. Pero, de acuerdo con Lucas 6.45, en realidad hablamos según lo que está en nuestros corazones. Esa es una idea que asusta ¿no es cierto? ¿Quién puede saber cuántas cosas horribles han sido guardadas en nuestro corazón? Alguna vez escuché la siguiente explicación sobre esto: si usted aprieta un tubo de pasta de dientes, la pasta sale. Si usted pone algún tipo de presión sobre una persona que está llena de fealdad y cólera, lo que saldrá de su boca serán palabras feas y agresivas.

Así que, esta es la clave: necesitamos guardar a Dios en nuestros corazones para que cuando seamos sometidos a presión, de nosotros broten palabras piadosas. En otros términos, cuando nuestros verdaderos colores sean revelados, aparecerán los colores de Cristo. Siga adelante; ¡llénese de Dios!

AL MAESTRO

Padre celestial, deseo más de Ti y menos de mí.
Por favor quita el enojo de mí. Amén.

25 DE AGOSTO

«Pues por falta de conocimiento mi pueblo ha sido destruido».
OSEAS 4.6

Como madres, es nuestra absoluta responsabilidad ilustrar a los hijos sobre las cosas de Dios. Esto es lo que a mí me dice el versículo anterior. Si no les instruimos sobre la salvación, nunca sabrán que Jesús murió en la cruz para salvarlos del pecado. Si no les hablamos sobre Su amor incondicional, no acudirán a Él cuando tengan problemas. Si no les informamos sobre la sanidad, nunca sabrán que Dios puede curar sus enfermedades. Ellos tienen que saber estas importantes verdades para que no perezcan por falta de conocimientos.

Enseñar la Palabra de nuestro Dios y mostrar sus caminos son las dos cosas más importantes que podemos hacer por nuestros hijos, porque si ellos tienen ese conocimiento, ¡lo tienen todo! Como mamás, no siempre podemos estar junto a nuestros niños. Pero si los hemos equipado con la Palabra de Dios, ellos estarán bien sin nosotras.

Así como John Cougar Mellencamp dice en una de sus melodías de los años 80, «Tienes que estar firme por algo, o cualquier cosa te va a echar al suelo». Si nuestros niños están firmes en la Palabra de Dios, no serán fácilmente influenciados o engañados. Así que, destine tiempo para enseñar la Palabra a sus niños. Es la inversión más importante que usted puede hacer.

AL MAESTRO
*Padre celestial, ayuda a mis hijos para que conozcan
Tu Palabra y la lleven consigo siempre. Amén.*

26 DE AGOSTO

«Así es también la palabra que sale de mi boca: No volverá a mí vacía, sino que hará lo que yo deseo y cumplirá con mis propósitos».
ISAÍAS 55.11

Una vez escuché al evangelista Kenneth Copeland decir: «Una Palabra de Dios puede cambiar su vida».

Escribí esa frase en mi libreta y pensé: *¡Caramba, es verdad!*

Fue indudablemente cierto para Lázaro cuando Jesús le dijo: «Lázaro, ¡sal fuera!», y se levantó envuelto en vendas y sudario. También fue verdad para la hija de Jairo cuando Jesús dijo: «Levántate, pequeña» y ella se puso de pie después de estar muerta.

Cuanto más pienso en esto, más me doy cuenta que si una palabra de Dios puede cambiar su vida, entonces yo debería estar hablando de Sus palabras a mis hijos a cada rato. Por supuesto, no podemos empujarlas hacia sus gargantas como cuando eran niños y les hacíamos tragarse los frijoles, pero podemos alimentarlos con un poco de la Palabra cada día.

Y si sus niños están resintiéndose a recibir la Palabra, no los empuje. Solo muestre el amor de Dios en su vida, y con el tiempo la escucharán. Dios promete que Su Palabra no volverá vacía, de modo que no deje de hablar. Esa Palabra algún día echará raíces en sus corazones y producirá resultados definitivos.

AL MAESTRO
*Padre celestial, ayúdame a encontrar maneras creativas
para enseñar Tu Palabra a mis hijos. Amén.*

27 DE AGOSTO

«Traten a los demás tal y como quieren que ellos los traten a ustedes».
Lucas 6.31

¿Se acuerda de esa publicidad de una compañía telefónica que decía «Alargue su mano y toque a alguien»? Siempre me han gustado esos comerciales... algunos son verdaderas teleseries. Aunque ese comercial ya pasó, su significado todavía es muy relevante. Nosotros podemos extender nuestro brazo y tocar a alguien con nuestras palabras todos los días.

Mi padre, quien sufrió varios ataques, no pudo continuar con su ministerio como a él le gustaba, de modo que compartía su amor por Jesús a los vendedores cuando llamaban a casa. Ellos telefoneaban con el fin de venderle algo, y él terminaba hablándoles del regalo gratuito de la vida eterna. ¡Eso es lo que yo llamo extender el brazo y tocar a alguien!

Otras personas en mi iglesia visitan semanalmente a los confinados en sus casas y a los que están en hospitales y hogares de ancianos del área, solo con el propósito de hacerles saber que alguien se interesa por ellos. También otros se dan tiempo para llamar a todos los que van por primera vez a la iglesia, expresándoles una personal bienvenida. A través de sus palabras, les están alcanzando con el amor de Jesús. Puede ser que usted esté sintiendo que le gustaría servir al Señor de alguna manera, pero no se siente calificada en ninguna área. Bueno, puede usar el teléfono, ¿verdad? Pregunte a Dios si esta pudiera ser la manera que Él la use, ¡y comience hoy a extender su brazo!

AL MAESTRO
*Señor, ayúdame a usar mis palabras para alcanzar
a otros con Tu amor. Amén.*

28 DE AGOSTO

«Yo sé, mi Dios, que tú pruebas los corazones y amas la rectitud.
Por eso, con rectitud de corazón te he ofrecido voluntariamente
todas estas cosas, y he visto con júbilo que tu pueblo,
aquí presente, te ha traído sus ofrendas».
1 CRÓNICAS 29.17

Mi papá siempre habla de la época cuando para cerrar un trato lo único que se necesitaba era un apretón de manos y la palabra de hombre. No había necesidad de contratos. Todo el mundo actuaba sobre la base de la confianza y la integridad. ¿Se imagina usted si el mundo todavía hoy fuera así? Dar su palabra a alguien debería ser suficiente, pero la integridad, aún entre cristianos, es difícil de lograr por estos días. Después de haber tenido malas experiencias, es fácil sentirse hastiado y comenzar a cuestionar la integridad de todos.

Como cristianos, y como madres, debemos caminar en integridad. Por supuesto, sabemos que es malo mentir. Eso es un hecho. Pero hay otras maneras en que comprometemos nuestra integridad. Por ejemplo, si usted dice a sus amigas que llegará a las 10 de la mañana y no aparece sino hasta las 10 y veinte, es una falta de integridad. El Señor me demostró mi culpa en esto hace poco porque, como bien saben los que me conocen, yo siempre llego atrasada.

Nuestro propósito es dar buenos ejemplos a nuestros niños, ¿verdad? Entonces, decidamos hoy ser personas de integridad en cada área de nuestras vidas. La integridad es importante para Dios, y por lo tanto debe ser importante para nosotros.

AL MAESTRO
Señor, moldéame como persona íntegra, y ayúdame a enseñar
a mis hijos a caminar en integridad también. Amén.

29 DE AGOSTO

«Porque ustedes tienen tan poca fe, les respondió. Les aseguro que si tienen fe tan pequeña como un grano de mostaza, podrán decirle a esta montaña: "Trasládate de aquí para allá"».
MATEO 17.20

No tenemos muchas montañas en Texas, pero yo recientemente visité Colorado y quedé fascinada por la magnificencia de las Rocallosas. Cuando miraba el paisaje, esta Palabra se vino a mi mente. Amo este versículo. Y me gusta mucho saber que si tengo fe, y ni siquiera mucha, nada es imposible. ¿Verdad que es una buena noticia?

Pero quiero que note algo más acerca de este versículo. Dice que tenemos que *decirle* a la montaña «muévete». No dice que tengamos que pensar o escribir sobre esto. Esa pequeña articulación diferente de nuestra lengua hace toda la diferencia.

Así que, no solo exprese deseos, ¡ponga fe detrás de sus palabras! Si usted quiere que a sus niños les vaya mejor en la escuela, comience a orar que tengan la mente de Cristo. Hábleles muy temprano. Enséñeles a que practiquen la oración positiva sobre ellos mismos. Usted ya ha oído sobre el poder de los pensamientos positivos, ¿verdad? Bien, el verdadero poder reside en las palabras llenas de fe. Siga adelante, llene su espacio con palabras de fe y observe cómo trabaja Dios.

AL MAESTRO

Señor, por favor llena mi boca con palabras plenas de fe. Amén.

30 DE AGOSTO

*«Anda, ponte en marcha, que yo te ayudaré
a hablar y te diré lo que debas decir».*
ÉXODO 4.12

Me encanta cómo Dios trató con Moisés. Fue tan amable y reconfortante. Moisés estaba lleno de inseguridad e incredulidad. Dios le dijo a Moisés lo que tenía que decir al Faraón, y Moisés respondió: «Pero, ¿qué pasa si no me cree?».

Más tarde, después de que Dios le dio algunas instrucciones adicionales, Moisés dijo: «Yo nunca me he distinguido por mi facilidad de palabra. Francamente, me cuesta mucho trabajo hablar».

Pero Dios respondió: «Moisés, ¿quién le puso la boca al hombre? ¿Acaso no soy yo, el Señor, quien lo hace?». Entonces, Dios tranquilizó a Moisés y permitió que Aarón lo ayudara.

Puede ser que usted se siente abrumada hoy. Quizás piensa que está perdiendo la batalla en lo que a su capacidad de expresión se refiere. Tal vez usted está insegura de sí misma como mamá. Quizás puede parecerse un poco a Moisés, llena de inseguridad e incredulidad. ¡No tiene que quedarse así! Tal como Dios le recordó a Moisés, se lo estoy recordando yo. Dios hizo sus labios. Dios hizo su mente. Dios la creó tal como usted es. La conoció desde el vientre de su madre. En efecto. Él tiene contado los cabellos de su cabeza. Él ha ordenado sus pasos.

Por lo tanto, no viva en la duda, camine en fe. De la misma manera que Dios hizo poderosas obras por medio de Moisés, Él puede hacerlas a través suyo.

AL MAESTRO
Señor, confío en Ti. Enséñame a confiar aún más. Amén.

31 DE AGOSTO

«Delante de Dios, tal como está escrito: "Te he hecho padre de muchas naciones." Así que Abraham creyó en el Dios que da vida a los muertos y que llama las cosas que no son como si ya existieran».
ROMANOS 4.17

«Eres un buen niño, Miller», dijo Allyson, acariciando la cabeza de nuestro nuevo cachorro de perro salchicha. «Eres un muy buen chico».

En esa época, Miller no era tan buen niño. En efecto, él estaba arruinando mis alfombras diariamente. No estaba segura si alguna vez aprendería. Lo quería, pero no me gustaba lo que estaba haciendo con mi casa. Pero Allyson lo llamaba «un buen chico». Después de varios meses de llamar a Miller «un buen chico», ¡lo logró! Miller es el mejor perro que jamás hemos tenido. Es leal. Es despierto. Es dulce. Y ¡está adiestrado! Creo firmemente que Allyson tiene mucho que ver con la transformación de Miller. Ella creyó en él, lo llamó *bueno* y llegó a ser bueno.

Este principio funciona siempre. ¡Pruébelo! Llame a las cosas que no son como si ya lo fueran, tal como dice Romanos 4.17. Usted sabe, Dios incluso cambió el nombre de Abram por Abraham, porque Abraham significa «padre de muchas naciones» (Génesis 17). Cada vez que alguien decía: «Sí, Abraham», esa persona estaba diciendo «Sí, padre de muchas naciones». Nombre a sus niños con nombres referidos a lo bueno. Hable cosas buenas de ellos. Llene su casa con palabras positivas. Eso hará una gran diferencia.

AL MAESTRO
*Señor, ayúdame para que me reconozca y hable
lo bueno de mis niños. Amén.*

SEPTIEMBRE: *«Atreviéndose a disciplinar»*

1 DE SEPTIEMBRE

*«El temor del Señor es el principio del conocimiento;
los necios desprecian la sabiduría y la disciplina».*
PROVERBIOS 1.7

A nadie le gusta oír la palabra *no*, ¡especialmente a nuestros hijos!
Tenemos una norma en nuestra casa que simplemente determina
que «no hay recreo mientras no se hagan todas las tareas». Bueno...
no siempre es una norma muy popular. Puede ser que usted aplique
la misma regla. Si lo hace, apuesto que obtiene la misma reacción
que yo: «Mamá, ¡por favor! No tengo muchas tareas. Puedo hacerlas
más tarde. Déjenos andar en bicicleta ahora».

Sí, he hecho excepciones a la regla por excursiones y
competencias deportivas, pero la norma se cumple la mayor parte
del tiempo. Tenemos que pensar con «mentes futuras» porque
nuestros niños viven en el «ahora». Sé que si toman sus bicicletas
cuando llegan de la escuela, se cansarán y se pondrán rezongonas,
y no tendrán reservas de energía para hacer sus tareas escolares. Y
si ellos no terminan sus tareas, obtendrán malas notas. Y si tienen
malas calificaciones, estarán malhumorados. Es una completa
reacción en cadena de circunstancias negativas, la cual se produce
como consecuencia de haber quitado del primer lugar la regla de
«las tareas primero».

Por lo tanto, no tema mantener sus principios. No entre en
lamentaciones y ruegos. Sus normas son para el bien de sus hijos,
aunque ellos no lo vean de este modo.

AL MAESTRO
*Señor, dame sabiduría para establecer buenas reglas y la
autoridad para implementarlas y aplicarlas. Amén.*

2 DE SEPTIEMBRE

«Reconoce en tu corazón que, así como un padre disciplina a su hijo, también el Señor tu Dios te disciplina a ti».
DEUTERONOMIO 8.5

Cuando Allyson estaba en el jardín infantil, adoraba la película de Disney *Mulan*. Su escena favorita mostraba a Mulan cuando cortaba su larga cola de caballo para hacer pensar a todos que era un niño. Ally pensó que podría ser entretenido hacerlo también, por lo que cortó su pelo largo y rubio y lo escondió. Cuando descubrí el hermoso mechón rubio en el basurero de la cocina, inmediatamente confronté a Allyson con la evidencia. ¿Su respuesta? «Miller lo hizo». Ahora bien, no digo que nuestro perro salchicha de pelo negro no fuera un perrito astuto, ¡pero estaba absolutamente segura de que no había aprendido a usar las tijeras!

Ally estaba jugando a echarle la culpa. En vez de solo arrepentirse y seguir adelante, decidió que sería más fácil culpar al pobre viejo Miller. Mientras trataba con Ally, el Señor trató conmigo, indicándome las veces que había culpado a otras personas y a malas circunstancias por mi comportamiento.

Encuentro que muchas veces al disciplinar a mis hijos, el Señor aprovecha esas oportunidades para disciplinarme también a mí. Descubro que yo lucho con muchos de los mismos desafíos que mis hijos, ¿puede imaginárselo? Duele un poco cuando el Señor nos disciplina, pero nunca mad016uraremos si no nos corrige. Por lo tanto, abrace la corrección.

AL MAESTRO
*Señor, ayúdame a ser pronta a arrepentirme
cuando Tú me corriges. Amén.*

3 DE SEPTIEMBRE

«Hijo mío, no desprecies la disciplina del Señor,
ni te ofendas por sus reprensiones».
PROVERBIOS 3.11

«Abby, hiciste mal el número doce», dije, indicando su tarea.

«¡No lo hice mal!» respondió. «¡Así fue como nos dijo la profesora!».

«¡Pero está mal!» le explique.

«¡No lo está!» argumentó ella.

¿Suele ocurrir esta escena en su casa?

Abby, mi hija de diez años, tiende a ponerse muy a la defensiva y a desanimarse cuando se la corrige. Desgraciadamente, pienso que lo ha aprendido observándome a mí.

Seamos sinceros, a nadie le gusta ser corregido. Aunque la corrección venga envuelta en palabras bonitas y expresiones de ánimo, siempre molesta.

Quizás a usted también le cuesta recibir corrección. No es muy agradable, pero es necesaria si queremos madurar alguna vez y parecernos más a Cristo. Esta Escritura me anima, y espero que la anime también a usted. Entienda, el Señor no quiere que nos desanimemos con su corrección.

Él nos corrige porque nos ama. Conoce todas nuestras fallas, y quiere que nos sobrepongamos a ellas y maduremos en Él. No discuta ni le responda a Dios cuando amablemente la corrige. Acepte Su crítica con gentileza y haga los ajustes necesarios. Solo piense, ¡está a un paso más cerca de ser como Él!

AL MAESTRO
Señor, ayúdame a aceptar la corrección de Dios
con una buena actitud. Amén.

4 DE SEPTIEMBRE

«No corregir al hijo es no quererlo; amarlo es disciplinarlo».
PROVERBIOS 13.24

¿Alguna vez ha pasado algún tiempo con niños que nunca han sido disciplinados? Usted sabe a lo que me refiero, los que corren por todo un restaurante, gritan cuando no consiguen lo que quieren, y le faltan el respeto a todo el mundo.

Pasamos un tiempo con uno de estos chicos hace poco. ¡Era una niñita increíble! Rompía juguetes. Maltrataba intencionalmente a los animales. Les respondía a sus padres y desobedecía a diestra y siniestra. Yo casi no me aguantaba por disciplinarla, pero no me correspondía. Era tarea de sus padres. Desgraciadamente, los padres no creían en la disciplina. Al parecer habían leído un libro acerca de permitirle al niño desarrollar sus propios límites.

El único libro formativo que realmente se necesita para saber cómo criar es la Palabra de Dios. Proverbios 13.24 no dice que demostramos amor al disciplinar a nuestros hijos. De hecho, ese versículo deja muy en claro que si no corregimos a nuestros hijos les estamos negando el amor. Por lo tanto, aunque el menor no se sienta amado en el momento preciso que está siendo castigado, está experimentando el amor.

No se engañe por la forma del mundo de hacer las cosas. La manera de Dios es siempre la mejor elección. Él conoce un par de temas acerca de la crianza. Después de todo, es Padre. Por tanto, pídale sabiduría y dirección cuando de disciplinar a sus hijos se trata. Él tiene todas las respuestas.

AL MAESTRO

Señor, enséñame a ser una madre que cría mejor a sus hijos. Amén.

5 DE SEPTIEMBRE

«Adquiere la verdad y la sabiduría,
la disciplina y el discernimiento, ¡y no lo vendas!».
PROVERBIOS 23.23

Crecí con una amiga que definitivamente calificaba como «Miss Perfección». Yo siempre la estaba metiendo en problemas. Digamos que en un escenario como el del show «Lucy y Ethel», yo sería Lucy, arrastrándola a situaciones en las que nunca se habría metido por su cuenta.

Para mi irritación, mi amiga siempre contaba cuando se había portado mal. Entonces, su mamá llamaba a mi mamá, y yo también salía castigada. Simplemente no aguantaba ser deshonesta, así que le contaba a su mamá para que la disciplinara. A veces, hasta sugería un castigo apropiado. Era asombroso. Mis hijos nunca jamás han venido a mí rogando que les castigue. ¡Me desmayaría de la impresión si lo hicieran! Dios seguramente siente de la misma forma acerca de nosotros.

¿Cuán a menudo usted ora: «Señor, hoy estoy buscando Tu disciplina. Envíala». Puedo decir honradamente que nunca he orado esas palabras. Apuesto que usted tampoco lo ha hecho. Sin embargo, podría ser una buena idea orar esa oración de vez en cuando. Si estamos prontos a arrepentirnos y a buscar la disciplina de Dios, podemos seguir adelante con Él. No necesitaremos rodear esa misma montaña cien veces. Aprenderemos la lección y avanzaremos hacia nuestros sueños y victorias. Por tanto, adelante, ¡pídale a Dios que la discipline!

AL MAESTRO
Señor, ayúdame a buscar tu disciplina más a menudo. Amén.

6 DE SEPTIEMBRE

«El mandamiento es una lámpara,
la enseñanza es una luz y la disciplina es el camino a la vida».
PROVERBIOS 6.23

Nunca verdaderamente pensé en las correcciones de la disciplina como un camino de vida, aunque, mirando hacia atrás, tendría que decir que estoy de acuerdo.

Estaba segura de que Abby crecería pensando que su nombre era «No, no» por las muchas veces que se lo repetía en el terrible segundo año. ¡Se metía en todo! Tuve que decirle «No, no» para enseñarle la diferencia de lo que era seguro y lo que era peligroso, entre lo correcto y lo incorrecto, lo bueno y lo malo. Apuesto que usted tuvo que hacer lo mismo con sus hijos.

¿Adivina qué? Como Padre espiritual nuestro, Dios tiene que hacer lo mismo con nosotros. Después de todo, somos Sus hijos. ¡Y no sé cómo fue para usted, pero mis «terribles dos» se alargaron algo más en mi desarrollo espiritual! Hay algunos días en que vuelvo a esos terribles dos años y me da una pataleta que es vergonzosa. (¡Admítalo, a lo mejor, a usted también le ocurre!). Es en ese momento cuando nuestro Padre celestial toma cartas en el asunto y nos disciplina como solo Él lo puede hacer.

Las directrices de la disciplina deberían ser un camino de vida para nosotros, no solo en cuando a dar sino también a recibir. Por medio de la disciplina del Señor, podemos llegar a ser la mejor versión de nosotros mismos.

AL MAESTRO
Señor, gracias por Tu disciplina. Amén.

7 DE SEPTIEMBRE

«La vara de la disciplina imparte sabiduría,
pero el hijo malcriado avergüenza a su madre».
PROVERBIOS 29.15

Cualquiera sea su opinión respecto del castigo físico, este versículo encierra un buen significado. Mire, no se trata tanto de la disciplina corporal sino de la disciplina que impartimos cuando corregimos a nuestros hijos.

Existen muchas opiniones diferentes acerca de cómo disciplinar a los hijos. Algunos expertos dicen que deberíamos dar nalgadas con las manos. Otros dirían que debemos dar nalgadas pero solo con una paleta. Incluso algunos opinan que nunca deberíamos dar nalgadas y solo castigar por otros medios. Parece que cada año aparece una nueva teoría. Así que, ¿cuál es la respuesta?

Dios es la única verdadera respuesta. Debe buscar Su rostro y pedir Su dirección. Él le enseñará cómo disciplinar a sus chicos. Él los ama aún más que usted. Él no la defraudará. Solo confíe en Él. No se complique preguntándoles a muchas personas cómo debe disciplinar a sus niños. Si le pregunta a cien personas, recibirá cien perspectivas diferentes. Ellos no saben más que usted. Acuda a la Fuente. Él le impartirá sabiduría para que usted pueda impartir sabiduría a sus hijos. Como puede ver, la disciplina y la sabiduría van de la mano.

AL MAESTRO
Señor, enséñame la mejor forma de disciplinar a mis hijos. Amén.

8 DE SEPTIEMBRE

«El necio desdeña la corrección de su padre;
el que la acepta demuestra prudencia».
PROVERBIOS 15.5

¿Sabía que el ser padre o madre no es una competencia de popularidad? Si lo fuera, yo habría perdido hace tiempo. ¿Y usted? No, como mamás, debemos tomar decisiones que a veces no son muy populares. Debemos decirles a nuestros hijos que no pueden ir a ver algunas películas de moda, aunque todos sus amigos vayan. Les tenemos que prohibir asistir a ciertas fiestas, aunque no comprendan el por qué. Es todo parte de lo que hacemos como mamás.

Es la parte desagradable de nuestra tarea. No me gusta decirles no a mis niñas. Quiero que lo pasen bien. Quiero que experimenten la vida. Quiero que disfruten lo más posible. Pero, también quiero protegerlas y formarlas en los caminos del Señor. Y, a veces, esos deseos se contraponen.

Sí, quiero que mis chicas piensen que soy lo máximo. Sí, quiero que me consideren como una amiga. Pero más que nada, quiero criarlas de modo que amen a Dios y caminen en Sus caminos. Si esto significa que tenga que tomar algunas decisiones impopulares, entonces está bien. Dios todavía piensa que somos especiales. Siempre seremos populares con Dios.

AL MAESTRO
Señor, ayúdame a estar firme aún cuando
no sea popular el hacerlo. Amén.

9 DE SEPTIEMBRE

«Pero el amor del Señor es eterno y siempre está con los que le temen; su justicia está con los hijos de sus hijos».
SALMOS 103.17

¿Se crió en un hogar estricto? ¿Su padre fue rudo con usted? ¿Cumplió las reglas de la casa por temor? Muchas personas crecen en hogares así. Luego, cuando llegan a ser padres, a veces siguen esos patrones negativos de crianza. Si usted se identifica con este modelo, no se desespere. Dios puede sanar sus heridas y ayudarle a criar con compasión y misericordia. Pues, aunque quizás no tuvo un buen modelo al crecer, Dios es el único modelo que necesita. Él está allí para usted ahora mismo.

Agradezco tanto que Él sea tierno, perdonador y misericordioso al disciplinar. No es rudo y no mete miedo. Hace que Sus hijos quieran correr hacia Él, y no alejarse de Él. No importa cuánto nos equivoquemos. Él perdona y olvida.

Por tanto, si siente que es demasiado dura con sus hijos, pida hoy a Dios que la ayude. Él derramará Su amor incondicional en usted para que pueda derramar ese amor en sus hijos. Puede romper el ciclo de crianza fría y ruda. Puede llegar a ser el tipo de madre que Dios quiere que sea.

AL MAESTRO

Señor, lléname con Tu amor para que yo pueda compartirlo con mis hijos. Ayúdame a ser más compasiva y tierna. Amén.

10 DE SEPTIEMBRE

«Porque el SEÑOR es bueno y su gran amor es eterno;
su fidelidad permanece para siempre».
SALMOS 100.5

Dios es tan fiel. ¿Me dice un «amén»? Como reportera de un diario, tuve el privilegio de entrevistar a muchas personas maravillosas. Algunas de esas historias permanecen conmigo hoy. Nunca olvidaré haber entrevistado a una mujer a quien se le había dicho que nunca podría tener hijos. Tenía una condición médica que hacía imposible que llevara un bebé a término. Destrozada, clamó a Dios. Rogó a Dios por un milagro. Esta preciosa hija del Señor llegó a quedar embarazada y solo por medio de un milagro fue capaz de dar a luz un saludable bebé. Esta niñita está ahora en la primaria, un testimonio vivo de la fidelidad de Dios.

Dios fue fiel. Nadie podría convencerla de lo contrario. Ha experimentado su fidelidad de primera mano. ¿La ha experimentado usted? ¿Ha estado Dios allí cuando no hubo nadie más? ¿La ha ayudado a pasar por una situación difícil? Quizás esté en medio de una crisis ahora y necesita su toque. Solo extienda su mano, Él está justo allí.

No importa cuál sea su situación, Él tiene la salida. Si está complicada con un hijo desobediente, Él puede ayudar. Si su matrimonio se está desmoronando, Él lo puede sanar. Si sus hijos están en rebelión, Dios comprende. Él puede. Él quiere. Y Él es fiel.

AL MAESTRO
Señor, gracias por ser fiel. Amén.

11 DE SEPTIEMBRE

«No te jactes del día de mañana,
porque no sabes lo que el día traerá».
PROVERBIOS 27.1

El 11 de septiembre siempre significará algo diferente desde que la tragedia golpeó al pueblo norteamericano en el 2001. Si el 11 de septiembre nos ha enseñado algo como país, fue a valorar a nuestros seres queridos. Como muchos descubrieron ese día, no existe promesa de mañana. He visto varios programas en los cuales los familiares de las víctimas fueron entrevistados, y casi toda persona dijo: «Si solo hubiera tenido la oportunidad de decirle adiós. Si solo pudiera haberle dicho, "te quiero" una vez más...». Son remordimientos que llevan por el camino de la culpa y la condenación. Por eso, no siga por ahí.

En vez de eso, disponga un momento hoy para orar por los que perdieron a sus seres queridos ese día. Dedique un tiempo a orar por nuestra nación y sus líderes. Y, tome tiempo para decirle a su familia y a sus amigos cuánto los ama y los aprecia. Permita que el amor de Dios rebalse de usted sobre sus hijos. Hable con ellos acerca del significado de 11 de septiembre de 2001, y pídales que se unan a usted en oración. Podría hacer una donación a la Cruz Roja o preparar unas galletas para el departamento local de bomberos. Haga lo que haga, aproveche bien cada momento porque no sabemos si tendremos un mañana.

AL MAESTRO
Señor, ayúdame a no dar por establecido
el día siguiente. Te amo. Amén.

12 DE SEPTIEMBRE

«Si son guiados por el Espíritu,
no obedecerán sus deseos egoístas».
GÁLATAS 5.16

¿Sabía que hacemos aproximadamente una dos mil quinientas elecciones cada día de nuestras vidas? (¡No es de admirarse entonces que termine tan agotada!). Por lo tanto, si no está contenta con su vida actual, es probable que esté tomando malas decisiones. La única manera de tomar buenas y sólidas decisiones es permitir que el Espíritu Santo la guíe. Discernimiento y razonamiento son cosas diferentes, y no siempre operan al mismo tiempo. Nuestras mentes razonan, pero nuestros espíritus disciernen. A veces nuestras mentes no son confiables. Prefiero confiar en la dirección del Espíritu Santo para hacer decisiones, especialmente cuando se trata de disciplinar a mis hijos.

Con tantas opiniones diversas en los medios, me confundo con mucha facilidad. No quiero ser una tirana, pero tampoco quiero ser débil. Quiero criar chicos buenos y rectos, pero no les quiero meter la Palabra a la fuerza.

No existen respuestas fáciles. Lo que funciona para una relación padres e hijos puede no funcionar en otras. Por lo que no se pase la vida razonando y preocupándose. En vez de eso, pida la dirección de Dios para ayudarse a adoptar las mejores decisiones posibles. Él la ayudará en el área de disciplinar a sus hijos. Él tiene todas las respuestas.

AL MAESTRO

Señor, pido Tu dirección para hoy.
Ayúdame a hacer las cosas a Tu manera. Amén.

13 DE SEPTIEMBRE

«Antes de formarte en el vientre ya te había elegido,
y aprobado como mi instrumento elegido».
JEREMÍAS 1.5 AMP

Está bien, exploté otra vez esta semana. En mis esfuerzos por ser una buena madre, enseñándoles la responsabilidad y otras normas morales a mis hijas, me pasé de la raya. Les dije la repetida frase: «Bueno, cuando yo tenía su edad...». Por cierto, los chicos se desconectan de inmediato ante esas palabras. Tan pronto como una las pronuncia, sus ojos se nublan.

¿Alguna vez le pasa que se oye a sí misma y piensa: *¡Soy como mi madre!* Es divertido ¿no? Un minuto usted es moderna e «in» y al siguiente repite la historia de, «cuando yo era niña, teníamos que ir al colegio caminando por la nieve, cerro arriba, descalzas...».

En esos días, cuando siento que estoy perdiendo la batalla de ser madre, es bueno saber que Dios ya me ha aprobado. Jeremías 1.5 nos dice que Él nos conocía aún antes de que naciéramos y ya nos aprobaba. Por tanto, no importa cuánto nos equivoquemos, Dios todavía nos ama y nos ve como grandes madres. Siempre nos mira con ojos de fe. Pídale que la ayude a actuar con ojos de fe también. Mírese como Dios la ve, ¡aprobada!

AL MAESTRO
Señor, gracias por aprobarme y
llamarme a la maternidad. Te amo. Amén.

14 DE SEPTIEMBRE

«Porque el SEÑOR disciplina a los que ama,
como corrige un padre a su hijo querido».
PROVERBIOS 3.12

Mi padre rara vez me dio una nalgada cuando era pequeña. Merecía mucho más de los que recibí, pero papá era misericordioso. Una vez le mentí a mi padre y él lo descubrió ¡y eso fue todo! Sabía que me iba a llegar. Mamá me mandó a mi pieza a esperar la visita de mi papá. Cuando llegó a casa después del trabajo, dijo solo una cosa antes de darme la nalgada: «Hija, hago esto porque te amo». Entonces, la recibí, ¡Ay!

Déjeme decir, yo no sentía amor en ese preciso momento. Pero, era verdad. Papá me disciplinó porque quería que yo aprendiera a respetar y a obedecer, porque me amaba. Hacemos lo mismo por nuestros niños. ¿Verdad? Los corregimos y castigamos porque les amamos. Sabemos que si no les enseñamos y disciplinamos, a la larga será peor para ellos.

Dios hace lo mismo por nosotros. Eso es lo que me dice este versículo de Proverbios, el Señor nos disciplina porque nos ama. Él conoce nuestro potencial, y si lo dejamos, nos moldeará y hará de nosotros las madres que espera que seamos.

AL MAESTRO
Señor, gracias por Tu disciplina. Te amo. Amén.

15 DE SEPTIEMBRE

*«Vengan, hijos míos, y escúchenme,
que voy a enseñarles el temor del SEÑOR».*
SALMOS 34.11

Si pudiera enseñarles solo diez cosas a sus hijos antes de morir, ¿qué compartiría con ellos? ¿Les enseñaría a mantenerse firmes en Jesucristo? ¿Les enseñaría autodefensa? ¿Les enseñaría buenos modales? ¿Les enseñaría a ser dadivosos? ¿Les enseñaría a tratar a otros con respeto? ¿Les enseñaría como ser un buen amigo?

Es complicado ¿verdad? Hay tantas cosas que queremos entregarles a los niños. Queremos librarlos de que cometan los mismos errores estúpidos que cometimos nosotros. Aunque no podemos protegerlos de cada error, podemos colocarlos en el camino al éxito y a la felicidad.

Podemos aprovechar bien cada oportunidad de enseñarles acerca de la naturaleza de Dios, ¡el Dios Sanador, el Dios Proveedor, el Dios Salvador, el Dios Libertador, el Gran Dios Yo Soy! Todos los días hay oportunidades de compartir pequeñas lecciones con nuestros hijos. Pida al Señor que le ayude a identificar esas oportunidades para que pueda aprovechar cada una.

AL MAESTRO

*Señor, ayúdame a compartir Tu amor con mis hijos cada día.
Y, Señor, ayúdame a aprovechar cada oportunidad
de enseñarles acerca de Ti. Amén.*

16 DE SEPTIEMBRE

*«Enséñalas a sus hijos y repítanselas cuando
estén en su casa y cuando anden por el camino,
cuando se acuesten y cuando se levantan».*
DEUTERONOMIO 11.19

Hace poco estuvimos en un negocio donde escuché una conversación que realmente me enseñó algo respecto a la crianza. Una mujer muy atractiva de aspecto profesional estaba de compras con sus dos hijas cuando divisaron a otra niña que conocían. Parecía ser adolescente. Después de conversar un poco, la madre le dijo a la adolescente: «Me encantaron las galletas que serviste la otra noche en la fiesta. ¿Me podrías dar la receta?».

Esta impertinente jovencita dijo: «No, no comparto esa receta. Es un secreto familiar. Algún día podría yo tratar de venderlas».

Después de que se fue la adolescente, la madre se acercó a sus hijas y les susurró: «Niñas, ese fue un buen ejemplo de ser egoísta. Su actitud fue equivocada, y Dios probablemente no bendecirá su esfuerzo con las galletas, por su actitud egoísta».

Esa mamá vio una oportunidad de enseñar una lección y la aprovechó. Miren, como madres, necesitamos atrapar el momento y enseñar lecciones a nuestros hijos a medida que se presenten las situaciones. Dios proveerá las ocasiones perfectas, pero nosotros debemos estar «sintonizados» con Él para poder aprovechar esas preciosas oportunidades. ¡Sintonícese hoy!

AL MAESTRO
Señor, ayúdame a enseñar a mis hijos Tus caminos. Amén.

17 DE SEPTIEMBRE

«Morirá por su falta de disciplina y errará por su gran insensatez».
PROVERBIOS 5.23

Obviamente, este versículo en Proverbios nos hace ver que la disciplina es parte importante de nuestra tarea como padres. No, no es agradable. No, no es popular. Pero, es muy necesaria. De hecho, es tan necesaria que si no corregimos y criamos a nuestros hijos en el camino del Señor, con toda seguridad sufrirán.

Ninguno de nosotros dañaríamos intencionalmente a nuestros niños. Les amamos. Pero a veces los amamos demasiado, como para pensar que no debemos disciplinarlos por su comportamiento errado. Permitimos que hagan lo malo simplemente porque no queremos herir sus sentimientos o hacer una escena frente a sus amigos. Pero si no les enseñamos a discernir entre el bien y el mal, no sabrán cómo tomar decisiones rectas. Escogerán mal, lo que les acarreará dolor, ruina, y finalmente, destrucción. Nuestro rol es crucial. Pida al Señor que le ayude a ser firme, pero amorosa, al disciplinar a sus hijos. Pídale sabiduría. Lo puede hacer. Dios la ha equipado con todo lo que necesita para ser una buena madre.

AL MAESTRO

*Señor, necesito Tu intervención divina. Ayúdame a
disciplinar a mis hijos para que ellos te sigan
a Ti todos los días de sus vidas. Amén.*

18 DE SEPTIEMBRE

«Declaren y presenten sus pruebas, delibere juntos. ¿Quién predijo esto hace tiempo, quién lo declaró desde tiempos antiguos? ¿Acaso no lo hice yo, el Señor? Fuera de mí no hay otro Dios; Dios justo y Salvador, no hay ningún otro fuera de mí».

ISAÍAS 45.21

Si va a vivir una vida victoriosa, debe hablar palabras positivas de fe y decir lo que Dios dice acerca de su situación. Por tanto, si sus hijos caminan en rebelión hoy, debe hablar lo que la Palabra dice acerca de sus chicos. Diga: «Pero yo y mi casa serviremos al Señor». Si sus hijos no están caminando en amor y actúan en formas desagradables, debe declarar: «El amor es paciente. El amor es benigno. Mis hijos caminarán en el amor de Dios. Mis hijos serán pacientes y amables».

Si no está segura de la salvación de sus hijos, declare el salmo 103.17: «Pero el amor del Señor es eterno y siempre está con los que le temen; su justicia está con los hijos de sus hijos».

Encuentre Escrituras en las cuales apoyarse, Escrituras que calcen a su situación. ¡Luego, proclámelas! Anímese en el Señor. Ore según Su Palabra. Esas son las oraciones que obtienen resultados. No se permita hablar en forma negativa acerca de sus hijos. No hable del problema, hable la solución. Confíe que el Señor hace lo que dice en su Palabra. Su Palabra nunca vuelve vacía. Cumplirá Su propósito. ¡Prepárese para la victoria, ¡viene en camino!

AL MAESTRO

Señor, guíame a tu Palabra que me ayudará a estar firme en la fe para la salvación de mis hijos. Ayúdame a ser fuerte. Te amo. Amén.

19 DE SEPTIEMBRE

«Así que no pierdan la confianza,
porque ésta será grandemente recompensada».
HEBREOS 10.35

¿Se está enfocando al futuro, o se le hace difícil ver más allá de los interminables montones de ropa sucia que tiene enfrente ahora? Cuando hay tantas preocupaciones, responsabilidades y obligaciones por delante, es difícil pensar en el futuro. Pero necesitamos hacer un esfuerzo consciente. Necesitamos permitirle a Dios animar nuestra fe. Necesitamos comenzar a creer en Dios por grandes cosas. Necesitamos darnos cuenta que aún si las circunstancias hoy no son tan propicias, Dios está haciendo un milagro en nuestro futuro.

Mire, no importa con qué esté lidiando hoy, Dios tiene un plan que hará que las cosas resulten aún mejor de lo que jamás se imaginaría, si solo enfoca el futuro con fe y voluntad dispuesta. Pídale a Dios que cambie su enfoque.

El enemigo no quiere que usted confíe en el pleno cumplimiento de su destino. Él no quiere ver a sus hijos caminando con Dios. Él quiere que se preocupe por todos los problemas de hoy y se olvide del futuro. No caiga en el plan del diablo. Enfoque el futuro. Vea a sus hijos bien y sirviendo a Dios. Vea a su familia contenta y entera. Vea su ropa sucia lavada, doblada y guardada. ¡Obtenga una visión de victoria hoy!

AL MAESTRO

Señor, ayúdame a mirar el futuro con ojos de fe. Amén.

20 DE SEPTIEMBRE

«Pues la visión se realizará en el tiempo señalado; marcha hacia su cumplimiento, y no dejará de cumplirse. Aunque parezca tardar, espérala; porque sin falta vendrá».

HABACUC 2.3

¿Has escuchado alguna vez la frase, «Descansa y espera»? Es mucho más fácil decirlo que hacerlo, especialmente cuando el esperar tiene que ver con nuestros hijos. Ya sea que usted esté esperando que sus hijos vuelvan a Dios, o simplemente espera que aprendan a avisar para ir al baño, es bueno descansar y esperar. El descansar y el esperar deberían ir de la mano.

Veamos, descansar en Dios significa confiar y no preocuparse. Significa tener tanto de Dios en nuestro interior, que no podemos hacer nada más que descansar. Es el lugar donde no se tiene duda alguna de que Dios va a cumplir. Es un lugar donde ya no ve la montaña, solo se ve un montículo. Es un lugar donde deberíamos morar diariamente.

Como mamás, necesitamos descansar y esperar más que nadie. Si estamos extenuadas, criaremos hijos extenuados. Si estamos impacientes y preocupadas, criaremos hijos impacientes y preocupados. Por lo que esta es su tarea, ¡descanse y espere! Tendrá que disciplinar su cuerpo para hacerlo, pero Dios la ayudará.

AL MAESTRO

Señor, ayúdame a aprender a descansar y esperar en Ti. Amén.

21 DE SEPTIEMBRE

«Por lo tanto, pónganse toda la armadura de Dios, para que cuando llegue el día malo puedan resistir hasta el fin con firmeza».
Efesios 6.13

Todos enfrentamos desafíos en la vida. Unos días más que otros. Reconozcámoslo, ser padres es una tarea difícil. Cuando se tienen hijos, no se recibe un manual junto con la tarea. Por cierto, existen muchos libros y revistas sobre el tema, pero todos dicen cosas diferentes, y dan consejos contradictorios.

Solo existe un manual que lo cubre todo. Desde disciplinar a los hijos hasta demostrarles amor incondicional, la Palabra de Dios lo cubre todo. ¿Necesita una respuesta a una situación específica? No confíe en información de segunda mano. Vaya a la Fuente. Lea la Palabra y permítale que viva en usted.

Manténgase firme al enfrentar desafíos. No se desmorone ante ellos. Manténgase fiel. Pelee esa buena batalla de la fe. Siga alimentándose de la Palabra y manteniéndose firme. Si se mantiene en fe, Dios la sostendrá. Él ama bendecir a sus hijos. Haga de usted misma una buena candidata para el fluir de sus bendiciones sobrenaturales. Manténgase firme. No importa cuán oscura se vea la noche ahora, manténgase firme. Acuda al Manual. Sus respuestas y su solución están en camino. ¡Aleluya!

AL MAESTRO
Padre, ayúdame a permanecer firme al enfrentar dificultades. Te amo. Amén.

22 DE SEPTIEMBRE

*«El mandamiento es una lámpara,
la enseñanza es una luz y la disciplina es el camino a la vida».*
PROVERBIOS 6.23

¿Ha visto los últimos comerciales que presentan pequeños adhesivos brillantes? Son una novedad. Simplemente se toman estas luces redondas y planas y se pegan donde necesitamos luz. Por ejemplo, puede colocarlas en su closet o a la entrada de la casa. Yo pensé, *¡qué estupendo! ¡Poder crear un camino iluminado donde antes estaba oscuro!*

Bueno ¿adivine qué? La Palabra de Dios es una lámpara a nuestros pies y una luz a nuestros caminos, y ¡no es necesario que la pegue en ninguna parte! Todo lo que debe hacer es leerla y permitir que las promesas y correcciones de Dios la llenen.

Solo piense si tuviéramos un comercial para la Palabra de Dios. ¿Se lo imagina? Podríamos asegurar cosas como: «¡Se garantizan los resultados! ¡Nunca envejece! ¡Llena de la sabiduría eterna! ¡Jamás se echa a perder!», y ¡todo sería verdad! La Palabra de Dios provee corrección, manteniéndonos en el camino estrecho. Provee sanidad, prosperidad, gozo y sabiduría por medio de sus muchas promesas. Es todo lo que necesitamos para lograr algo en esta vida. No importa lo que usted necesite hoy, acuda a la Palabra. Permita que la Palabra de Dios viva para usted hoy.

AL MAESTRO
Padre, por favor, alumbra mi camino hoy. Amén.

23 DE SEPTIEMBRE

«Ten compasión de mí, oh Dios, conforme a tu gran amor;
conforme a tu inmensa bondad, borra mis rebeliones».
SALMOS 51.1

¿Alguna vez sus chicos le han puesto «ojitos de perrito nuevo»? ¿No son matadores? Apenas lo hacen mi corazón comienza a derretirse. En ese momento, sin importar lo que hayan hecho de malo, los perdono. Por cierto, mis hijas han aprendido este truco, por eso lo utilizan a menudo. ¡Hábleme de manipulación! ¡Uff!

Pero, sabe, mostrar misericordia a nuestros hijos es algo bueno. No quiero decir que debemos dejar pasar comportamientos horribles, pero tenemos que disciplinar con amor y emular a nuestro Padre celestial. ¿No le alegra el hecho de saber que servimos a un Dios misericordioso? Nunca es duro con nosotros cuando nos arrepentimos. Nunca nos dice: «¡Lo siento pero haz cometido demasiadas faltas! Esta vez no te voy a perdonar». En vez de eso nos susurra con amor: «Está bien. Te amo, hija mía».

Yo quiero ser tan tierna y perdonadora con mis hijos como el Padre es conmigo. Si no somos tiernos con nuestros niños, no correrán a nosotros cuando se equivocan; se alejarán. Necesitamos disciplinarlos y enseñarles los caminos de Dios, pero debemos hacerlo con amor y misericordia.

AL MAESTRO

Padre, ayúdame a demostrarles misericordia a mis hijos,
así como Tú lo haces conmigo. Amén.

24 DE SEPTIEMBRE

«El Señor disciplina al hijo que ama».
HEBREOS 12.6

«¡Tú no me quieres!».

¿Alguna vez ha escuchado esa respuesta después de disciplinar a sus hijos? Es difícil de digerir. Y es una respuesta muy inexacta. De hecho, al disciplinar a nuestros hijos, estamos realmente demostrándoles nuestro amor. Por supuesto, ningún niño lo va a ver así, especialmente al calor del momento. Pero, nunca está demás explicar nuestras razones para disciplinarlos, aun cuando pareciera que no están escuchando.

Antes de darle una nalgada a su hijo, o no permitirle salir a una fiesta, respire profundo, cuente hasta diez, y explíquele lo que dice la Palabra acerca de la situación. Esto está funcionando en nuestra casa. ¡Es asombroso! Aunque Abby y Allyson no tienen problemas en discutir conmigo, no discuten con la Palabra de Dios. No pueden. Saben que la Palabra de Dios siempre tiene razón. Por lo que si puede encontrar una Escritura que sea pertinente a la situación del momento, tiene toda la munición que necesita para reforzar la disciplina. Nos alivia la presión y la pone sobre la Palabra, y la Palabra de Dios puede manejar la presión. Muchas veces cuando les digo a las niñas lo que dice la Palabra de Dios acerca de su comportamiento, o sobre las decisiones que han hecho, eso abre una maravillosa conversación. Es verdad, el diálogo comienza típicamente con un «no me quieres», pero muy rara vez termina así. ¡Adelante! Compruébelo.

AL MAESTRO
Padre, ayúdame a utilizar Tu Palabra
para combatir los conflictos en mi casa. Amén.

25 DE SEPTIEMBRE

«Su obediencia hará que vivan mucho tiempo en esa tierra que el Señor juró dar a los antepasados de ustedes y a sus descendientes, tierra donde abundan la leche y la miel».
DEUTERONOMIO 11.9

¿Alguna vez ha pensado realmente acerca de la definición de la obediencia? Hace poco, escuché a un predicador decir que la obediencia es hacer lo que debemos hacer la primera vez que se nos pide. ¡Me encanta esa definición! Inmediatamente pensé en cuántas veces repito lo mismo con la esperanza de que mis hijas ordenen sus cuartos. Comienzo alegremente con un «antes que puedan salir a andar en sus bicicletas, quiero que limpien sus piezas». Una hora más tarde, las niñas están tiradas delante del televisor, hipnotizadas por el Cartoon Network. Entonces, les digo severamente: «Quiero que apaguen el televisor y limpien sus piezas ahora mismo». Treinta minutos más tarde, al pasar por sus dormitorios y ver que no han sido tocados, me descontrolo y grito: «¡Quiero que se metan a sus piezas y se queden allí hasta que estén ordenadas! ¿Me entienden?».

No deberíamos tener que repetirles lo mismo tantas veces a nuestros hijos hasta conseguir su atención. No debería ser necesario enojarnos para lograr la obediencia. Pidámosle a Dios que nos ayude a enseñarles hoy a nuestros hijos el verdadero significado de la obediencia.

AL MAESTRO

Padre, ayúdame a enseñarles a mis hijos el verdadero significado de la obediencia, y ayúdame también a obedecerte inmediatamente. Amén.

26 DE SEPTIEMBRE

«Bueno y justo es el Señor;
por eso les muestra a los pecadores el camino».
SALMOS 25.8

¿Se pierde a veces? Yo soy una reina para perderme. Mis amigas se refieren a mí como «direccionalmente desafiada». En mi defensa puedo decir que Texas es difícil para personas direccionalmente desafiadas porque nunca se puede volver por el mismo camino que una se fue. Volver por el mismo camino no funciona en el área del Metroplex de Fort Worth y Dallas. ¡Es una cosa terrible! Por eso, paso la mayoría de mis días manejando sin rumbo, esperando encontrar una calle o un centro comercial conocido. Finalmente, cuando he manejado tanto que casi se me acaba el combustible, me trago mi orgullo y llamo a Jeff de mi teléfono celular para pedirle orientación. Con solo algunos leves ajustes a mi rumbo, otra vez me encuentro en la dirección correcta, hacia la casa.

En el ámbito espiritual, Dios hace lo mismo con sus hijos. Corrige nuestros rumbos, nos vuelve al camino correcto, y nos dirige hacia nuestro hogar celestial. Sin su suave corrección, podríamos estar toda la vida yendo en la dirección equivocada. Es por eso que la Palabra dice que Dios corrige a quienes ama. Si no nos amara, nos dejaría vagar sin destino. Recibir corrección nunca resulta algo fácil, pero es algo sumamente necesario. Por lo tanto, agradezca al Señor por su divina corrección y su dirección.

AL MAESTRO
Gracias, Señor, por Tu corrección. Amén.

27 DE SEPTIEMBRE

*«No dejes de disciplinar al joven,
que de unos cuantos azotes no se morirá».*
PROVERBIOS 23.13

Mi padre solo me pegó tres veces en mi vida. Probablemente lo necesité más veces, pero era un padre misericordioso. (¡Además, mi madre suplió la diferencia!). Nunca olvidaré la última vez que me dio una nalgada. Vino a mi pieza donde lo esperaba y dijo: «Esto me va a doler mucho más a mí que a ti». Unos pocos minutos después, el ardor de mis nalgas me hizo dudar de la validez de su declaración previa.

Con toda honestidad, a mi padre le dolía pegarme. Me amaba, y no quería causarme ningún daño. Sin embargo, sabía que si no me disciplinaba me transformaría en una chica imposible. Por lo que me amó lo suficiente como para darme nalgadas. Yo siento lo mismo acerca de mis hijas. Desearía nunca tener que castigarlas. Desearía que fueran siempre perfectas. Pero ya que este no es el caso, de vez en cuando debo asumir la actitud disciplinaria. Es parte de nuestra tarea como madres. Nunca debemos temer disciplinar a nuestros hijos. Debemos temer no hacerlo.

AL MAESTRO
*Señor, ayúdame a no tener miedo
de disciplinar a mis hijos. Amén.*

28 DE SEPTIEMBRE

*«No todo el que me dice: "Señor, Señor", entrará en
el reino de los cielos, sino sólo el que hace la
voluntad de mi Padre que está en el cielo».*
MATEO 7.21

Hace poco escuchaba sin querer a mis hijas y sus amigas, y oí una conversación muy divertida. Una de las niñitas dijo: «Yo obedezco a mis padres la mayoría de las veces, pero a veces no quiero hacerlo. Decido si vale la pena el castigo y sigo adelante».

¡Vaya! Eso me abrió los ojos. Obviamente, la obediencia no era una gran prioridad para ella. Por cierto, puedo comprender esa manera de pensar. He actuado de la misma manera cuando se trata de servir a Dios. Usted sabe, tratando lo más posible de no ser castigada, sentándome en el cerco. Pero esta Escritura en Mateo es bastante clara, obedecer al Padre debería encabezar nuestra lista de prioridades. Y debería encabezar también la lista de prioridades de nuestros hijos.

Obedecer a nuestro Padre celestial no debería ser una cosa difícil. Si verdaderamente amamos a Dios, deberíamos desear obedecerle. Si usted tiene problemas en obedecer a Dios, pase algún tiempo especial con Él. Haga de Él su primer amor, y la obediencia vendrá a continuación.

AL MAESTRO

*Señor, ayúdame a ponerte en primer lugar y a obedecer Tus
mandamientos con la actitud correcta. Amén.*

29 DE SEPTIEMBRE

«Lo hice para que puedas contarles a tus hijos y a tus nietos la dureza con que traté a los egipcios, y las señales que realicé entre ellos. Así sabrán que yo soy el Señor».
ÉXODO 10.2

Una parte en la formación de nuestros hijos es compartir con ellos los milagros de Dios. Por cierto, sabemos enseñarles de las muchas grandes obras que Dios hizo en la Biblia. Debemos contarles de la maravillosa salvación que obró Dios para su pueblo librándoles de la mano del Faraón. Debemos compartir la historia de David y Goliat. Debemos decirles acerca de Jonás y el gran pez. Pero, también debemos decirles acerca de las muchas poderosas obras que ha hecho Dios personalmente en nuestras familias.

Cuando le dije a Allyson cómo Dios le había salvado su vida cuando solo tenía unas semanas dentro de mi vientre, su cara se iluminó. Quería escuchar cada detalle. Cuando le compartí a Abby cómo Dios nos había protegido de un terrible accidente carretero cuando ella solo tenía tres años, escuchó atentamente cada palabra. El oír estas historias fortalece la fe de nuestros hijos, y la nuestra también.

Ocupe tiempo jugando a «¿Recuerdas cuando Dios obró ese milagro en nuestras vidas?». Luego descubrirá que sus niños amarán ese juego más que cualquier otro. Adelante, disfrute recordando. Recuerde las poderosas obras de Dios y edifique su fe en el proceso. ¡Es un juego en el que todos ganan!

AL MAESTRO
Señor, ayúdame a contarles a mis hijos sobre Tus obras maravillosas. Amén.

30 DE SEPTIEMBRE

«*...y aconsejar a las jóvenes a amar a sus esposos y a sus hijos*».
TITO 3.4

Era mi primera noche en casa después del hospital. Bebé Abby dormía plácidamente en mis brazos. Era tan preciosa. Pero al mirar su pequeña carita, sentí pánico. Pensé: *no tengo idea de cómo criar a esta niñita. ¡Me cuesta bastante cuidarnos a Jeff y a mí y nuestro perro!* Recuerdo haber orado que Dios me enviara ayuda. Esa oración fue respondida por medio de mi madre. Ella era (y aún es) una fuente constante de ánimo, fortaleza, sabiduría y risa.

He aprendido mucho de mi madre. No solo me ha enseñado a cómo ser una mamá, sino que me ha enseñado a ser una mejor esposa. Cuando mi padre sufrió tres hemiplejías en un año, observé con asombro como mi madre lo cuidó. Se mostraba tan fuerte y en control, y a la vez tan tierna. Pensé: *ese es el tipo de esposa que quiero ser.*

Hay mucho que aprender de nuestros mayores ¿verdad? Es por eso que me gusta tanto Tito 2.4. Quizás su madre no es la persona a quien usted recurre por consejos, y está bien. Dios le enviará otra mujer sabia para que sea parte de su vida. Pídale hoy que lo haga.

AL MAESTRO
*Gracias, Señor, por colocar a mujeres
maravillosamente sabias en mi vida. Amén.*

1 DE OCTUBRE

«Den, y se les dará: se les echará en el regazo una medida llena, apretada, sacudida y desbordante».

Lucas 6.38

¿Sabía que Dios quiere que sea feliz? Él desea que usted viva plenamente. No importa que esté hasta el cuello con pañales y acarreando sus chicos ahora mismo, ¡aún así usted puede disfrutar de la vida!

Una de las principales maneras de asegurar el gozo en su vida es viviendo para dar. Mire, la verdadera felicidad viene cuando damos de nosotras mismas a los demás, a nuestros esposos, a nuestros hijos, a nuestros familiares, a nuestra iglesia, a nuestra comunidad y a nuestros amigos. Como mamás, estamos entrenadas para ser dadoras. Muchas veces hemos entregado nuestras carreras para llegar a ser madres de tiempo completo. Nos hemos negado una noche completa de sueño para alimentar a nuestros bebés. Hemos cambiado el auto deportivo por un minivan que se ajuste a las actividades de nuestras familias. De hecho, daríamos nuestras vidas por nuestros hijos.

Pero a veces nuestra actitud es muy poco gozosa en medio de todo este dar, ¿verdad? Bueno, alégrese hoy. Dios promete multiplicarle todo lo que da. Cuando avanza con fe, abre una puerta para que Dios se mueva en su favor. Es el sencillo principio de sembrar y cosechar. Y como madre, somos grandes sembradoras. Por lo tanto ¡prepárese para una enorme cosecha!

AL MAESTRO
Señor, ayúdame a vivir con la actitud correcta. Te amo. Amén.

2 DE OCTUBRE

«Con mi ejemplo les he mostrado que es preciso trabajar duro para ayudar a los necesitados, recordando las palabras del Señor Jesús: "hay más dicha en dar que en recibir"».
HECHOS 20.35

Al acercarnos a la época de las fiestas, los «dame» están de moda en nuestro hogar. Con la llegada del otoño, mis hijas comienzan a marcar los catálogos, haciendo sus listas navideñas, y dejando caer sutiles indirectas de «¡Cómprame esto!». Quizás ocurre lo mismo en su casa.

A menudo me preocupa que esté malcriando a nuestras niñas. Después de todo, les compramos muchas cosas y también lo hacen sus abuelos de ambos lados. Han habido algunas mañanas de Navidad en que se han dormido antes de siquiera abrir todos sus regalos. Es por eso que fui tan bendecida al ver que sus corazones son tan grandes como sus listas de deseos.

Hace poco, Abby y Allyson supieron que un ministerio local necesitaba juguetes en buenas condiciones. Ambas niñas saltaron a la acción. ¡Al final del día, habían reunido siete bolsas de peluches, juegos de tablero, disfraces, muñecas Barbie y más! Mientras Abby le cepillaba el cabello a una Barbie, le pregunté: «¿Te vas a quedar con ella?».

Respondió: «No, quiero estar segura de que se vea bonita cuando la llevemos».

¡Esa sí que es la actitud correcta! Mientras que a mis hijas les encanta recibir, también les encanta dar. Todos deberíamos dar con tal entusiasmo.

AL MAESTRO
Señor, ayúdame a ser un dador alegre. Amén.

3 DE OCTUBRE

«Por eso, cuando des a los necesitados,
no lo anuncies a son de trompeta».
MATEO 6.2 (A)

Allí estábamos, Abby, Allyson y yo, escondidas dentro de nuestro auto, esperando el momento correcto. ¿Nuestra misión? Entregar varios regalos de Navidad sin que el receptor de los regalos descubriera quién los había llevado.

«¡Ahora!» dijo Abby. «Está saliendo. Podemos dejarlos en su oficina».

Mientras mirábamos salir el auto del estacionamiento, las tres tomamos rápidamente los regalos envueltos y entramos a la escuela. Como el viento, entramos en la oficina de esta mamá soltera, dejamos los regalos y salimos sin que nadie supiera que habíamos estado allí. La tarjeta simplemente decía: «¡Feliz Navidad! Con cariño, Jesús». Fue algo tan emocionante para nosotros, poder sorprender a esta valiosa mujer con regalos para ella y para su hijita. Disfrutamos escogiendo cada regalo, envolviendo cada uno con papel y cintas alegres, y entrando sigilosamente a su oficina para dejarlos.

Esa Navidad las niñas y yo aprendimos que en verdad es mejor dar que recibir. Las niñas nunca olvidarán esa experiencia, y yo tampoco. Deberíamos buscar constantemente oportunidades para dar a otros.

AL MAESTRO
Señor, ayúdame a aprovechar cada
oportunidad de dar a otros. Amén.

4 DE OCTUBRE

«Esfuérzate por presentarte a Dios aprobado, como obrero que no tiene de qué avergonzarse y que interpreta rectamente la palabra de verdad».

2 TIMOTEO 2.15

Cuando de ser mamá se trata, ¿se entrega enteramente cada día? ¿Siempre hace lo mejor de lo que es capaz? ¿Busca la salida fácil, o camina la segunda milla? Si usted es como yo, depende del día. Pero según esta Escritura, en 2 Timoteo, debemos concentrarnos en hacer lo mejor que podamos, todos los días. No dice que debemos hacer lo mejor cuando nos sentimos bien o cuando estamos de humor.

Usted entiende, servir a Dios no se trata de sentimientos, sino de fe. Se trata de avanzar en fe y hacer lo mejor que podamos diariamente. No es necesario que sienta que lo puede hacer. Ni necesariamente se tiene que sentir bien al respecto. Simplemente tiene que poner su mejor esfuerzo.

Pida al Señor que la ayude a hacer lo mejor para Él. Dios la puede ayudar a hacer lo mejor en cada área de su vida, el trabajo de la casa, criar hijos, comprar víveres, enseñar en la Escuela Dominical, ofrecerse para las actividades de la asociación de padres y apoderados, etc. Él espera lo mejor de usted porque, después de todo, Dios dio lo mejor de Él para nosotros. Dio Su único Hijo para morir en la cruz por nuestros pecados. ¡Dé a Dios lo mejor de usted hoy!

AL MAESTRO

Señor, ayúdame a siempre hacer lo mejor para Ti. Amén.

5 DE OCTUBRE

«No des falso testimonio en contra de tu prójimo».
Éxodo 20.15

Es bueno vivir para dar, siempre que no esté dando falso testimonio en contra de su prójimo. Me doy cuenta que «prójimo» aquí no se refiere necesariamente a los que viven cerca de nosotros, aunque por cierto, los incluye también.

Hemos tenido que tratar con unos niños del barrio que han contado mentiras respecto de Abby y Allyson, y esos falsos testimonios eran muy desagradables. De hecho, eran realmente crueles, y, por cierto, no verídicos. Quizás ha experimentado esta misma situación allí donde vive.

Como mamás, es difícil dejar que alguien diga mentiras acerca de nuestros chicos y quedarnos sin hacer nada. Yo estaba tan contrariada con esos muchachitos que me estaba preparando para llamar a su mamá y decirle lo que pensaba. Pero el Espíritu Santo me impulsó a dar otra cosa, amor. ¡Huy! Eso era lo último que quería hacer. Pero fui obediente.

Mire, el Señor me dio algo especial al pasar por ese trance. Me dio paz. Me dio amor. Y me dio la habilidad de consolar a Abby y Allyson. La vida se trata de dar, lo bueno o lo malo. Tomemos la decisión de solo dar lo bueno hoy.

AL MAESTRO
Señor, ayúdame a dar solo cosas buenas.
Ayúdame a ser más como Tú. Amén.

6 DE OCTUBRE

*«A él y a sus descendientes les daré la tierra que
han tocado sus pies, porque fue fiel al Señor».*
DEUTERONOMIO 1.36 (B)

¿Alguna vez ha escuchado la expresión «Deje todo en las manos de Dios y permita que Él actúe»? Es más fácil decirlo que hacerlo. Cantamos canciones en la iglesia acerca de darle todo a Dios, tal como "Salvador, a ti me rindo", mientras que todo el tiempo nos estamos aferrando a algo. Yo también soy culpable. Tantas veces he ido ante Dios y le he pedido que se haga cargo de cada parte de mi vida, y luego después el Espíritu Santo me mostraba un área de mi corazón que no le entregué a Dios.

Es necio ¿verdad? No sé por qué quisiéramos defraudar al Señor. Él no quiere que le demos todo para que Él pueda hacernos infelices. Quiere que le demos todo para bendecirnos más allá de lo que pudiéramos jamás soñar. Dios no es un gran ogro en el cielo, que solo espera que le demos todo para que nos pueda controlar como marionetas. Simplemente quiere que le demos todo para que podamos caminar en el plan que Él tiene para nosotros. Por tanto, si lucha con la idea de dar todo hoy, pídale a Dios que le ayude. Adelante. Entregue todo en las manos de Dios y permita que Él actúe. Él le dará mucho más en respuesta.

AL MAESTRO
*Señor, me entrego enteramente a Ti hoy.
Ayúdame a dejar mi vida en Tus manos. Amén.*

7 DE OCTUBRE

«Ahora yo, por mi parte, se lo entrego al SEÑOR.
Mientras el niño viva, estará dedicado a él».
1 Samuel 1.28 (a)

¿Realmente le ha entregado sus hijos a Dios? Claro, todos decimos estas palabras cuando los dedicamos en el culto de la iglesia, pero ¿cuántos de nosotros realmente lo decimos en serio? Es tan fácil volver a tomarlos. Confiamos todo en nuestras vidas a Dios, pero cuanto se trata de los hijos, *nosotros* queremos cuidarlos. Les amamos tanto que tememos entregárselos a Dios. ¿Y qué si los llama al campo misionero en algún país inestable o golpeado por guerras? ¿Qué si le pide cruzar al otro extremo del país a comenzar una iglesia? ¿Qué si *Sus* planes para su hijo no coinciden con *sus* sueños para su bebé?

Da miedo, ¿no? Pero no debiera ser así. Como mamás tenemos que darnos cuenta de que Dios ama a nuestros hijos aún más que nosotros. Si Él los llama a servirle en un país asolado por la guerra, entonces ese será el lugar donde encontrarán la felicidad y la paz. Después de todo, estar en el centro de la voluntad de Dios es el lugar más seguro para cualquier persona. Por tanto, no se preocupe. Entregar sus niños a Dios es lo mejor que puede hacer por ellos.

AL MAESTRO
Señor, Te entrego mis hijos hoy. Amén.

8 DE OCTUBRE

«El que quiera ser el primero deberá ser el esclavo de los demás».
MATEO 20.27

Tanto Abby como Allyson accedieron al Coro de Honor este año. Esto, en sí, es un milagro moderno porque nadie de ningún lado de la familia tiene oído para la música. Es entretenido escuchar a las niñas practicando. Pasan por toda la rutina de «Mi. Mi. Mi. Mi. Mi». Bueno, está bien si usted está afinando sus cuerdas vocales, pero si vive con la mentalidad «Mi. Mi. Mi. Mi. Mi», eso no es bueno. Si todo gira en torno a usted, entonces no puede girar en torno a Él.

¿Se ha entregado a Dios, total y completamente? Encuentro que lo debo hacer diariamente. Si no lo hago, me alejo de la pista. Sigo el sendero que beneficia lo que yo quiero, mis deseos, mis necesidades pero descuido consultar con Dios en las decisiones mayores. (Para no mencionar que me vuelvo una tipa egoísta. No es nada de bonito). ¿Le parece conocido?

Si está cantando el coro «Mi. Mi. Mi. Mi.», hoy, no se preocupe. Todos cantamos esa melodía de vez en cuando. Solo pida a Dios que coloque una nueva canción en su corazón, Él lo hará. Tan pronto como vuelva a fijar sus ojos en Él, puede avanzar en su caminar cristiano. Dios tiene un buen plan para su vida, no lo eche a perder por cantar la canción equivocada.

AL MAESTRO
Señor, me entrego a Ti hoy y todos los días. Amén.

9 DE OCTUBRE

«Este pueblo me honra con los labios,
pero su corazón está lejos de mí».
MATEO 15.8

¿Da usted un buen testimonio a Jesús? ¿Tiene un adhesivo en su carro que dice: «Toca la bocina si amas a Jesús», pero maneja de manera imprudente?

¿Usa una pulsera con «QHJ» (¿Qué haría Jesús?), pero ataca verbalmente a sus niños en Wal-Mart, humillándolos al máximo? ¿Dice su sudadera «Radicalmente salva y orgullosa de serlo» pero acaba de actuar mal con la vendedora porque no quiso aceptar uno de sus cupones? Claro que no somos perfectos. Van a haber días en que fracasamos completamente, pero esos días deberían ser los menos.

No es necesario que lleve un cartel para ser una testigo. Aunque esté usted consciente de ello o no, siempre está testificando a los que la rodean, especialmente a sus hijos. Ellos son como pequeñas esponjas, absorbiendo todo lo que dice y hace. Por tanto, haga y diga cosas que están de acuerdo con la Biblia. Permita que la luz de Dios brille del todo en usted. Permita que su boca hable cosas buenas. Permita que sus acciones reflejen las acciones del Padre. Camine lo que habla, sin importar lo que pase. Pida a Dios que la ayude.

AL MAESTRO
Señor, ayúdame a ser un buen testigo de Ti. Te amo. Amén.

10 DE OCTUBRE

Así dice el Señor: «Deténganse en los caminos y miren;
preguntén por los senderos antiguos. Pregunten por el buen
camino, y no se aparten de él. Así hallarán el descanso anhelado».
JEREMÍAS 6.16 (A)

¿Alguna vez ha tenido días en que lo único que quiere es gritar: «¡Dame un respiro!»?

Tiene un montón de lavado. La loza está rebalsando el lavaplatos. Hay un montón de periódicos en la cocina que no ha tenido tiempo de leer. Su pequeño decidió expresar su lado creativo coloreando las paredes del comedor. Y el cachorro acaba de hacer pedazos un rollo de papel higiénico por toda la casa. ¡Ahhh! Sí, en días así todas tenemos ganas de gritar: «¡Dame un respiro!».

Aunque no pueda arrebatarla a un spa (¡aunque creo que sería una gran idea!), puedo decirle cómo obtener un respiro. Y no implica dejar sus hijos con sus suegros. Robe unos pocos minutos hoy y retírese con la Palabra de Dios. ¡Si está mirando a esa antigua Biblia polvorienta en su mesa y preguntándose cómo un libro viejo puede darle descanso, se ha estado perdiendo mucho!

La Biblia no es solo un libro de historia antigua. ¡Está viva! Con solo leerla, se sentirá con más energía y esperanza. Recobrará esa vitalidad que tenía antes que nacieran sus hijos. Dios la restaurará. Adelante. ¡Pase tiempo en Su Palabra y encuentre descanso!

AL MAESTRO

Señor, ayúdame a encontrar tiempo para Tu Palabra. Amén.

11 DE OCTUBRE

«¡Alaben al SEÑOR su Dios!».
1 CRÓNICAS 29.20

¿Alguna vez ha trabajado con los preescolares en su iglesia? Son lejos mi grupo favorito de personas. Los niños preescolares no tienen complejos ni inhibiciones. Están llenos de vida y amor y risa. (¡Quiero ser como ellos cuando crezca!). ¡Y les encanta alabar al Señor! Levantan sus manos. Alaban al Señor con voz en cuello. Hacen las acciones que acompañan las palabras de las canciones. Giran y saltan y bailan ante el Señor. ¡Son alabadores y adoradores profesionales! ¡Cuando se trata de hacer un ruido gozoso ante el Señor, estos chicos sobresalen!

Me parece ver al Padre sonriendo cuando mira su alabanza y adoración pura y preciosa. Deberíamos tomar lecciones de los preescolares en este departamento. Nunca debiéramos avergonzarnos de adorar a nuestro Padre. Y no debiéramos esperar hasta el domingo por la mañana para alabarlo. Haga de la alabanza al Señor una parte integral de su vida diaria. Pídales a sus hijos que se unan a usted. ¡Haga de ella un asunto familiar! Luego, será tan experta en dar alabanza a Dios como los pequeños.

AL MAESTRO

Señor, ayúdame a alabarte con el mismo entusiasmo
y vigor que los niños pequeños. Amén.

12 DE OCTUBRE

«Traigan íntegro el diezmo para los fondos del templo, y así habrá alimento en mi casa. Pruébenme en esto, dice el SEÑOR Todopoderoso, y vean si no abro las compuertas del cielo y derramo sobre ustedes bendición hasta que sobreabunde».

MALAQUÍAS 3.10

¿Les está enseñando a sus hijos a diezmar? Este ha sido un aspecto interesante de aprender en nuestra casa. Cuando las niñas fueron lo suficientemente grandes como para asumir unas pocas tareas domésticas, Jeff y yo les dijimos que si completaban sus deberes sin quejarse mucho, les daríamos una mesada de tres dólares por semana. Esos tres dólares le parecían mucho dinero a niñas de seis y siete años.

Abby y Ally casi no podían esperar hasta el «día de pago». Ally quería ir de inmediato a la tienda de juguetes. Su dinero le quemaba en el bolsillo. (¡Desgraciadamente, creo que heredó ese «gen de compras» de mí!). Abby, sin embargo, quería ahorrarlo. Inmediatamente colocó esos dólares en su alcancía con forma de chanchito.

Camino a la iglesia un domingo, Jeff les explicó a las niñas que el diez por ciento de su dinero pertenecía a Dios. Les ayudamos a hacer las cuentas, y ambas prepararon su ofrenda. Sorprendentemente, cuando pasó el hermano recogiendo la ofrenda, las dos colocaron más de la suma requerida. ¡Y estuvieron gozosas de poder dar! Parece que nos enseñaron más de lo que nosotros a ellas.

AL MAESTRO
Señor, ayúdame a ser un dador alegre. Amén.

13 DE OCTUBRE

«El SEÑOR te muestre su favor y te conceda la paz».
NÚMEROS 6.26

¿Alguna vez usted le ha pedido al Señor que le dé paz? Creo que es algo que típicamente pedimos como mamás. Pero la paz está disponible para nosotras.

No estoy hablando de ese tipo de paz temporal que trae un largo baño caliente. (¡Aunque tampoco me opongo a eso!). Estoy hablando acerca del tipo de paz que solo nos puede dar el Padre, esa clase de paz que está presente incluso en medio del caos. La Biblia nos dice que es una paz que sobrepasa todo entendimiento. En otras palabras, es el tipo de paz que las personas no comprenden. Es difícil explicarlo con palabras.

Una vez entrevisté a un hombre y a su esposa que comprendían este tipo de paz. Después de tener un bebé prematuro que requirió de tres cirugías mayores durante su primer año de vida, quedaron esperando de nuevo. Y nuevamente el bebé llegó antes de tiempo. Esta vez el pequeño bebé solo vivió cinco meses y medio. Les pregunté cómo habían resistido durante ese tiempo, y ambos dijeron: «Tuvimos una paz sobrenatural». Ese es el tipo de paz en la cual quiero caminar cada día, ¿Y usted? Pidámosla a Dios hoy día.

AL MAESTRO
Señor, por favor dame hoy Tu paz sobrenatural,
y ayúdame a caminar en esa paz cada día. Amén.

OCTUBRE: *«Viviendo para dar»*

14 DE OCTUBRE

«El fortalece al cansado y acrecienta las fuerzas del débil».
ISAÍAS 49.29

¿Alguna vez se ha sentido como Mikey? Usted sabe, ¿el Mikey de los comerciales Life? Todavía puedo oír al hermano mayor diciendo: «Dáselo a Mikey», mientras empuja un plato de Life en la dirección de su hermanito. A veces, sé exactamente cómo se siente Mikey, solo que en mi caso es, «Dáselo a Missy (mi sobrenombre)». Creo que he estado en todos los comités de escuela en los que pudiera estar, desde Mamá encargada de Sala, pasando por directora del Show de Talentos hasta coordinadora del Carnaval, lo he hecho todo.

Mi mamá se impacienta mucho conmigo por aceptar tantas responsabilidades. Pregunta: «¿Por qué simplemente no dices que no?». Es una buena pregunta. No sé por qué no digo que no. Supongo que temo herir los sentimientos de alguien, y digo sí y paso a estar abrumada, agobiada y fatigada. ¿Le ha pasado a usted?

Bueno, le tengo buenas noticias. Aun si, como yo, no puede decir no, ya no necesita sentirte cansada. Dios dice en Isaías 40.29 que Él dará fuerza al cansado y poder al débil. ¡No sé como está usted, pero yo entro en esta categoría! La próxima vez que se sienta sobrecargada y abrumada, simplemente clame en Nombre del Señor. Pídale que le dé fuerzas. ¡Él siempre lo hará!

AL MAESTRO
Señor, por favor, envíame hoy algo de fuerza y poder. Amén.

15 DE OCTUBRE

«Este mandamiento nuevo les doy: que se amen los unos a los otros.
Así como yo los he amado, también ustedes deben
amarse los unos a los otros».

Juan 13.34

«Ya, pues, déme una sonrisita», decíamos Jeff y yo con esa típica voz de padres novatos.

Se lo decíamos vez tras vez a Abby para ver su encantadora pequeña sonrisa. Sí, éramos majaderos, pero estábamos totalmente cautivados por nuestra primogénita. ¡Era tan asombrosa! Si bostezaba, sonreíamos. Si sonreía, nos reíamos. Si ensuciaba sus pañales, llamábamos a la abuela, *mi mamá*. Estábamos totalmente pendiente de ella. ¡La adorábamos!

Después de la llegada de Allyson, le dimos a Abby un poco menos de atención porque teníamos dos pequeñas niñas para asombrarnos. Justo cuando pensamos que no podríamos amar a otro ser humano tanto como amábamos a Abby, descubrimos que se podía. Amamos a Ally con todo el corazón. Dios nos entregó más amor para darlo a nuestras hijas. Literalmente nos aumentó nuestra habilidad y capacidad de amar. Apuesto que usted experimentó lo mismo cuando tuvo a sus hijos.

Es como dice la canción: «El amor es una cosa extraña». Es más que una emoción, es un estado del ser. Y deberíamos siempre estar enamoradas con el Padre para que podamos demostrar Su tipo de amor a nuestros hijos. ¡Ame en grande a sus hijos hoy!

AL MAESTRO
Señor, ayúdame a dar a mis hijos la clase de
amor que Tú nos entregas. Amén.

16 DE OCTUBRE

«Porque yo sé muy bien los planes que tengo para ustedes, afirma el SEÑOR, planes de bienestar y no de calamidad, a fin de darles un futuro y una esperanza».
JEREMÍAS 29.11

Seamos sinceras, la vida puede lanzarte a una curva de vez en cuando. Cuando Abby tenía dos años, pasó por una «etapa de morder». Justo cuando pensamos que lo había superado, hundió sus dientes en el hijo de la directora de la sala cuna en la iglesia una mañana. Me llamaron del culto para hacerme cargo de mi chica revoltosa, ¡y me sentí como la peor madre del mundo! No tanto como para que Hallmark fabricara tarjetas que digan: «Lamento que mi hija mordiera a su hijo en el brazo». Todo lo que pude hacer fue sonreír, decir que lo sentía mucho, y seguir disciplinando a Abby por haber mordido.

Con el tiempo, se le pasó esa etapa, pero la directora de la sala cuna nunca la quiso mucho ni a ella ni a mí después de ese único incidente. Me alegré cuando la mujer entregó su cargo de directora al año siguiente. Finalmente, Abby podía volver a la sala cuna, y yo pude asistir al culto con los demás adultos.

¿No es así la vida? Simplemente no se puede planificar todo. Pero recuerde, mientras usted *no puede* planificar todo, Dios puede. Él tiene un plan para su vida, así que no se turbe por las cosas pequeñas.

AL MAESTRO

Señor, ayúdame a no afanarme por las cosas pequeñas. Amén.

17 DE OCTUBRE

«Porque todo el que ha nacido de Dios vence al mundo.
Ésta es la victoria que vence al mundo: nuestra fe».
1 JUAN 5.4

¿Se siente usted desanimada hoy? ¿Está casi lista para tirar la toalla? ¿Le ha entregado todo lo que tiene a la maternidad, y todavía piensa que no está ganando la carrera? A todas nos ha pasado. Y cuando yo comienzo a sentirme así, agarro una bebida de dieta y una barra de chocolate para consolarme. Me quedo en la tierra de la «Pobrecita Perla» por un rato antes de acudir a Dios. De alguna manera, alimentarme con chocolate me hace sentir mejor. (Sin embargo, me cuesta más millas en el andador mecánico). ¡Pero ahora he aprendido que alimentar mi fe funciona mucho mejor que alimentar mi cuerpo para sacarme el desaliento!

La Biblia dice que la fe viene por oír la Palabra de Dios. A medida que usted oye la Palabra y la almacena en su corazón, su fe se fortalece. Por lo tanto, escuche la Biblia en casete mientras hace sus labores de casa o mientras está en la máquina de ejercicios. Luego, la próxima vez que el enemigo trate de hacerle sentir inútil, desalentada, deprimida, ansiosa, o abrumada, puede poner a funcionar su fe declarando la Palabra de Dios. Alimente su fe, no su físico. ¡Se sentirá mucho mejor!

AL MAESTRO
Señor, hoy me siento desanimada.
Por favor lléname con más de Ti. Amén.

18 DE OCTUBRE

«No me pondré como meta nada en que haya perversidad».
Salmos 101.3

¿Alguna vez ha escuchado decir a un predicador: «¡No le des lugar al diablo en tu vida!». Yo siempre pensé que era una frase algo extraña, porque nunca le *daría* al diablo un lugar en mi vida. Pero resulta que sí le estaba dando al diablo simplemente al permitirle entrar en mis pensamientos.

¿Sabía que lo que usted piensa determina la dirección y la calidad de su vida? Es por eso que la Biblia dice en Filipenses 4.8 que pensemos en cosas que son puras y hermosas. Pero para poder pensar en esas cosas, necesitamos monitorear lo que permitimos que entre en nuestros corazones. Significa que debemos cuidar lo que miramos, leemos y escuchamos. Necesitamos llenar nuestros pensamientos con las promesas de Dios, ¡promesas de gozo, paz, libertad, prosperidad y más!

También debemos monitorear lo que le damos a nuestros hijos para que miren, lean y escuchen. Al pasar la noche en la casa de una amiga, Abby vio recientemente una película que no debería haber visto. ¡Después sufrió pesadillas por semanas! No permita que el temor y otro material negativo entre en los corazones y mentes de sus hijos. Sea un filtro para ellos. Como familia, piensen en cosas hermosas y no le den lugar al diablo en su hogar.

AL MAESTRO

Señor, ayúdame a alimentarme de tu Palabra
y solo pensar en cosas hermosas. Amén.

19 DE OCTUBRE

«Porque donde hay envidias y rivalidades,
también hay confusión y toda clase de acciones malvadas».
SANTIAGO 3.16

«¡Dámelo!» Gritó Abby.

«¡NO, es mi tocador de CD!» respondió Allyson.

«¡Eres una perdedora!».

«¡No, *tú* eres la perdedora!».

Ah... los sonidos de hermanas amorosas. Sí, mis niñas se aman, pero hay días en que tengo que ver ese amor por fe. ¿Pelean sus hijos? ¿Hay días en que piensa que nunca serán amigos? Bueno, anímese. Hay esperanzas.

Dios unió a su familia, y Él sabía lo que hacía. Por tanto, aunque parezca que el conflicto está para quedarse, no es así. Dios es la respuesta. Él puede convertir a sus hijos en los mejores amigos. Declare que su casa es un hogar de fe. Declare que ningún arma formada en contra de su familia prosperará. Declare que usted y su casa servirán al Señor.

No permita que el conflicto se arraigue en su hogar porque no quiere abrir su casa a todo tipo de maldad, como dice Santiago 3.16. En vez de eso, edifique su hogar en el amor. Cuando sus chicos peleen, deténgalos de inmediato. Ore por paz, y observe la transformación de su familia. Puede experimentar el cielo en la tierra en su hogar. ¡Comience hoy!

AL MAESTRO

Señor, por favor, ayúdame a mantener el conflicto
fuera de mi hogar. Te amo. Amén.

20 DE OCTUBRE

«Voy a hacer algo nuevo. Ya está sucediendo, ¿no se dan cuenta?».
ISAÍAS 43.19

¿Es usted adicta al café expreso? Vamos, me lo puede decir. ¿Sabe como se siente una después de un expreso? Es algo así como, ¡ZING! ¡Le renueva las fuerzas! Bien, tengo algo aún mejor. ¿Qué le parece una inyección para triunfar hoy?

Bueno, aquí va su inyección de victoria: «¡Dios está haciendo algo nuevo en Su vida ahora mismo!». ¿No le dice eso algo a su corazón? Isaías 43.19 no dice que Dios va a ser algo nuevo en un par de años. No dice que va a hacer algo el próximo mes. ¡Dice que está haciendo algo nuevo ahora! Por tanto, si está en medio de una rutina, o si sus chicos la están volviendo loca, si lucha con un problema de sobrepeso, o si está deprimida, ¡anímese! Dios está haciendo algo nuevo para usted. ¿No son esas buenas noticias?

Dios tiene un buen plan para su vida. Está obrando y ordenando cosas para su vida en este momento. No le ha olvidado. Quiere que desarrolle una visión de victoria para que pueda avanzar en la plenitud de lo que Él tiene para usted. ¡Va a ser tan bueno, aún mejor que un expreso!

AL MAESTRO
Señor, gracias por hacer algo nuevo en mi vida hoy. Amén.

21 DE OCTUBRE

«Se vislumbra esperanza en tu futuro:
tus hijos volverán a su patria afirma el Señor».
JEREMÍAS 31.17

¿Están sus hijos lejos de Dios en este momento? ¿Están en un estado de rebelión? Si lo están, sé que su corazón está destrozado. Y aunque no esté en esta situación, apuesto que conoce a alguien que sí lo está. Es duro. Cuando hemos criado a nuestros hijos para que conozcan las cosas de Dios y aún así se rebelan, inmediatamente comenzamos a culparnos. Nos preguntamos dónde nos equivocamos. Pensamos en lo que podríamos haber hecho de otra manera. ¡Bueno, deje de hacerse conjeturas y comience a alabar al Señor!

Quizás no sienta ganas de alabar al Señor en este momento, pero es exactamente lo que usted debe hacer. Mire, la Palabra dice que sus hijos volverán al Señor. La Palabra dice que hay esperanza para sus hijos. La Palabra dice que si tiene la fe de una semilla de mostaza, puede mover montañas. ¡Por tanto, piense que traer de vuelta a sus hijos a Dios no es gran cosa! ¡Dios lo puede hacer en un abrir y cerrar de ojos!

Pero, debe alabar a Dios por la victoria incluso antes de que ocurra. Él nos ha mandado que vivamos en victoria, y eso significa que no importa cuán malo se vea el momento, puede animarse. Ya sabemos como termina, ¡ganamos! Caminamos en victoria, al lado de nuestros hijos. ¡Alabe al Señor hoy! ¡La victoria está en camino!

AL MAESTRO

Señor, te alabo por la salvación de mis hijos. Amén.

22 DE OCTUBRE

*«Hermanos, también les rogamos que amonesten a los holgazanes,
estimulen a los desanimados, ayuden a los débiles
y sean pacientes con todos».*
1 TESALONICENSES 5.14

Cuando fui líder de la barra del equipo de la universidad,
gritábamos: «¡Dame una G! ¡Dame una O!». Saben cómo es. Sí eso fue
hace «unos pocos años», y mi uniforme ya se destiñó y está guardado,
pero ese espíritu de animar a otros aún me queda. Todavía soy la
porrista residente en nuestra casa. Eso es lo que hacen las mamás,
¿verdad? ¿No se siente así la mayor parte del tiempo?

Nuestros hijos (¡y nuestros esposos también!) necesitan que
les animemos. Necesitan escucharnos decir: «¡Tú puedes hacerlo!
¡Adelante, vas bien!». Necesitan nuestro apoyo y amor incondicional
diariamente. Por cierto, nosotras necesitamos que nos animen
también. Para poder tener ánimo para entregar, debemos llenarnos
de nuevo. Hacemos eso alabando al Señor, orando a Dios, leyendo
su Palabra y cuidándonos al descansar lo suficiente. ¡No se permita
quedar vacía y debilitada o será la más gruñona en la historia
del deporte! Ahora, avance con un grito de ¡Adelante! ¡Adelante!
¡Adelante!

AL MAESTRO

*Señor, ayúdame a ser una fuente constante de ánimo para
mi familia. Te alabo por la salvación de mis hijos. Amén.*

23 DE OCTUBRE

«Que habite en ustedes la palabra de Cristo con toda su riqueza».
COLOSENSES 3.16 (A)

¿Le ha dado a la Palabra un lugar prominente en su vida? Este versículo de Colosenses nos dice que debemos darle a la Palabra bastante espacio. Eso solía molestarme. Pensaba: *¿No sabe Dios cuán ocupada estoy? ¿Cómo espera que pase mucho tiempo dedicada a estudiar la Palabra y que haga todo esto también?* Pero ¿sabe lo que he descubierto? Si hago tiempo para Dios, Él hace tiempo para mí. En otras palabras, si paso tiempo con el Padre, no importa cuán ocupada esté, Él se asegura de que logre hacer todo lo que debo hacer. Él aumenta mi tiempo sobrenaturalmente.

Una vez escuché decir a una ministra conocida que había decidido leer los evangelios cinco veces en un período corto de tiempo. ¡Pero parecía imposible! Tenía dos hijos pequeños. Ella y su esposo acababan de cambiarse a otro lugar, y había cajas que desempacar y closet que organizar. En la práctica, parecía una meta imposible. ¿Pero saben lo que pasó? ¡No solo alcanzó su meta sino que también pudo desempacar cada caja, cuidar sus hijos, y darle un nuevo diseño a un mueble! Haga tiempo para Dios hoy. Él hará tiempo para usted.

AL MAESTRO
Señor, ayúdame a hacer más tiempo para Ti. Amén.

24 DE OCTUBRE

«Pero los que confían en el Señor renovarán sus fuerzas; volarán como las águilas: correrán y no se fatigarán, caminarán y no se cansarán».
ISAÍAS 40.31

¿Espera lo mejor de Dios para su vida? ¿Espera lo mejor de Dios para las vidas de sus hijos? Como mamás, a veces postergamos nuestros sueños y deseos, y nos olvidamos de esperar en Dios para cosas buenas en nuestras vidas. Bien, estoy aquí hoy para volver a despertar esos sueños y deseos. Quiero que tome una hoja de papel y un lápiz y anote sus sueños. Quiero que anote los sueños que tiene para sus hijos. Ahora, quiero que le agradezca a Dios por adelantado por materializar esas cosas en su vida. ¡Crea en Dios en grande!

No permita que su falta de expectativas fije los límites de su vida. Si nunca espera nada bueno, nunca va a recibir nada bueno. Si no espera que las cosas cambien para mejor, entonces nada mejorará. Comience a esperar vencer cada desafío que le presente la vida. Viva cada día plena de anticipación de lo que Dios va a hacer en su vida y en la de sus hijos. Él desea bendecirle abundantemente sobre todo lo que pueda pedir o pensar. ¡Por eso comience a esperar hoy!

AL MAESTRO
Señor, estoy confiando en Ti por grandes cosas.
¡Te alabo por obrar en mi favor hoy! Amén.

OCTUBRE: *«Viviendo para dar»*

25 DE OCTUBRE

«Eviten toda conversación obscena».
EFESIOS 4.29 (A)

¿Ven sus hijos lo mejor de las personas? ¿O está criando personajes tipo «Los críticos Chris y Cristina»? Los chicos son brutalmente sinceros. A veces son críticos sin tener intención de serlo.

Una vez cuando salíamos de un centro comercial en Indiana, vimos uno de los hombres más grandes que he visto jamás. Parecía una de esas personas que muestran en la televisión, los que son demasiado grande para salir de su casa. De cualquier manera, fue difícil no fijar la vista en él. Yo temía lo que iría a decir mi pequeña Abby. Era una niña muy curiosa. Bueno, de hecho, Abby dijo: «Mami, ¡mira que GRANDE es ese hombre!». (¡Al menos, no dijo gordo!).

Siendo diplomática, le dije: «Sí, este es un centro comercial muy GRANDE». Espero que el hombre no haya escuchado su comentario crítico, pero nunca sabremos.

Al ir creciendo mis niñas, me he asombrado de cuán aceptadoras son de las personas. Por cierto, tienen defectos, pero burlarse de los demás no es uno de ellos. De hecho, generalmente abogan por los oprimidos en cada situación. Estoy agradecida por eso. Si sus hijos son críticos, crea que Dios les llenará con Su amor y corregirá ese espíritu crítico. Pronto serán «Polly y Pedro positivos».

AL MAESTRO
*Señor, ayúdame a criar hijos positivos,
chicos que buscan lo mejor en todos. Amén.*

26 DE OCTUBRE

«Adquiere sabiduría, adquiere inteligencia;
no olvides mis palabras ni te apartes de ellas».
PROVERBIOS 4.5

¿Podría usted usar un poco más de sabiduría hoy? Yo también. Eso es especialmente cierto cuando de criar hijos se trata. Puede preguntarles a diez personas por la mejor forma de enseñarle al niño a usar el baño, y oiría diez teorías diferentes. No importa cuál sea el tema, encontrará «expertos» que tienen opiniones opuestas, y cada uno tendrá datos y estudios que los apoyen. Un año, dar pecho es lo mejor para bebés. El próximo, los bebés alimentados con biberón tienden a ser mejor adaptados. ¡Ahhh! Es todo tan confuso. Queremos hacerlo bien, pero parece tan difícil navegar por el camino correcto.

Agradezco tanto que puedo ir a Dios por mis respuestas. Él es el máximo experto. No tiene que consultar con nadie para darnos una respuesta, ¡Él es la respuesta!

No importa lo que usted necesite hoy, puede ir a Dios y buscar Su consejo. ¡Él desea que lo haga! Proverbios 4.5 dice: «¡Adquiere sabiduría! ¡Adquiere inteligencia!». Él desea que tengamos hambre y sed de Él. Quiere que le busquemos. Quiere compartir Su sabiduría con nosotros. Por tanto, adelante, lleve sus preguntas y preocupaciones al Padre. Está listo, dispuesto para responder.

AL MAESTRO

Señor, estoy buscando Tu sabiduría hoy.
Gracias por darme libremente todo lo que necesito. Amén.

27 DE OCTUBRE

«No permitirá que tu pie resbale; jamás duerme el que te cuida».
SALMOS 121.3

Pienso que el mundo necesita más sillas mecedoras. Fuimos al restaurante Cracker Barrel hace poco y tuvimos que esperar por una mesa. Mientras tanto, salimos afuera y descansamos en nuestras propias sillas mecedoras. No me había sentado en una desde que mis niñas eran bebés.

Con cada bamboleo, se me venían a la memoria los preciosos recuerdos cuando sostenía a Abby y la bebé Ally en mis brazos. Ahora que son mayores, no se sientan muy a menudo en mi falda. Son demasiado «cool» para eso. A veces añoro esos días de la silla mecedora, que nos obligan a calmarnos y a disfrutar el momento. Es casi imposible estar estresada mientras una se mueve. El sentarse en una mecedora es como estar muy cerca de un viejo amigo. Hay algo muy reconfortante y cómodo en pasar un rato así.

Sabe, aunque no tenga una silla mecedora en su casa, puede pasar un buen momento en la mecedora de Dios. Cuando oro al Padre, siempre me lo imagino en una gran mecedora de madera y haciéndome señas para sentarme en Su falda. Si necesita librarse del estrés hoy, siéntese en el regazo de su Padre celestial y mézase allí un rato.

AL MAESTRO
Señor, necesito pasar algún tiempo de calidad hoy simplemente meciéndome en tus brazos. Gracias por amarme. Amén.

28 DE OCTUBRE

«Viviré con ellos y caminaré entre ellos.
Yo seré su Dios, y ellos serán mi pueblo».
2 Corintios 6.16 (B)

¿Son independientes sus hijos? Al acercarse mis hijas a la educación media, están más independientes. Antes les ayudaba a escoger su ropa, pero ahora quieren escoger su propia ropa. Yo solía peinarlas cada mañana, pero ahora lo quieren hacer ellas mismas. Raramente quieren que les prepare sus almuerzos para el colegio. Están llegando a ser niñitas muy independientes.

Mi mamá siempre decía: «Eres tan independiente como un marrano en el hielo». Nunca entendí esa expresión, ¡pero era bastante divertido visualizarla! Bueno, ahora mis niñas son cerditos en el hielo, y no me alegra mucho. A veces siento como si ya no me necesitaran. ¿Ha experimentado alguna vez esos mismos sentimientos?

Apuesto que es así como se siente Dios cuando tratamos de hacer todo por nuestra cuenta sin pedir su ayuda o intervención. Mire, el ser independiente no es siempre algo bueno. Debemos depender de Dios todo el tiempo. Deberíamos tener una fe tan segura que no pudiésemos dar un paso sin Dios. Si ha llegado a ser «un marrano en el hielo» en el sentido espiritual, vuelva a Dios. Pida Su ayuda. Él está dispuesto a complacerla.

AL MAESTRO
Señor, ayúdame a siempre depender de Ti. Amén.

29 DE OCTUBRE

«En cambio, el fruto del Espíritu es amor, alegría, paz, paciencia, amabilidad, bondad, fidelidad, humildad y dominio propio. No hay ley que condene estas cosas».
GÁLATAS 5.22-23

Hoy estuve en la línea en el supermercado, y solo tenía dos artículos en la caja de «20 productos o menos». El hombre antes de mí tenía la cantidad máxima de compras, y muy amablemente me preguntó si me gustaría pasar primero. Eso realmente me alegró el día.

¿No sería agradable si todas las personas en la vida fueran tan amables, siempre pensando en las necesidades de los demás antes que en las suyas? ¿No sería bueno si pudiéramos enseñarles a nuestros hijos a ser así de amables? Bueno, ¡podemos! Como cristianos, podemos tener todo el fruto del Espíritu operando en nuestras vidas. Podemos reclamar esa promesa para nosotros y para nuestros hijos.

Ponga en acción Gálatas 5.22-23 hoy. ¿Por qué no ofrecerse para llevar las compras de alguien? ¿Por qué no enviar una tarjeta de aprecio a sus pastores? Quizás podría hornear algunas galletas para sus vecinos. O, quizás ofrecerse para visitar a personas de la comunidad que no pueden salir. Pida a sus hijos que la ayuden, y podrán trabajar en desarrollar juntos más fruto del Espíritu.

AL MAESTRO
Señor, cambia mi corazón de modo que pueda demostrar amabilidad a mi familia, a mis amigos, y a los extraños. Gracias por siempre ser amable conmigo. Amén.

30 DE OCTUBRE

*«Den, y se les dará: se les echará en el regazo una medida llena,
apretada, sacudida y desbordante. Porque con la medida
que midan a otros, se les medirá a ustedes».*

Lucas 6.38

¿Verdad que nos sentimos bien cuando damos? Como mamás, somos programadas para dar. Entregamos nuestro cuerpo para llevar bebés en nuestras entrañas. Dejamos las clases de yoga por sesiones de bebé y yo. Dejamos el golf por asistir al grupo de juegos. Dejamos de lado el sueño para alimentar de noche. ¡Dejamos mucho! Pero también recibimos tanto de vuelta.

En una de mis películas favoritas llamada *The Thrill of it All* (La emoción de todo) con Doris Day y James Garner, hay una línea grandiosa que describe la maternidad. James Garner toma el papel del doctor Boyes, un adorable obstetra, y una de sus pacientes le dice: «No sé cuando me he sentido tan feliz. Supongo que no existe nada más realizador que tener un bebé».

Supongo que es verdad, ¡aunque hay días en que usted no ha podido ni ducharse ni dormir por lo que podría cuestionar esa declaración! Ser una madre es un gran honor y una empresa imponente. Requiere una gran entrega, ¡entrega de amor, entrega de estímulo, entrega de ánimo, entrega de disciplina, entrega de sabiduría, entrega de todo! Pero no estamos solas. En los días cuando ya no tenemos qué dar, Dios sí lo tiene. Él suplirá todas nuestras necesidades. Él nos dará para que nosotros les podamos dar a nuestras familias.

AL MAESTRO

Señor, ayúdame a nunca cansarme de dar. Amén.

31 DE OCTUBRE

Así que podemos decir con toda confianza:
«El Señor es quien me ayuda: no temeré».
HEBREOS 13.6 (A)

¿Qué tiene en su agenda hoy? ¿Enfrenta algún gran desafío? No importa lo que enfrente hoy, Dios la tiene cubierta. Dice en Hebreos que Él será nuestro ayudador. No tenemos que temer.

No sé si a usted le pasa, pero yo a veces siento miedo. Por cierto, trato de guardar las apariencias, pero por dentro me siento insegura. Me pregunto si estoy cumpliendo bien mi tarea de mamá. ¿Se pregunta a veces si está en lo correcto? Especialmente me siento así cuando estoy con mamás que hacen todo bien. Usted sabe, ¡esa mamá modelo que tiene una casa limpia, todo el lavado doblado y guardado, nunca jamás algún plato sucio en su lavaplatos, niños con buenos modales, y además una figura perfecta! Algún día quiero ser una mamá así.

Pero hasta entonces, estoy declarando que «no temeré». Dios no nos dio un espíritu de temor, sino de amor y de poder y de dominio propio. Estamos a prueba de cualquier desafío. Podemos hacer todas las cosas por medio de Él. Podemos tener confianza en Él hoy y todos los días.

AL MAESTRO

Gracias, Señor, por ayudarme cada día del año.
No podría hacerlo sin ti. Te amo, Dios. Amén.

1 DE NOVIEMBRE

«Si mi pueblo, que lleva mi nombre, se humilla y ora, y me busca y abandona su mala conducta, yo lo escucharé desde el cielo, perdonaré su pecado y restauraré su tierra».

2 Crónicas 7.14

Cuando ocurrió el ataque terrorista del 11 de septiembre de 2001 se remecieron los mismos fundamentos de los Estados Unidos. Apuesto que se recuerda exactamente dónde estaba cuando recién escuchó que el World Trade Center había sido impactado. Durante días, los estadounidences estuvimos pegados a CNN. Y por días, abrazamos a nuestros hijos un poco más fuerte y oramos un poco más seriamente.

Personas en todo el mundo se arrodillaron, buscando la faz de Dios, pidiendo sabiduría, y orando por protección. La oración llegó a ser prioritaria de océano a océano. Sé que nuestra familia oró por más tiempo y con más fuerza durante esos días que siguieron al 11 de septiembre.

Ahora, varios años desde ese fatídico día en septiembre de 2001, las cintas se han caído de las antenas de nuestros vehículos y la moda de ropa patriótica ha disminuido, pero las oraciones siguen con regularidad. La gente se ha aferrado a este versículo bíblico y se ha vuelto hacia el cielo en oración por su nación. Al acercarse el Día de los Veteranos, oremos también por los hombres y mujeres que han dado sus vidas para que podamos disfrutar la libertad. ¡Dios salve a América!

AL MAESTRO

Gracias, Señor, por nuestra patria. Te rogamos que dirijas y guíes a nuestros líderes, y protejas a los hombres y mujeres que nos protegen. Amén.

2 DE NOVIEMBRE

«Padre nuestro que estás en el cielo, santificado sea tu nombre,
venga tu reino, hágase tu voluntad en la tierra como en el cielo.
Danos hoy nuestro pan cotidiano. Perdónanos nuestras deudas
como también nosotros hemos perdonado a nuestros deudores.
Y no nos dejes caer en tentación, sino líbranos del maligno.
Porque tuyo es el reino, y el poder, y la gloria,
por los siglos de los siglos. Amén».
MATEO 6.9-13

¿Recuerda haber aprendido el Padrenuestro cuando era una niña pequeña? Recuerdo estar sentada en una clase de escuela dominical cuando tenía solo siete años, recitando las palabras del Padrenuestro para ganar un dulce. (¡Los caramelos eran buenos motivadores!). Estoy tan agradecida de esa querida mujer que dio de su tiempo para enseñar a nuestro curso de primer grado. Fue la primera vez que alguien realmente me enseñaba a orar.

¡Una vez que aprendí las palabras del Padrenuestro estuve tan emocionada! Claro que me encantó ganar el dulce, pero esa no fue la única razón por la que estuve emocionada. El solo saber que podía orar una oración que Jesús había orado una vez le pareció muy especial a mi mente de siete años. Todavía me parece así más de veinticinco años después. Si no les ha enseñado a sus hijos las palabras del Padrenuestro, ¿por qué no comenzar hoy?

AL MAESTRO
Gracias por la oración del Señor. Amén.

3 DE NOVIEMBRE

«Su padre sabe lo que ustedes necesitan antes de que se lo pidan».
MATEO 5.8 (B)

¿Alguna vez ha estado tan perturbada que no sabía ni como orar? Creo que todos hemos estado así en algún momento de nuestras vidas. Después que mi padre sufrió su primera hemiplejia, y no sabían si pasaría la noche, quedé aturdida. Todo lo que hice durante varios días fue manejar de ida y de vuelta al hospital. En esos viajes de cuarenta minutos, trataba de orar, pero lo único que podía hacer era pronunciar el nombre de Jesús.

Agradezco que fuera suficiente.

En Mateo 6.8, la Palabra nos dice que Dios sabe lo que necesitamos aún antes de que le pidamos. Es bueno saber eso ¿verdad? Incluso cuando no podemos orar lo que queremos orar, Dios conoce nuestros corazones. Sabe lo que necesitamos. Si simplemente clamamos en el nombre de Jesús, Él está justo allí al lado nuestro.

No importa cuán desesperada usted esté. No importa cuán desesperanzada se sienta. No importa cuán lejos de Dios piense que está... Él quiere ayudarla. Quiere ayudar a sus hijos. Quiere estar junto a usted durante este tiempo difícil. Clame hoy a Él.

AL MAESTRO

*Gracias, Señor, por conocerme tan bien
y por escuchar mi corazón. Amén.*

4 DE NOVIEMBRE

«Estén siempre alegres, oren sin cesar, den gracias a Dios en toda situación, porque esta es su voluntad para ustedes en Cristo Jesús».
1 Tesalonicenses 5.16-18

Hay muchos buenos consejos que encierra la Escritura citada arriba. Piense en ello. Si estamos siempre gozosos, oramos continuamente y damos gracias en todas las circunstancias, ¡vamos a disfrutar de la vida, pase lo que pase!

Una de las personas más felices que he conocido fue un hombre llamado Iván Hunter. Él enseñaba en la iglesia para niños a la que asistía cuando chica. A Iván le encantaba cantar a Jesús. Le encantaba hablar acerca de la bondad de Dios. Aún como niñita, me di cuenta de cuán profundamente amaba al Señor. No fue sino hasta que llegué a ser una mujer adulta que aprendí que la vida de Iván había estado llena de muchas pruebas. El matrimonio había perdido un hijo. Él había sufrido un grave accidente y había perdido varios dedos. Y mantenía una batalla contra el cáncer por años. Aún así, si le preguntaba a Iván cómo estaba, alababa al Señor y compartía cuán maravilloso había sido Jesús con él. Daba gracias de verdad en todas las circunstancias.

Yo quiero ser más como Iván. Quiero que mis hijos sean más como él también. Entremos a esta estación de Acción de Gracias con verdadera gratitud en nuestros corazones. Busquemos oportunidades para alabar al Señor, como siempre lo hizo Iván.

AL MAESTRO

Señor, ayúdame a tener un gozo constante, a orar continuamente, y a ser agradecida, pase lo que pase. Amén.

5 DE NOVIEMBRE

«Muy de madrugada, cuando todavía estaba oscuro, Jesús se levantó, salió de la casa y se fue a un lugar solitario, donde se puso a orar».
MARCOS 1.35

¿Acostumbra a hacer listas? Si no tengo una lista de cosas por hacer en el día, me siento perdida. Es como mi mapa para cada período de veinticuatro horas. Por cierto, rara vez logro hacer todas las cosas de mi lista diaria, por lo que traspaso los ítems sobrantes al día siguiente, comenzando así una nueva lista. Es realmente una obsesión. Quizás usted me entienda.

¿Sabe cuál es el problema de hacer listas? Si no lo escribo en mi lista, no lo hago. Por lo que he comenzado a agregar «orar diariamente». Entonces, al chequear las cosas que ya he hecho tales como, «hacer dos cargas de lavado; hacer ejercicios; ir a buscar la ropa a la tintorería; etc.», veo mi «orar diariamente». Es un gran recordatorio.

Usted puede orar todo el tiempo, continuamente, como dice 1 Tesalonicenses, pero también puede apartar un tiempo designado para la oración de manera intensa y específica. Marcos 1.35 nos dice que Jesús escogió orar muy temprano en la mañana, mientras aún estaba oscuro. Bueno, no soy una persona muy madrugadora, así que oro en la tarde. Haga lo que mejor funcione para usted, pero hágalo. Que la oración sea hoy una prioridad en su vida.

AL MAESTRO
Señor, ayúdame a separar tiempo para la oración. Amén.

6 DE NOVIEMBRE

«Les aseguro que a menos que ustedes cambien y se vuelvan como niños, no entrarán en el reino de los cielos».
MATEO 18.3

Cuando Allyson era una preescolar, le encantaba orar en nuestras comidas. No podía esperar hasta esa parte del día. Yo siempre preguntaba: «¿Quién quiere dar gracias por nuestros alimentos?». Allyson sonreía y gritaba: «¡Yo! ¡Yo! ¡Yo!». Y entonces comenzaba: «Señor bendice a mi mamá, a mi papá, a mi hermana, a Max (nuestro perro), ma-má, papa, a Nana, al abuelo, a tía Martie, a tía Jan, a Mandy, al otoño...». Cuando Allyson terminaba de orar, la comida ya estaba totalmente fría. Sin embargo, había algo muy dulce respecto de sus oraciones. Estaban llenas de gratitud y humildad y eran genuinas.

He aprendido mucho acerca de la oración con mis hijas. Tanto Abby como Allyson me enseñaron a orar con entusiasmo, gratitud y expectación. Cuando Abby tenía solo cinco años, oró que viviera su pez dorado, y déjeme decirle, Bubbles estaba en las últimas. Nadaba de lado en la pecera. Estaba por ir a una pecera en el cielo. Pero, Abby oró y ese pececito vivió por dos meses más. ¡Fue un milagro! Ella nunca dudó.

Como mamás, necesitamos tener el mismo corazón agradecido y la misma expectación cuando oramos a nuestro Padre celestial. Aprenda de los chicos. Ellos verdaderamente saben cómo orar.

AL MAESTRO
Señor, ayúdame a orar como los niños pequeños. Amén.

7 DE NOVIEMBRE

«Oren sin cesar».
1 TESALONICENSES 5.17

Una vez leí que Billy Graham dijo que oraba sin cesar. En otras palabras, estaba en constante comunicación con Dios. Dialogaba con Dios todo el día. Pensé que si Billy Graham creía que era buena idea, yo haría lo mismo. Después de todo, él es Billy Graham, ¡uno de lo más grandes hombres de Dios de todos los tiempos!

Por esa razón he tratado de dialogar continuamente con Dios desde esa revelación. Al principio, me pareció algo difícil. Me compliqué no sabiendo qué decir. Pero después de un tiempo, llegó a ser como natural. Comenzaba a orar sin darme ni cuenta.

Hace poco, cuando íbamos al gimnasio, enfrentamos una de esas tormentas de Texas en que hasta las ranas se ahogan. Casi no podía ver para manejar. La lluvia era intensa. El cielo estaba muy oscuro y yo me puse nerviosa. Después de algunos momentos, Abby preguntó: «¿Con quién estás conversando?». Su pregunta me hizo darme cuenta que había estado orando al Señor, pidiéndole que pasara la lluvia, sin darme cuenta que estaba orando. Había llegado a ser mi primer instinto. ¡Hurra! Estoy progresando. Por cierto no soy una Billy Graham, pero estoy disfrutando de esta continua conversación con Dios. Si no ha intentado hablar con Dios durante su día, ¡hágalo! Converse con Él respecto a todo. Es una forma maravillosa de vivir.

AL MAESTRO
Señor, ayúdame a orar todo el tiempo. Amén.

8 DE NOVIEMBRE

«Además les digo si dos de ustedes en la tierra se ponen de acuerdo sobre cualquier cosa que pidan, les será concedida por mi Padre que está en el cielo».

MATEO 18.19

¿Sabía que no necesita llamar a una línea de oración para lograr una respuesta? Cuando yo era niña, mi mamá estaba a cargo de la línea de oración telefónica en nuestra iglesia. Noche por medio recibía una llamada urgente de otra señora en la cadena de oración. Juntas, revisaban una lista actualizada de motivos de oración de personas de la congregación. A veces, mi mamá estaba en el teléfono por más de una hora. ¡Caramba! Esas son muchas necesidades de oración ¿verdad?

A partir de esa experiencia, crecí pensando que si tuviera una petición realmente urgente de oración, tendría que llamar el cuerpo local de oradores o quizás llamar a una línea de oración anotada debajo de un programa cristiano que estaba mirando en televisión. De alguna manera pensaba que ellos tenían más seguridad de recibir respuesta que yo. Absurdo ¿no?

Según este versículo de Mateo, si dos personas, *cualesquiera que sean*, se ponen de acuerdo en algo y se lo piden al Padre, será hecho. Bueno, tengo buenas noticias, ¡nosotros calificamos como cualquiera! Así que la próxima vez que tenga un motivo urgente de oración, reúna a sus niños y pídales que estén de acuerdo con usted al levantar su petición al cielo. ¡Las oraciones de la familia pueden mucho!

AL MAESTRO

Señor, ayuda a mi familia a establecer nuestra propia línea de oración. Amén.

9 DE NOVIEMBRE

«Mi ayuda proviene del Señor, creador del cielo y de la tierra.
No permitirá que tu pie resbale; jamás duerme el que te cuida».
SALMOS 121.2-3

Texas tiene terribles tormentas. El verano pasado, tuvimos una realmente preocupante. El cielo estaba oscuro y había un aviso de tornado en casi toda el área. Normalmente no me dan pánico las tormentas, pero Abby no estaba en casa. Estaba con una amiga en un parque de recreo. Traté de llamarla una y otra vez, pero no pude contactarla. A las 9 pm. yo estaba histérica. Ya a las 11 de la noche estaba por manejar en medio de la lluvia torrencial y buscar a mi niñita por todo el área del Metroplex de Dallas/Fort Worth. Quise llamar a varias de mis «compañeras de oración» de la iglesia, pero era muy tarde para molestarlas. Fue tan reconfortante saber que Dios no estaba durmiendo. Estaba esperando conmigo. Escuchó cada palabra de mi oración.

Resultó que el servicio telefónico estaba cortado en gran parte del área, por lo que Abby no me podía llamar, ni yo a ella. Había estado a salvo varias horas en casa de su amiga. Dios respondió mis oraciones. También responderá a las suyas, no importa en qué momento del día usted ora. ¡Él está en línea todo el tiempo!

AL MAESTRO
Gracias, Señor, por escuchar siempre mis oraciones. Amén.

10 DE NOVIEMBRE

«Dedíquense a la oración; perseveren en ella con agradecimiento».
COLOSENSES 4.2

¿Se queda dormida a veces durante sus sesiones de oración? Sea honesta. Está bien, yo también a veces dormito durante mi tiempo de oración. No me duermo intencionalmente, pero en ocasiones caigo en la tierra de los durmientes.

Como mamás (especialmente mamás jóvenes), logramos dormir tan pocas horas que cuando estamos tranquilas por unos momentos, tendemos a quedarnos dormidas. Cuando mis niñas eran ambas bebés (y muchas veces con diferentes horarios de sueño), siempre me quedaba dormida en mi tiempo devocionario. Pero sabía que Dios comprendía. Él no es un gran ogro en el cielo, esperando una razón para darnos un golpe en la cabeza. Él sabía que necesitaba el descanso, y no estaba enojado conmigo. Si tiene problemas para mantenerse despierta durante su tiempo de oración, Dios no está enojado con usted por eso.

Pída a Dios que la ayude a estar alerta durante sus períodos de oración, así como dice en Colosenses 4.2. Él la ayudará. Y aún si se queda dormida, Dios la estará esperando cuando despierte. No está ofendido. Está dispuesto a conversar con usted cuando esté lista.

AL MAESTRO

Gracias, Señor, por comprender cuando me quedo dormida durante nuestras conversaciones. Ayúdame a permanecer despierta y a estar más alerta cuando oro a Ti. Te amo. Amén.

11 DE NOVIEMBRE

«Dichoso aquel a quien se le perdonan sus transgresiones,
a quien se le borran sus pecados».
SALMOS 32.1

Cuando jugamos juegos de mesa en nuestra casa, resulta que a mis hijas no les gusta perder. Sí, son malas deportistas... ¿de dónde habrán sacado eso? Está bien, lo heredaron de mí, la peor perdedora de todas. ¡Soy *demasiado* competitiva para mi propio bien! Pero, también lo son ellas. Así es como generalmente pasa. Si Jeff o yo nos adelantamos demasiado, las niñas quieren comenzar de nuevo. Quieren limpiar el tablero y comenzar un juego nuevo. Por lo general, no queremos comenzar de nuevo porque queremos inculcar buenas cualidades en nuestras hijas, edificando su carácter aunque solo estemos divirtiéndonos. Pero, a veces, comenzamos de nuevo. Demostramos misericordia, así como lo hace Dios.

¿No es bueno que con Dios siempre podemos comenzar de nuevo? No importa lo que hayamos hecho. No importa cuán mal nos hemos portado. No importa cuán desilusionados estamos con nosotros mismos, Dios aún nos ama y nos perdona. ¡Y lo mejor de todo es que podemos comenzar de nuevo! Lo único que debemos hacer es arrepentirnos, y entonces podemos seguir adelante con nuestro Padre celestial. ¡Con Dios siempre ganamos!

AL MAESTRO
Señor, gracias por siempre limpiar mi pizarra. Te amo. Amén.

12 DE NOVIEMBRE

«Te cantaré, oh Dios, un cántico nuevo».
SALMOS 144.9

¿Está su vida de oración convertida en una rutina? ¿Repite siempre las mismas palabras vez tras vez, día tras día, mes tras mes, y año tras año? Si esto es así, está en una rutina permanente de oración. Y lo única forma de salir de eso es cantar una canción nueva. Alabe al Señor con una nueva canción como dice el salmo 144 versículo 9. No solo le pida a Dios que bendiga a todos, desde su esposo a Burbujas, su pez regalón. En lugar de eso, pase algún tiempo simplemente adorando al Señor. Dígale que Lo ama porque le ha dado hijos maravillosos. Dígale que Lo adora por tener un techo bajo el cual cobijarse. Alábelo por el alimento que le provee cada día. Sobre todo, alábelo porque murió en una cruz para que usted pudiera vivir.

Dios es un Dios bueno. Es digno de nuestra alabanza. Si tiene problemas en pensar en motivos por los cuales alabarlo durante su tiempo de oración, use la Biblia como ayuda. Cite Escrituras tales como, «Eres digno de mi alabanza porque Tu misericordia y Tu bondad duran para siempre». Alábele desde lo más profundo de su corazón, y deje atrás de una vez por toda esa pobre rutina aburrida.

AL MAESTRO
*Señor, gracias por todas las bendiciones en mi vida,
pero más que nada, gracias Señor, por ser como eres. Amén.*

13 DE NOVIEMBRE

*«Ahora bien, la fe es la garantía de lo que se espera,
la certeza de lo que no se ve».*
HEBREOS 11.1

La oración funciona. No funciona solo de vez en cuando. No solo funciona cuando ora a una cierta hora del día. No solo funciona cuando un ministro ora por usted. La oración funciona todo el tiempo. Existe un solo requisito, tener fe. Si está orando sin fe, entonces mejor olvídese. Tiene que creer en la habilidad del Señor para responder a sus oraciones. Tiene que saber que Él está dispuesto y que es capaz de suplir sus necesidades, cualesquiera que sean. Tiene que saber que Él es Todopoderoso, que todo lo sabe y es totalmente misericordioso.

Cuando Abby y Allyson eran muy pequeñas, yo quería desesperadamente trabajar desde la casa, pero no podía ver manera alguna de que pudiéramos subsistir sin mi sueldo. Vivíamos de un cheque de sueldo al otro en ese tiempo. Pero Dios sabía. Clamé a Él y le dije que sabía que Él podía suplir todas nuestras necesidades. No pasó mucho tiempo y me llegaron varias oportunidades de trabajo de escritora independiente, y pude dejar mi trabajo de tiempo completo y ver más a mis hijas. Dios escuchó y respondió mis oraciones. Hará lo mismo por usted, si solo tiene fe.

AL MAESTRO
Señor, ayúdame a orar oraciones llenas de fe. Amén.

14 DE NOVIEMBRE

«No se inquieten por nada, más bien, en toda ocasión, con oración
y ruego, presenten sus peticiones a Dios y denle gracias».
FILIPENSES 4.6

Tengo una amiga que ora diariamente por los futuros cónyuges de sus hijos. ¡Y sus hijos tienen solo cuatro y seis años respectivamente! Yo no había siquiera considerado hacer eso, pero cuanto más lo pensé, más cobró sentido para mí. Por eso, he estado orando regularmente por los futuros esposos de mis niñas. Oro que estén siendo criados en hogares cristianos, aprendiendo acerca de las cosas de Dios, y creciendo para ser hombres de Dios. Por cierto, no les diría a mis hijas que lo estoy haciendo porque se espantarían. Es un pequeño secreto entre Dios y yo. Pero algún día cuando se aprontaran por caminar por el pasillo de la iglesia con el hombre de sus sueños, les podré compartir mis oraciones secretas.

Mi amiga que me abrió los ojos respecto de orar por los futuros esposos de mis hijas me ha enseñado muchas cosas acerca de la oración. Ella ora por absolutamente todo. Ora por cosas que a mí no se me ocurriría traer ante Dios. Pero está viendo grandes resultados. Me ha desafiado a orar más, aún por las cosas pequeñas, y me emociona ver la manifestación de Dios en las vidas de mis hijas. La desafío a orar más también. No crea que algo es demasiado insignificante para traerlo ante Dios. ¡Él quiere escucharlo todo!

AL MAESTRO
Gracias, Señor, por interesarte en cada detalle de mi vida. Amén.

15 DE NOVIEMBRE

«Cuando Daniel se enteró de la publicación del decreto, se fue a su casa y subió a su dormitorio, cuyas ventanas se abrían en dirección a Jerusalén. Allí se arrodilló y se puso a orar y alabar a Dios, pues tenía por costumbre orar tres veces al día».

DANIEL 6.19

¿Está usted demasiado ocupada para orar? ¿Corre a 100 millas por hora todo el día? ¡Estoy con usted en eso, hermana! Es por eso que necesitamos tomar una lección de Daniel. Daniel fue un hombre sabio. Aprendió que para escuchar a Dios, necesitaba estar quieto. Como podrá leer en el capítulo seis de Daniel, él se detenía y caía de rodillas tres veces al día para orar a Dios. Sabía que tenía que escuchar a Dios antes de continuar adelante. Sabía que Dios bien valía su tiempo.

Debemos darnos cuenta de esa misma verdad también. No importa cuán ocupadas estemos con nuestros deberes de madre, necesitamos tomar tiempo para orar. Necesitamos buscar Su rostro regularmente. Si no lo hacemos, estaremos solo girando nuestras ruedas. Por lo tanto, no descuide su tiempo de oración. Dé tiempo a Dios, y Él se lo devolverá. No está trabajando en contra suya. Él está trabajando *para* usted. ¡Y juntos, los dos no pueden perder!

AL MAESTRO

Señor ayúdame a estar quieta para poder oírte. Amén.

16 DE NOVIEMBRE

«Jesús les contó a sus discípulos una parábola para mostrarles que debían orar siempre, sin desanimarse».
LUCAS 18.1

¿Está esperando que Dios responda una petición de oración muy importante? ¿Se está cansando de orar acerca de este asunto? ¿Piensa a veces que Dios se ha olvidado de usted y de su petición? Bueno, no lo ha hecho. Y no lo hará. Nos dice en Lucas 18 que debemos orar siempre y no darnos por vencidas. ¡Por tanto, siga orando! ¡No se desanime! Su respuesta y su victoria final pueden estar a la vuelta de la esquina.

Una vez entrevisté a una mujer que siempre había querido conocer a su verdadero padre. Él se había ido cuando ella era un bebé, y nunca había podido ubicarlo. Había clamado muchas veces a Dios que la ayudara en su búsqueda. Entonces, finalmente, después de más de cuarenta años todo se aclaró, y pudo reunirse con su padre. Fue una gloriosa reunión. De inmediato establecieron la relación que se había perdido debido a circunstancias desafortunadas. Dios los volvió a unir, y hoy están verdaderamente compensando por el tiempo perdido.

Esta mujer compartió conmigo que nunca se había dado por vencida. Cada año decía: «Este será el año en que encuentre a papá». ¿Qué hubiera sucedido si se hubiera desanimado después de solo treinta y nueve años? Por lo tanto, no se dé por vencida. No se detenga. Siga orando porque Dios aún está escuchando y obrando a su favor.

AL MAESTRO
Señor, ayúdame a nunca darme por vencida. Amén.

17 DE NOVIEMBRE

«Así mismo, en nuestra debilidad el Espíritu acude a ayudarnos.
No sabemos qué pedir, pero el Espíritu mismo intercede por
nosotros con gemidos que no pueden expresarse con palabras».
ROMANOS 8.26

Una vez leí esta hermosa declaración: «Dios oye más que palabras.
Él escucha el corazón», y siempre lo he recordado. Me encanta
ese pensamiento. Significa que aunque no pueda comunicar con
palabras, Dios conoce mi corazón. Escucha el clamor de mi corazón.

Cuando mi mejor amiga, hace unos años, dio a luz un bebé
muerto, no puede llegar hasta donde ella esa noche. Me sentí como
un millón de millas distante, y quería acompañarla. Clamé a Dios,
pero no sabía cómo orar. Estaba tan dolida por ella y por su familia.
No podía creer que el bebé para el cual nos habíamos estado
preparando todos esos meses ya se había ido al cielo. No podía
encontrar las palabras, pero el Espíritu Santo oró a través de mí.
Después de orar unos minutos, sentí una especie de liberación. La
pesadez me abandonó, y supe que mi amiga iba a estar bien. Sabía
que su bebé estaba cobijado en el regazo del Padre y que algún día
podríamos tomar en brazo a ese precioso niño. Si está dolida hoy y
tiene problemas en saber qué orar, solo clame a Dios. Él comprende.

AL MAESTRO
Gracias, Señor, por escuchar mi corazón. Amén.

18 DE NOVIEMBRE

«Les digo que, aunque no se levante a darle pan por ese amigo suyo,
sí se levantará por su impertinencia y le dará cuanto necesite».
LUCAS 11.8

Realmente no me gusta tener que pedir favores a mis amigos, porque nunca quiero incomodarlos. No quiero que vean mi número de teléfono en el visor y piensen: *Oh, es Michelle. Mejor no contesto. Puede querer algo.* Pero a veces tenemos que pedir ayuda. No hace mucho, estuve pegada en el tráfico de Dallas, y sabía que no podría llegar al colegio a las 3 p.m. a recoger a mis niñas. Estaba en problemas. Por fin sucumbí y llamé a mi amiga Karen. Ella generalmente deja que su hija vuelva a casa en bus, pero después de mi llamada de desesperación, dijo que estaría contenta de pasar al colegio a recoger nuestras niñas. ¡Oh!

Mientras yo le agradecía profusamente, me dijo: «Michelle, no hay problema. Sé que harías lo mismo por mí». Y eso era. ¡Ella no se sintió molesta ni fastidiada en absoluto! Estaba tan contenta de haberla llamado. Ella fue mi salvavidas ese día.

¿No es bueno saber que nuestras oraciones nunca le causan inconveniencia a Dios? Podemos pedirle ayuda a cualquier hora del día, por cualquier razón. ¡Permita que Él sea su salvavidas hoy!

AL MAESTRO
Gracias, Señor, por siempre estar allí por mí. Amén.

19 DE NOVIEMBRE

«Por eso les digo: Crean que ya han recibido todo
lo que estén pidiendo en oración, y lo obtendrán».
MARCOS 11.24

¿Ora usted en forma específica u ora oraciones extensas, amplias y generales? Si está orando oraciones generales está perdiendo mucho. Dios quiere que oremos específicamente acerca de los asuntos grandes y pequeños. Quiere que le traigamos todo a Él, pero no de una vez. Piénselo de esta manera. Sería como ir a una multitienda y decirle a su esposo: «Cómprame algo bonito». Puedes estar añorando un anillo hermoso, pero él le compra una bufanda bonita. No consiguió lo que quería porque no pidió específicamente un anillo. Es lo mismo con Dios.

En vez de solo orar por la paz mundial, ¿por qué no orar por la paz en su hogar? En vez de solo orar por la mejoría de la economía ¿por qué no pedir que su familia pueda salir de sus deudas? En vez de orar que sus hijos sean felices ¿por qué no orar que sus hijos caminen en los planes que Dios tiene para ellos? Tiene que darle a Dios algo con qué trabajar. Encuentre Escrituras en las cuales apoyarse. Confiéselas diariamente. ¡Alabe a Dios por las respuestas a sus oraciones y prepárese para sus milagros!

AL MAESTRO
Gracias, Señor, por preocuparte por las cosas grandes
y pequeñas en mi vida. Amén.

20 DE NOVIEMBRE

*«Un día le llevaron un endemoniado que estaba ciego y mudo,
y Jesús lo sanó, de modo que pudo ver y hablar».*
MATEO 12.22

Cuando la gente venía a Jesús por sanidad, Él no les decía: «Bueno, me aseguraré de colocar eso en mi lista de oración». No, allí mismo actuaba en el momento. A veces, ponía Sus manos sobre ellos. Otras veces, simplemente pronunció palabras de sanidad. Y una vez hasta escupió en la tierra e hizo una sustancia barrosa y lo colocó en los ojos de un ciego.

Vea, a veces la oración es lo mejor que podemos ofrecer. Pero otras veces, necesitamos orar y *actuar*. Cuando un misionero viene a nuestra iglesia necesitado de apoyo financiero, es bueno orar que sus necesidades sean suplidas, pero también es bueno ofrendar algo de dinero para él. Orando y actuando lo bendecirá más que solo si ora con él. En otras palabras, no use la oración como una excusa por no actuar cuando sabe que debería hacer algo.

Siga la dirección del Espíritu Santo y actúe sobre la base de su Palabra. Note que la Biblia dice: «Haced con otros...». Hacer significa actuar. Siempre es bueno orar por alguien, pero no se detenga allí. Vaya la milla extra y sea parte de la solución.

AL MAESTRO
*Señor ayúdame a ser lo suficientemente
compasivo para orar y actuar. Amén.*

21 DE NOVIEMBRE

«Y cuando piden, no reciben porque piden con malas intenciones, para satisfacer sus propias pasiones».

SANTIAGO 4.3

A veces nuestras oraciones no son respondidas porque no es el tiempo de Dios. Otras veces, no se responden porque no hemos orado con fe. Y aún otras veces nuestras oraciones no son respondidas porque oramos con la motivación equivocada.

Yo he sido culpable de esto. Hace algunos años, había estado orando todos los días que mis libros para niños llegaran a estar en la lista de los *best sellers* del *New York Times*. ¡Ese es el sueño de todo autor! Lo había confesado en fe, y sabía que iba a ocurrir. Entonces un domingo durante la alabanza y la adoración, el Espíritu Santo me hizo una pregunta: «¿Cuál es tu motivación para la publicación?». Tuve que arrepentirme. Sabía que mi motivación había estado equivocada. En vez de orar que mis libros para niños tocaran los corazones de los niños alrededor del mundo, había estado orando para que apareciera en la lista de *best sellers* del *New York Times*. Estaba avergonzada.

Es fácil caer en erradas formas de pensar, que nos llevan a la forma equivocada de orar. Por tanto, si no está viendo respuestas a sus oraciones, examine su motivación. Eso podría estar deteniendo su milagro.

AL MAESTRO

Señor, ayúdame a orar con un corazón puro siempre. Amén.

22 DE NOVIEMBRE

«¡Cuán bueno, Señor, es darte gracias y entonar, oh Altísimo, salmos a tu nombre; proclamar tu gran amor por la mañana, y tu fidelidad por la noche!».
SALMOS 92.1-2

Si usted es como yo, las mañanas llegan siempre demasiado pronto. Soy una lechuza nocturna. Me encanta la medianoche cuando en casa todos duermen. A esa hora estoy sola yo, Dios y mis pequeños perros salchichas. Las primeras horas de la madrugada (que yo considero tarde, tarde en la noche) son maravillosas para conversar con Dios.

Aunque sea usted una persona nocturna o madrugadora, use ese tiempo para alabar al Señor. El salmo 92 nos dice que es bueno proclamar el amor de Dios en la mañana. Ocupe esos primeros minutos de cada día alabando al Señor. Si no puede pensar de forma suficientemente clara para agradecer a Dios por cosas específicas que ha hecho por usted, simplemente lea varios salmos en voz alta. Dígale a Dios: «¡Te alabo hoy porque para siempre perdura tu misericordia!». Cante una alabanza, tal como, «Te amo, Señor, y levanto mi voz para adorarte. Regocíjate alma mía. Alégrate, mi Rey, en lo que oyes. Que sea un dulce sonido en Tu oído». Dé alabanzas a Dios en la mañana, y tendrá un día mucho mejor.

AL MAESTRO
Señor, ¡Te alabo hoy por quien eres! ¡Te amo! Amén.

23 DE NOVIEMBRE

«¿Está afligido alguno entre ustedes? Que ore».
SANTIAGO 5.13 (A)

Cuando supe que a Allyson le tendrían que sacar las amígdalas, no estaba nada contenta, especialmente cuando leí de todos los problemas que podrían producirse. Era bastante preocupante. Entre más pensaba en ello, más me preocupaba. Les pedí a mis padres que oraran que la cirugía resultara bien. Pedí a mis amigos que mantuvieran a Ally en oración. Puse a Ally en la línea de oración de nuestra iglesia. De hecho, hice todas estas cosas antes de ponerme de rodillas por mi hija. ¿No es patético?

¿Es orar su primera reacción? Santiago 5.13 nos dice que si estamos afligidos, debemos orar. No nos dice que llamemos a nuestra mejor amiga para que ore ella. No nos dice siquiera que llamemos a nuestro pastor para que ore él. Dice que ore *usted*. Está bien tener a otras personas que nos apoyen en oración, siempre que nosotros también oremos.

Si nuestros hijos nos ven volvernos a la oración como nuestra primera línea de defensa, ellos harán lo mismo. Caerán de rodillas en oración a la primera señal de problemas. Si podemos enseñarles a hacer eso, estarán siempre bien.

AL MAESTRO
Señor, ayuda a que mi primer instinto sea la oración. Amén.

24 DE NOVIEMBRE

«Les di de comer; y quedaron saciados; y una vez satisfechos;
se volvieron arrogantes y se olvidaron de mí».
OSEAS 13.6

Cuando estaba embarazada ¿no oraba todos los días por ese bebé que crecía dentro de usted? Cuando mi primer embarazo llegó a ser de alto riesgo debido al peligro de un parto prematuro, oraba casi constantemente. Pero, ¿adivinan lo que pasó cuando Ally nació perfectamente sana y yo había sobrevivido al trance? Dejé de orar tan a menudo. La crisis de miedo había pasado, así que mis oraciones fueron menos y más distantes. Era culpable del síndrome común de «corra a Dios en los tiempos malos, pero ignórelo cuando las cosas andan bien».

¿Alguna vez ha sido culpable de ese síndrome? Todos lo hemos sido. Hasta los israelitas, el pueblo escogido de Dios, fueron culpables de esto. Clamaban al Señor cuando necesitaban liberación del faraón, pero después que estuvieron seguros y lejos de su alcance, comenzaron a adorar a otros dioses. Fabricaron ídolos. Ignoraron a quien los había liberado al comienzo.

De cualquier forma que lo miremos, está mal. Y aquí va algo más para meditar, necesitamos a Dios en los tiempos malos y en los tiempos buenos. Aún si no sentimos que necesitamos a Dios en los tiempos buenos, sí lo necesitamos. Manténgase en contacto con Él todo el tiempo. Es la única forma de vivir.

AL MAESTRO

Señor, gracias por estar allí para mí en los
tiempos buenos y en los malos. Amén.

25 DE NOVIEMBRE

«En él, mediante la fe, disfrutamos de libertad
y confianza para acercarnos a Dios».
EFESIOS 3.12

¿Sabe lo me pone los nervios de punta? Esos sistemas telefónicos automáticos. Últimamente, Abby ha estado teniendo problemas a la vista, lo que indica que probablemente necesita una nueva receta de lentes. Como tenemos un nuevo plan de seguro, no sabía si cubría los lentes, de manera que llamé a nuestro proveedor para hacerle algunas preguntas. Por supuesto, respondió una grabación que indicó nueve opciones, y comenzó la pesadilla. Por veinticinco minutos, estuve perdida en un laberinto de números.

«Presione 1 para hablar con un experto en seguros. Presione 2 para comunicarse con reclamos. Presione 3 si usted es un farmacéutico». ¡Estuve tanto rato al teléfono que mi oreja se calentó! Por fin, fui transferida al destino que quería solo para descubrir que la oficina estaba cerrada. Procedí a gritarle al teléfono: «¡No estaba cerrada hace veinticinco minutos cuando comencé a llamar!».

Estoy tan agradecida que Dios no tenga un sistema de respuestas automáticas. ¿Se puede imaginar si lo tuviera? «Marque 1 para alabar. Marque 2 para entregar una petición de oración. Marque 3 para arrepentirse. Marque 4 por sabiduría. Marque 0 si esto es realmente una emergencia. ¡Aleluya, nuestro Padre celestial está asequible las veinticuatro horas del día, los siete días de la semana! ¡Llámelo hoy!

AL MAESTRO
Señor, estoy agradecida de que puedo entrar en Tu sala
del trono a cualquier hora. Te admiro. Amén.

26 DE NOVIEMBRE

«No se inquieten por nada; más bien, en toda ocasión, con oración
y ruego, presenten sus peticiones a Dios y denle gracias. Y la paz
de Dios, que sobrepasa todo entendimiento, cuidará sus
corazones y sus pensamientos en Cristo Jesús».

FILIPENSES 4.6–7

Cuando usted se presenta ante el Trono de Gracia y entra al Santuario de Dios, ¿lo hace arrastrándose sobre su vientre, llorando a gritos y quejándose, o camina y se arrodilla ante el Padre con acción de gracias en su corazón? Si es parecida a mí, esto dependerá del día. Pero nosotras nunca debemos arrastrarnos y lloriquear en nuestro camino a Jesús. Filipenses 4 nos dice que presentemos nuestras peticiones con acción de gracias.

Tengo una amiga que se llama Tracy que es enfermera, pero no es una enfermera como cualquiera. Ella ora por todos sus pacientes. Por supuesto, siempre les pide permiso primero, pero nadie ha rehusado hasta ahora. Ella no dice oraciones de desesperación o sin esperanza. Ora con fe y acción de gracias, y sus pacientes tienen un tremendo porcentaje de recuperación.

¿Qué clase de oraciones está usted orando? ¿Qué clase de oraciones está enseñando a sus hijos? Comience a alabar al Señor por las victorias que están en camino. No suplique a Dios que responda a sus oraciones, sino preséntese ante Él con la Escritura para respaldar sus peticiones. Como Tracy, ¡ore oraciones llenas de fe, y empezará a ver resultados!

AL MAESTRO

Señor, Te alabo por las respuestas que tienes para mi clamor. Amén.

27 DE NOVIEMBRE

«Así que mi Dios les proveerá de todo lo que necesiten, conforme a las gloriosas riquezas que tiene en Cristo Jesús».

FILIPENSES 4.19

«¿Mamá, me das cinco dólares?».

«¿Mamá, puedo ir al cine con Macy?».

«¿Mamá, puedo andar en bicicleta?».

«¿Mamá me puedes ayudar con mi trabajo?».

¿Hay días en que le gustaría cambiar su nombre de *mamá* por cualquier otro? Sea sincera. Hay días que se cansa de escuchar que le griten: «¡Mamá...!». ¿Verdad? Creo que cada mamá se siente así de vez en cuando. Cuando llego a ese punto, siempre respondo: «Mamá no está de turno. Por favor, deje su mensaje y encuentre la figura paterna de la casa. Su turno acaba de comenzar». Mis hijas, por cierto, ignoran mi sarcasmo y continúan bombardeándome con peticiones. Pero está bien, todo es parte del llamado a ser madre ¿no es cierto?

Esa es una de las razones por la que estoy tan agradecida con Dios. Él *nunca* se cansa de nuestras peticiones. ¡Podemos clamarle siempre, y nunca se cansa! De hecho, Él desea que le traigamos todas nuestras preocupaciones. Dice en Filipenses 4.19 que Dios responderá a *todas* nuestras necesidades, pero no responderá *a todo* si no le traemos todo a Él. Por tanto, adelante. ¡Clame a Dios ahora mismo!

AL MAESTRO

Gracias, Señor, por nunca cansarte de mis pedidos. Amén.

28 DE NOVIEMBRE

«Al acostarte, no tendrás temor alguno;
te acostarás y dormirás tranquilo».
PROVERBIOS 3.23

Hace poco leí un dicho muy simpático. Decía algo así: «Cuando no pueda dormir, no cuente ovejas sino que converse con el Pastor». Excelente, ¿verdad? Por lo general, no tengo problemas en dormir, pero de vez en cuando me he encontrado con noches de insomnio. Esto es así especialmente cuando tenemos alguna inquietud en casa. Cuando mis hijas están enfermas, tienen problemas en el colegio, o están dolidas por haberse disgustado con alguna amiga. En momentos así, es fácil cambiar una noche de descanso por una de insomnio.

Como mamás, queremos que todo esté bien para nuestros hijos. Es lo que hacemos. Pero aunque lo intentamos, no podemos arreglar todo. Y preocuparnos por lo que no podemos arreglar, tampoco ayuda. ¡Solo hace que perdamos sueño y necesitemos disimular las ojeras el día siguiente!

Por tanto, la próxima vez que las preocupaciones no la dejen dormir, deje de preocuparse y comience a orar. Clame al Buen Pastor. Él siempre está despierto y dispuesto a responder. Entregue su carga a Dios y luego duerma. Siga la sabiduría que hay en una canción que cantaba Bing Crosby en la clásica película Navidad Blanca: «Cuando estés preocupado y no puedes dormir, cuenta tus bendiciones en vez de ovejas, y te dormirás contando tus bendiciones».

AL MAESTRO
Padre celestial, Te agradezco por el dulce sueño
y las oraciones contestadas. Amén.

29 DE NOVIEMBRE

«Pero tú, cuando te pongas a orar, entra en tu cuarto, cierra la puerta y ora a tu Padre, que está en lo secreto. Así tu Padre, que ve lo que se hace en secreto, te recompensará».
MATEO 6.6

¿Ha oído usted alguna vez la expresión, «el arrodillarte te hace quedar bien parada ante el Padre»? Necesitamos encontrar tiempo cada día para orar. Eso puede requerir algo de planificación de su parte, especialmente si aún tiene chiquitos corriendo por su casa. Cuando Abby y Allyson eran pequeñas, solía escapar al baño para poder tener unos momentos a solas con Dios. No tenía un closet de oración, era más bien una tina de oración. Sin embargo, funcionó para mí. Podía tomar un poco de tiempo con el Padre en el santuario de nuestra tina de cerámica rosada.

Si tiene problema en encontrar tiempo de calidad para pasar con Dios, ¡haga un plan! Quizás leer la Palabra y orar no sea lo primero que pueda hacer en la mañana. La mejor hora para usted puede ser cuando los niños duerman siesta (¡asumiendo que todos duermen a la misma hora!). O, puede pasar un tiempo a solas con Dios después de acostarlos cada noche. Encuentre una hora que funcione para usted y manténgala. El Padre la está esperando...

AL MAESTRO
*Padre celestial, ayúdame a aprovechar cada momento
que podamos pasar a solas. Amén.*

30 DE NOVIEMBRE

«Jesús, por su parte, solía retirarse a lugares solitarios para orar».
LUCAS 5.16

«Retirar y reponer». ¿Recuerdas esa frase? Me ha ayudado mucho en los últimos años. Cada vez que siento que ya no tengo nada que dar, Jesús me recuerda que es tiempo de retirarme y reponerme. Al pasar tiempo de rodillas y en su Palabra, me vuelvo a llenar del amor, poder, fuerza, gozo y energía de Dios. Le entrego a Dios todas mis preocupaciones, enfermedades, asuntos, cansancio y mal genio, y Él me da todo lo bueno. ¡Vaya intercambio! ¿eh? Incluso Jesús reconoció la necesidad de retirarse y reponerse. Después de haber sanado a muchas personas y echado fuera demonios, necesitaba retirarse y reponerse también.

Si se siente agotada hoy, vuélvase a Dios. Permita que Él la energice otra vez. Permita que Él la llene de Su amor para que tenga amor que darles a sus hijos. Como mamás, tenemos que tomar nuevo combustible para poder ministrarles a nuestras familias.

Como mamás, nosotras damos el tono para el hogar. Si estamos estresadas y agotadas, nuestros hogares estarán llenos de estrés y confusión. Por tanto, haga un favor para usted y para su familia, y tome un descanso y repóngase. ¡Dios está dispuesto a llenarla!

AL MAESTRO
Señor, lléname con Tu amor y fuerza y gozo. Te amo. Amén.

1 DE DICIEMBRE

Entonces hizo este voto: «Señor Todopoderoso, si te dignas mirar la desdicha de esta sierva tuya y, si en vez de olvidarme, te acuerdas de mí y me concedes un hijo varón, yo te lo entregaré para toda su vida, y nunca se le cortará el cabello».

1 Samuel 1.11

Aunque personalmente nunca he tenido que luchar con la infertilidad, tengo una muy querida amiga que sí tiene problemas. Ella logró quedar embarazada y tener un bebé hace diez años, pero nunca volvió a concebir. Al comienzo, ella y su marido deseaban una familia numerosa, pero se han contentado con lo que Dios les dio. Le agradecen al Señor por su niñita todos los días. La infertilidad es un difícil camino por el cual andar, pero no han caminado solos.

Dios ha estado con esta amorosa pareja en cada paso del camino. A través de los dilemas médicos, de los gastos para un tratamiento de infertilidad, de las continuas decepciones, y de la decisión final de abandonar la idea de tener otro niño, Dios ha estado allí.

La infertilidad es un problema muy común. Solo el último año, hubo más de dos millones de parejas infértiles en los Estados Unidos. Oremos por aquellos que están experimentando este problema. Dios es todavía un Hacedor de milagros. ¡Estemos con ellos para este milagro!

AL MAESTRO

Gracias, Señor, por darme a mis hijos. Oro por aquellos que están tratando de concebir o adoptar. Por favor, dales paz y paciencia mientras esperan por un milagro. Amén.

2 DE DICIEMBRE

«Ana no lo acompañó. No iré hasta que el niño sea destetado,
le explicó a su esposo, Entonces lo llevaré para dedicarlo al
Señor, y allí se quedará el resto de su vida».

1 SAMUEL 1.22

Me encanta la historia de Ana. Ella anhelaba tanto tener hijos. Vio que la otra mujer de su esposo, Penina, fue capaz de tener muchos hijos, pero Ana no podía concebir. ¿Puede siquiera imaginarse cuán doloroso fue para Ana ver a Penina embarazada vez tras vez? Y como si esto no fuera lo suficientemente hiriente, Penina se burlaba de Ana por no tener hijos. Ana clamó a Dios, y Él escuchó sus oraciones, haciendo que concibiera.

Ana tuvo un hijo y lo llamó Samuel. Fue la respuesta a sus intensas oraciones. Pero ahora tenía que devolverle Samuel a Dios como había prometido. ¿Se imagina cuán difícil habrá sido eso? Pero ella lo hizo. Ana entregó a Dios a su hijo Samuel, como lo había prometido, para ser criado en el templo. Más adelante, Dios le dio a Ana tres hijos más y dos hijas. La honró porque ella lo honró a Él.

¿Está honrando a Dios hoy? ¿Le ha entregado sus hijos a Dios? Después de todo, Él se los dio. Entregar sus chicos a Dios es lo mejor que jamás pudiera hacer por ellos. Entrégueselos a Dios hoy y todos los días.

AL MAESTRO

Gracias, Señor, por mis hijos. Ayúdame a nunca
sentirlos como mi propiedad. Amén.

3 DE DICIEMBRE

«¡Gloríense en su nombre santo!
¡Alégrense de veras los que buscan al Señor!».
1 CRÓNICAS 16.10

Mis hijas están en la edad intermedia, entre ser niñas y ser adolescentes. Es una edad emocionante, llena de aventura y diversión. Pero también es una edad difícil. Quizás usted también tiene hijos en esa etapa. Si es así, está en el club «cool» conmigo. De repente, todo lo que yo sugiero o digo es totalmente «pasado de moda».

No sé como ocurrió, pero he llegado a ser la mamá que las hace ruborizarse, que escoge ropa ridícula para sus hijas y a quien se le ocurren juegos que dan pena en las fiestas. Justo cuando pensaba que estaba totalmente de moda, me han sacado la alfombra de debajo de mis pies. Por cierto, mis hijos todavía me necesitan, pero no tanto como antes. Hay días en que me siento totalmente inútil y siento lástima de mí misma.

Cuando paso por uno de esos días tristes, corro a Dios. En su presencia me siento completa y útil de nuevo. Él me edifica, dándome el gozo y la fuerza que necesito para seguir adelante. Me hace recordar sus promesas. Me ayuda ver un cuadro real de mí misma. Me hacer sentirme amada nuevamente. Por tanto, si está usted deprimida, vaya a Dios.

AL MAESTRO
Gracias, Dios, por amarme y edificarme. Amén.

4 DE DICIEMBRE

*«Si reparto entre los pobres todo lo que poseo, y si
entrego mi cuerpo para que lo consuman las llamas,
pero no tengo amor, nada gano con eso».*

1 Corintios 13.3

¿Ha leído esos maravillosos libros para niños de Laura Numeroff?
Usted los conoce, *Si le das un quequito a un alce* y *Si le das un
panqueque a un cerdo*. Hay un montón de verdades en esos libritos.
A veces usted da y da y nunca parece ser suficiente. Si es como yo,
usted da hasta que se enoja por dar tanto. Entonces, sigue dando
más pero con un espíritu equivocado. ¿Le pasa así?

Hace poco, dimos una fiesta Construye-un-Oso para el
cumpleaños número 9 de Allyson. Pagamos lo suficiente para que
cada niño tuviera un animal de $15 y un disfraz de $5. Una niñita que
asistió a la fiesta seguía pidiendo más dinero. Ella quería el disfraz
de porrista para su oso, pero ese también costaba $15. Dejó caer
indirecta tras indirecta, y por fin me pidió de frentón más dinero.
Obviamente dije que no porque no habría sido justo para los otros
chicos. Su espíritu mal agradecido realmente me perturbó.

Me hizo pensar: *¿Se sentirá Dios así alguna vez hacia nosotros?*
Él da y da y da, y luego nosotros decimos: «Señor, realmente quiero
el disfraz de barrista de $15 para mi oso... podrías darme más?».
No importa lo que pase, debemos siempre mantener un corazón
agradecido. La avaricia es fea, como quiera que la mire.

AL MAESTRO
Gracias, Dios, por darme tanto. Amén.

5 DE DICIEMBRE

*«Pues si ustedes, aun siendo malos, saben dar cosas buenas
a sus hijos, ¡cuánto más su Padre que está en el cielo
dará cosas buenas a los que le pidan!».*
MATEO 7.11

¿Le encanta darles buenos regalos a sus hijos? Las mamás somos dadoras innatas. Nos encanta bendecir a nuestros chicos. ¿Pero, sabe lo que he descubierto a través de los años? Podemos bendecirles de muchas otras formas además de simplemente dándoles las cosas que compramos. Unos de los más grandes regalos que me dieron mis padres mientras crecía no les costaron nada, pero los valoraré toda la vida. Por ejemplo, mis padres me hicieron apreciar la música de Frank Sinatra. Crecí cantando "Fly Me to the Moon" (Hazme volar a la luna), y «New York, New York». Mi padre me enseñó a bailar con la música del señor Sinatra. Hoy, tengo una gran colección de sus canciones y sus películas, y estoy educando a mis hijos en el curso «Sinatra 101».

Estaré siempre agradecida por que me enseñaron a apreciar canciones como "Old Blue Eyes" (Viejos ojos azules) pero, por cierto, el regalo más grande que me dieron mis padres fue el amor por Jesús. Crecí en un hogar cristiano, sabiendo quién era Dios y qué hizo Jesús por mí. Vea usted, no necesitamos tener mucho dinero para darles cosas buenas a nuestros hijos. ¡Si les enseñamos acerca de Jesús, les hemos dado el regalo más grande de todos!

AL MAESTRO
*Señor, ayúdame a enseñarles a mis hijos acerca
de Ti para que Te amen siempre. Amén.*

6 DE DICIEMBRE

*«En ti confían los que conocen tu nombre, porque tú,
Señor, jamás abandonas a los que te buscan».*
SALMOS 9.10

¿Confía usted en Dios? ¿Realmente confía en Él? Como cristianos, se espera que confiemos en Dios. Incluso nuestra moneda dice: «En Dios confiamos». Quizás confía en Dios en algunas áreas de su vida, pero le cuesta confiar en otras. Allí estoy yo. Me cuesta un poco cuando se trata de confiarle mis hijas. Diariamente debo declarar: «Señor, Te confío mis niñas, y Te agradezco por cuidarlas tan bien hoy».

No es que piense que pueda hacerlo mejor que Él. Eso sería totalmente ridículo. Lo que me cuesta es entregarle el control. Mire, confiar significa entregarle sus hijos a Dios. Quiere decir darle a Dios todas sus preocupaciones y temores acerca de sus chicos. Y, significa darle a Dios todos los sueños que tiene para ellos.

Si tiene problemas en confiarle a Dios sus hijos, vuelva a Su Palabra. Vuelva a leer todas las promesas. Aférrese a esas promesas. Puede confiarle todo, incluidos sus hijos.

AL MAESTRO
*Señor, te entrego mis chicos. Te entrego todas mis
preocupaciones acerca de ellos, y te doy todos
los sueños que tengo para mis hijos. Amén.*

7 DE DICIEMBRE

«El que ayuda al pobre no conocerá la pobreza;
el que le niega su ayuda será maldecido».
PROVERBIOS 28.27

Se acerca la Navidad. Un paso dentro del centro comercial, y se sabe que es época navideña. En las multitiendas resuenan los villancicos, mientras los compradores corren de un lado a otro para terminar sus compras. (Por si no ha terminado las compras de toda su lista, esto es para usted: «¡Atención compradores! ¡Faltan solo dieciocho días para la Navidad!»).

Todos estamos en esa onda de comprar regalos. ¡Es divertido! ¡Es demandante! ¡Es tradición! Y no es una actividad para la que todos tengan medios. Las fiestas no son tan alegres para los necesitados. Ellos no pueden comprar el último juguete de moda para sus hijos. No pueden comprar esas sudaderas de marca con accesorios en conjunto para sus niñitas. Pueden no tener ni siquiera dinero para todo lo que exige una cena navideña.

Si conoce una familia que responde a esta descripción, ¿por qué no adoptarla para las fiestas? Involucre a sus hijos en comprar para cada miembro de la familia adoptiva. Haga que sus chicos la ayuden a hornear galletas navideñas para ellos. Que esta sea una actividad divertida en la que toda su familia participe, enfocando el verdadero significado de la Navidad durante la fiesta. Entregue amor esta Navidad. Es en verdad el regalo que más dura.

AL MAESTRO

Señor, ayúdame a nunca perder de vista el real
significado de la Navidad. Amén.

8 DE DICIEMBRE

«Porque tanto amó Dios al mundo, que dio a su Hijo unigénito,
para que todo el que cree en él no se pierda,
sin que tenga vida eterna».

JUAN 3.16

¿Entrega a Dios lo mejor de usted? ¿Le da su mejor alabanza? ¿Le da su mejor atención? ¿Le da su mejor esfuerzo? ¿Le da su mejor amor?

Si no lo hace, no es la única. Todas fallamos en darle a Dios lo mejor de nosotras. En vez de ofrecerle lo mejor que tenemos, le ofrecemos las sobras.

Especialmente en esta época del año, cuando el dar es una parte importante de las fiestas, debemos asegurarnos que estemos dando lo mejor de nosotros al Señor. Necesitamos que nuestros hijos nos vean dándole lo mejor a Dios. Deje que ellos la vean levantándose treinta minutos más temprano en la mañana para pasar tiempo con Dios. Deje que ellos la vean dando más ofrenda. Deje que ellos la vean alabando al Señor en cada oportunidad que tenga. Deja que ellos la vean siendo amable con los extraños. Si ellos la ven sirviendo a Dios de todo corazón, ellos querrán hacer lo mismo.

Entregue a Dios lo mejor de usted hoy. Después de todo, Él nos dio lo mejor de Él cuando envío a Jesús hace más de dos mil años. Ciertamente merece lo mejor de nosotros.

AL MAESTRO

Padre celestial, ayúdame a darte lo mejor de mí. Ayúdame
a darte el primer lugar en cada situación. Te amo. Amén.

9 DE DICIEMBRE

«Así que en todo traten ustedes a los demás tal y como quieren que ellos los traten a ustedes. De hecho, esto es la ley y los profetas».
MATEO 7.12

Después del 11 de septiembre de 2001, mis niñas querían desesperadamente hacer su parte para sanar a los Estados Unidos. Escucharon en la radio que las personas podían dar sangre en la Cruz Roja Norteamericana para ayudar, y tanto Abby como Allyson me rogaron que las llevara. Me emocionó su entusiasmo, pero tuve que explicarles que eran demasiado jóvenes para donar sangre. Entristecidas de no poder ayudar así, se les ocurrió otro plan. Colocaron un puesto frente a nuestra casa para vender limonada y galletas. Ally sostuvo un cartel patriótico mientras Abby servía la limonada. Al final del día, habían reunido un calcetín lleno de monedas que pudimos enviar a la Cruz Roja Norteamericana.

Su entusiasmo me inspiró. Pensé: *¿no sería bueno si todos viviéramos cada día así... solo buscando las formas de ayudar a otros?* Me desafió a pensar en las necesidades de otros antes que en las mías. Espero que usted seas motivada a hacer lo mismo. No esperemos otra tragedia para sacar lo mejor de nosotros, comencemos a entregarnos hoy mismo.

AL MAESTRO
*Señor, ayúdame a dar, y ayúdame también a enseñarles
a mis hijos a vivir para dar. Amén.*

10 DE DICIEMBRE

«El camino de Dios es perfecto; la palabra del Señor es intachable.
Escudo es Dios a los que en él se refugian».
2 SAMUEL 22.31

Como mamás cristianas hacemos lo mejor que podemos. Como dice la Biblia: criamos a nuestros hijos en los caminos del Señor, y oramos por ellos regularmente. Los llevamos a la iglesia. Les ofrecemos palabras de sabiduría cuando se presenta la oportunidad. Tratamos de darles un buen ejemplo. Pero al hacer todo eso, ¿adivine qué? Nuestros hijos aún cometen errores. Aún nos decepcionarán. ¿Por qué? Porque son solo humanos. Y aunque nos gusta pensar que nuestros hijitos son perfectos, están lejos de serlo. No son más perfectos que nosotros. Es un pensamiento que asusta, ¿verdad? Hay solo uno que es perfecto, Y siempre que guiemos a nuestros hijos hacia Él, habremos hecho lo mejor que podamos hacer.

Y así como el Maestro nos perdona cuando nos descarriamos, necesitamos hacer lo mismo para nuestros chicos. Debemos ser misericordiosos y amantes como nuestro Padre celestial. De hecho, debemos emular a Jesús para que nuestros hijos quieran servir al Señor. ¡Por lo tanto, haga usted lo mejor que pueda y permita que Dios haga lo demás!

AL MAESTRO
Señor, ayúdame a siempre guiar a mis hijos hacia
Ti y a Tu Palabra. Amén.

11 DE DICIEMBRE

«Más le valdría ser arrojado al mar con una piedra de molino atada al cuello, que servir de tropiezo a uno solo de estos pequeños».
Lucas 17.2

¿Cómo es su testimonio? ¿Sabe que dondequiera que vamos, estamos testificando? Estamos testificando todo el tiempo, ya glorificando a Dios o dando un pobre reflejo de Él. Y, aquí está lo serio: nuestros hijos lo están captando todo. Son como esponjitas, absorbiendo lo que hacemos y decimos, todo el tiempo. ¡Caramba! ¿Ha pensado alguna vez en esa realidad? ¿Nuestros chicos pueden estar basando su opinión del cristianismo en nuestro comportamiento? ¡Oh!

Primero mi di cuenta de este hecho cuando Abby era muy pequeña. Era un loro en miniatura. Repetía todo lo que yo decía, bueno o malo. Una vez está hablando por teléfono con mi madre, y le dije que alguien había actuado como la cola de un caballo. Más tarde esa noche, cuando Allyson babeó sobre una de las muñecas favoritas de Abby, ella le dijo: «¡Tú eres la cola de un caballo!». Aunque fue divertido, fue triste también. Yo sabía exactamente donde había escuchado esa expresión, ¡de mí!

Por tanto, como dice la canción "Cuidadito mi boquita lo que dice", salga a dar un buen testimonio. Tiene a su lado una audiencia muy atenta.

AL MAESTRO
Señor, ayúdame a ser un buen reflejo tuyo en todo momento.
Ayúdame a guiar mis hijos hacia Ti. Amén.

12 DE DICIEMBRE

Jesús dijo: «Dejen que los niños vengan a mí, y no se lo impidan, porque el reino de los cielos es de quienes son como ellos».
MATEO 19.14

Los padres de hoy son bastante proactivos. Inscriben a sus hijos aún antes de nacer en listas de espera para los mejores parvularios del área. Establecen organizaciones de educación superior antes de que los niños hayan pronunciado sus primeras palabras. Los padres de hoy realmente piensan y planean por adelantado. Eso es bueno; sin embargo, muchos están descuidando la parte más importante de la vida de sus hijos, su salvación.

Aunque es maravilloso pensar tanto en una escuela de párvulos para nuestros pequeños, es mucho más importante asegurarnos que estamos asistiendo a una iglesia que va a nutrir y animar el desarrollo espiritual de ellos. Si están en una iglesia que no tiene un fuerte ministerio para niños, puede ser tiempo de buscar a Dios en un nuevo lugar de adoración.

Pida que el Señor le ayude a encontrar la mejor iglesia por el bien de sus hijos. Si asiste a una congregación que simplemente entretiene y cuida a los chicos, entonces comience a buscar otra. Seamos sinceras, ser un buen jugador de pelota no va a ayudar a sus hijos cuando enfrentan la presión de sus pares. Seamos pro activas respecto de la vida espiritual de nuestros hijos. Nada es más importante.

AL MAESTRO

Señor, Te ruego que me lleves a una iglesia que ministre de la mejor forma a mis hijos. Amén.

13 DE DICIEMBRE

«Pero el Señor le dijo a Samuel: No te dejes impresionar por su apariencia ni por su estatura, pues yo lo he rechazado. La gente se fija en las apariencias, pero yo me fijo en el corazón».
1 SAMUEL 16.7

¿Cuántas veces en su vida ha escuchado la frase «el corazón del asunto»? Probablemente cientos de veces. Pero, ¿alguna vez ha considerado su significado al referirse a su vida espiritual? Si no lo ha hecho, debería hacerlo. Podría totalmente cambiar la forma en que ora y los resultados que reciben sus oraciones.

Solía orar que el Señor hiciera que mis hijas no fueran tan inquietas todo el tiempo. Clamaba: «¡Dios, me están volviendo loca! Por favor, haz que dejen de pelearse y que sean amorosas una con la otra». Después de orar así por meses, el Señor me convenció de culpa. En esa voz apenas audible me susurró: «Tu corazón está mal. Estás orando egoístamente». Quería que mis hijas dejaran de pelear para que yo pudiera estar tranquila, no para el beneficio de ellas. La motivación de mi corazón estaba equivocada, lo que hizo que mi oración fuera inútil.

Una vez que el Señor me indicó el real «corazón del asunto», pude orar más eficazmente y así ver resultados casi instantáneos. Tuvo que estar bien mi corazón para que mis oraciones estuvieran bien. Si no está viendo resultados en su vida de oración, pida al Espíritu Santo que le controle el corazón. ¡Su motivación puede estar errada!

AL MAESTRO

Señor, ayúdame para que mi corazón sea puro ante Ti. Amén.

14 DE DICIEMBRE

«Cada uno ponga al servicio de los demás el don que haya recibido, administrando fielmente la gracia de Dios en sus diversas formas».
1 Pedro 4.10

Cuando era niñita, me encantaba entrar en nuestro negocio de barrio. Mi mamá me daba un dólar, y podía seguir comprando por siempre. Hoy, ese tipo de negocios de artículos de cinco y diez centavos son cosas del pasado, pero tenemos muchas tiendas de cosas por un dólar. Mis hijas se asombran especialmente de las mismas cosas que encuentran en otras tiendas por tres y cuatro dólares que solo valen uno en «Todo a un dólar». De hecho, me avergüenzan a veces al preguntarle al empleado: «¿Cuánto es esto?». Él solo indica el gran letrero arriba que lee: «TODO a un dólar».

Las niñas están rápidamente aprendiendo el valor de un dólar. Ahora que reciben mesada, se dan cuenta cuán difícil es ganar dinero y cuán fácil es gastarlo. Esa es una lección valiosa. Quiero que mis niñas crezcan y sean compradoras prudentes. Aprovecho cada oportunidad de compartir trucos de compra con ellas.

Como mamás, necesitamos darles a nuestros hijos pequeños bocados de verdad todos los días. Quizás pueda enseñarles cómo ser más sabios al comprar. Quizás pueda enseñarle a producir sus propios vegetales. Entrégueles sus conocimientos, y observe cómo crecen. ¡Es emocionante!

AL MAESTRO
Señor, ayúdame a reconocer las oportunidades para enseñar. Amén.

DICIEMBRE: «Dando sus hijos a Dios»

15 DE DICIEMBRE

«Por eso es necesario que prestemos más atención a lo que hemos oído, no sea que perdamos el rumbo».
HEBREOS 2.1

Cuando nació Allyson, Abby ya no tomaba biberón. Pero ¿adivinan lo que pasó cuando Abby vio a Allyson tomando jugo de una botella? Claro, comenzó a llorar por su «pa pa» también. «¿Dónde quedó mi pa pa?» preguntaba con las manos en las caderas. Si no recibía las respuestas que quería, simplemente iba, agarraba el biberón de Ally y se iba.

Es un hecho común que un niño mayor vuelva atrás un poco cuando un nuevo bebé entra en escena. Nosotros luchamos con eso, y quizás usted también lo hizo. Saben, los niños nos son los únicos que tiene este problema. Como cristianos, también volvemos atrás a veces.

Mi padre solía decir siempre: «Si no te estás moviendo más cerca de Jesús, entonces te estás alejando, porque es imposible quedarse en el mismo lugar». ¡Tiene razón! Si se preocupa de las niños y descuida su tiempo con el Padre, no quedará igual; se alejará. Luego, ya no estará consumiendo el alimento sólido de la Palabra y estará de nuevo bebiendo leche. No permita que eso ocurra. Haga tiempo para Dios para que siga adelante con Él todos los días.

AL MAESTRO
Señor, ayúdame a seguir adelante contigo todos los días. Amén.

16 DE DICIEMBRE

*«Así mismo, en nuestra debilidad el Espíritu acude a ayudarnos.
No sabemos qué pedir, pero el Espíritu mismo intercede por
nosotros con gemidos que no pueden expresarse con palabras».*
ROMANOS 8.26

Cuando estaba en octavo año básico, me hice mi primera permanente. ¿Recuerda el pelo de los años 80? Oh sí, yo quería tener ese «look». Bueno, la peluquera enrolló mis cabellos en palitos pequeños, por lo que se pueden imaginar lo que ocurrió. Mi pelo salió como si hubiera metido el dedo en un soquete de la luz. ¡Estaba tan crespo! Como pasa con todas las permanentes mal hechas demoró muchos meses en crecer. Una vez que por fin creció, prometí nunca más hacerme una. Luego, el verano de mi primer año en la universidad, me dejé convencer por una amiga para hacerme otra. Fuimos juntas y ambas salimos del salón con la apariencia de lastimeros poodles.

¿Por qué me había dejado convencer de hacer algo tan necio otra vez? Puedo llamarlo presión de los pares, pero yo permití que mi amiga me convenciera de algo que sabía que no era bueno para mí.

¿Adivinan qué? Nuestros hijos harán lo mismo si no les advertimos a tiempo. Hoy no son solo permanentes, son argollas en el ombligo y tatuajes. Antes que crezcan y quieran perforarse todas las partes del cuerpo, debemos darles 101 razones para no hacerlo. Y luego, apoyémosles con nuestra oración.

AL MAESTRO

*Señor, ayúdame para apoyar a mis hijos a que sean
fuertes frente a la presión de los demás. Amén.*

17 DE DICIEMBRE

«Jesucristo es el mismo ayer y hoy y por los siglos».
HEBREOS 13.8

Persistencia. Esa es la razón que los atletas son tan fuertes y ejecutan tan bien, entrenan persistentemente. No son como yo, no corren dos millas un día, y despúes dejan pasar cuatro o cinco días, hasta que encuentran tiempo para ejercitarse de nuevo. Es parte de su rutina diaria. Ser persistente marca la diferencia entre ser un trotador casual y un corredor ávido.

Es lo mismo en nuestros esfuerzos de crianza. Si damos amor incondicional un día, y le gritamos y regañamos el próximo día, nuestros chicos se confunden. Si exigimos que cumplan las reglas en una situación, y las descuidamos la próxima vez, perdimos la confianza de nuestros hijos. Si decimos una cosa y hacemos otra, sembramos dudas en sus mentes. Necesitamos la consistencia en todos los actos de nuestras vidas.

Hebreos 13.8 nos dice que Jesucristo es el mismo ayer, hoy y siempre, por lo que es lo máximo en consistencia. Ya que se nos manda ser como Él, tenemos el derecho de pedirle a Dios que nos ayude en esta área. El Espíritu Santo le ayudará con este aspecto de la crianza de sus hijos. No es fácil. Requiere esfuerzo, pero si se compromete a ser persistente en la crianza, sus hijos llegarán a ser consistentemente más felices.

AL MAESTRO

Señor, Te ruego que me ayudes a ser persistente en disciplinar y amar a mis hijos. Amén.

18 DE DICIEMBRE

«Hijo mío, atiende a mis consejos; escucha atentamente
lo que digo. No pierdas de vista mis palabras:
guárdalas muy dentro de tu corazón».
PROVERBIOS 4.20–21

¿Le ha pasado alguna vez que está escuchando una canción en la radio y de pronto usted comienza a cantar cada palabra, ¡sin tener idea si alguna vez la había oído antes!? ¿Verdad que es extraño? Me ocurrió el otro día. Tocaron una canción llamada "Alguien me observa", y apenas llegó la primera nota por el parlante, la recordé.

A menudo pensé que me parecía mucho al personaje Cliff en «Cheers», llena de toneladas de hechos e informaciones inútiles y triviales. ¿Es usted así? Bueno, no se sienta demasiado mal. Puede realmente ser algo bueno. Si podemos retener esa información inútil, quiere decir que también somos capaces de asimilar grandes cantidades de la Palabra. Solo tenemos que programar la Palabra en nuestro sistema para que esté allí cuando la necesitemos.

Si pasa mucho tiempo transportando a sus hijos de una práctica a otra, use ese tiempo en el carro como una oportunidad para la Palabra. Consiga la Biblia en CD, y comience a programar su mente con información útil. ¡Adelante, Cliff, sabe que lo quiere hacer!

AL MAESTRO
Señor, ayúdame a retener lo bueno y a compartirlo con otros,
especialmente con mis hijos. Amén.

19 DE DICIEMBRE

*No sean perezosos; más bien, imiten a quienes por
su fe y paciencia heredan las promesas.*
HEBREOS 6.12

Paciencia. ¡Uff! Es tan difícil tener paciencia, ¿verdad? Como madres, somos quienes hacemos las cosas. Nuestro lema es «¡Hazlo nomás!». No esperamos que otra persona actúe por nosotros y se haga cargo de la situación. Solo seguimos adelante y cumplimos la tarea. ¿Pero qué ocurre cuando no podemos solucionar el problema? Allí es donde entra en juego la paciencia.

La paciencia es poder, ¿sabía eso? Nos da la fuerza para mantenernos firmes cuando nuestras oraciones no son respondidas de inmediato. La paciencia sostiene nuestra fe hasta que el milagro se manifiesta. Quizás ha estado orando para que sus hijos vuelvan a Dios. Quizás ha estado firme esperando con fe por la sanidad de su hijo. Quizás ha estado orando para que pueda concebir otro hijo. Lo que sea, manténgase firme.

Si ha estado orando por algo desde hace bastante tiempo, y la respuesta no ha llegado, tenga paciencia. Dios no la ha olvidado. Él ha escuchado sus oraciones. Siga firme en fe, sabiendo que la respuesta viene en camino en Su tiempo perfecto. No se dé por vencida. No vuelva atrás. Siga adelante con paciencia.

AL MAESTRO
*Señor, ayúdame a esperar Tu respuesta con paciencia.
Te amo y creo en Ti. Amén.*

20 DE DICIEMBRE

«Así que no pierdan la confianza, porque ésta está grandemente recompensada. Ustedes necesitan perseverar para que, después de haber cumplido la voluntad de Dios, reciban lo que él ha prometido».
HEBREOS 10.35-36

¿Es usted una persona que se centra en el problema o en la solución del problema? Cuando mira un vaso que está medio lleno de leche, ¿lo ve medio vacío o a medio llenar? En otras palabras, ¿es una Polly Positiva o una Nelly Negativa? Bueno, si se siente hoy más como Nelly que como Polly, permítame animarla con algunas promesas de la Palabra de Dios.

«Les he escrito a ustedes, padres, porque han conocido al que es desde el principio. Les he escrito a ustedes, jóvenes, porque son fuertes, y la palabra de Dios permanece en ustedes, y han vencido al maligno». (1 Juan 2.14) «¡Pero gracias a Dios, que nos da la victoria por medio de nuestro Señor Jesucristo!». (1 Corintios 15.57)

«Lo que es imposible para los hombres es posible para Dios, aclaró Jesús». (Lucas 18.27)

Ya ve, no importa lo que esté enfrentando hoy, Dios le ha dado una promesa para manejarlo. No se centre en el problema. Medite en el Maestro. Él la ha hecho más que vencedora y ya ha garantizado su victoria. Por tanto, no se afane. ¡Regocíjese! ¡Tiene mucho que celebrar!

AL MAESTRO

Padre Dios, ayúdame a convertirme en una persona más positiva. Ayúdame, Señor, a estar más centrada en la Palabra y no en los problemas. Amén.

21 DE DICIEMBRE

«Exterminaré a la langosta para que no arruine sus cultivos y las vidas en los campos no pierdan su fruto», dice el Señor Todopoderoso. «Entonces todas las naciones los llamarán a ustedes dichosos, porque ustedes tendrán una nación encantadora», dice el Señor Todopoderoso.
MALAQUÍAS 3.11-12

¡Ch-ching! ¿Cómo está su cuenta de banco? ¿Están que echan humo sus tarjetas de crédito por sus compras navideñas? ¿Está endeudada hasta los ojos? Si es así, no es la única. Casi una de cada cien familias se declarará en banca rota; cuarenta y tres por ciento de familias estadounidenses gastarán más dinero del que ganan este año. Es una triste verdad, pero es una realidad en muchos hogares.

Aquí va otra realidad para usted: Dios está muy interesado en sus finanzas. Él quiere liberarla de sus deudas y proteger sus finanzas, pero tiene que darle esa oportunidad. La única manera de abrir esa puerta es por medio del diezmo. Cuando diezma, da a Dios el derecho legal de intervenir en su situación financiera. Como dice este pasaje en Malaquías, Dios impedirá que las pestes devoren nuestras cosechas. En otras palabras, cuando golpea la tragedia, Dios estará allí para rescatarnos. Por tanto, comience a dar hoy. Enséñeles a sus hijos a dar el diez por ciento a Dios, ¡y asegure su futuro financiero, también!

AL MAESTRO

Padre celestial, gracias por Tu promesa de proveer para mí. Confío en Ti. Amén.

22 DE DICIEMBRE

«Cuando vean la plomada en las manos de Zorobabel, se alegrarán
los que menospreciaron los días de los modestos comienzos. ¡Estos
son los siete ojos del SEÑOR, que recorren toda la tierra!».
ZACARÍAS 4.10

He descubierto que a menudo no les doy suficiente crédito a mis hijas. En vez de esperar que ellas escojan y hagan lo correcto, a menudo me preocupo de que no lo hagan. Luego, de vez en cuando, Dios me da un vistazo de lo que ellas son en Cristo Jesús, y me siento verdaderamente humillada.

Lo siguiente ocurrió recién la semana pasada. La mejor amiga de Abby ganó una competencia de escritura que Abby quería ganar. En vez de actuar mal cuando se anunció el nombre de su amiga, Abby saltó de su lugar y la aplaudió. No hubo resentimiento ni envidia alguna, solo alegría pura por su amiga. No me habría sentido más orgullosa de mi hija ni aun si hubiera ganado la competencia. Estoy tan contenta de que Dios me hizo mirar el precioso corazón de Abby.

A veces, estamos tan atrapadas en la tarea de ser padres que olvidamos cuán preciosos son nuestros hijos. Necesitamos darles más crédito porque son criaturas asombrosas. Aun cuando están pasando por «días malos» debemos verlos con ojos de fe. Pida al Señor que la ayude a ver a sus hijos como Él los ve. ¡Son preciosos a Su vista!

AL MAESTRO
Padre celestial, gracias por mis hijos valiosos.
Ayúdame a verlos siempre como Tú los ves. Amén.

23 DE DICIEMBRE

«Esto ha venido a confirmarnos la palabra de los profetas, a la cual ustedes hacen bien en prestar atención, como a una lámpara que brilla en un lugar oscuro, hasta que despunte el día y salga el lucero de la mañana en sus corazones».

2 PEDRO 1.19

Cuando mis hijas eran pequeñas, solo se dormían en sus dormitorios si las lamparitas del velador estaban enchufadas y brillaban bien. Si no funcionaban, o si me olvidaba de enchufarlas, las niñas rápidamente nos indicaban la falta de luz en sus dormitorios. No se quedaban a oscuras en una pieza.

Somos personas de luz. Somos una especie de polillas, la luz nos atrae. Eso es algo bueno. Deberíamos dirigirnos a la luz. Por cierto, Jesús es conocido como la Luz del mundo. Y, el salmo 119.130 dice que la entrada de la Palabra de Dios a nuestros corazones trae la luz que necesitamos. En otras palabras, la Palabra ilumina cada situación que se nos presenta.

Si está luchando con algo hoy, ¡diríjase a la Luz! La Palabra de Dios iluminará su situación y expulsará la oscuridad de la confusión. Adelante, diríjase a la Luz hoy.

AL MAESTRO

Padre celestial, gracias por la luz de tu Palabra.
Ayúdame a volverme a ella en cada situación. Amén.

24 DE DICIEMBRE

*«Lo hice para que puedas contarles a tus hijos y a tus nietos
la dureza con que traté a los egipcios, y las señales que realicé
entre ellos. Así sabrán que yo soy el Señor».*
ÉXODO 10.2

Todo se trata de la familia en esta época del año, ¿verdad?
Apuesto que su familia tiene maravillosas tradiciones en las fiestas.
Nosotros cada Nochebuena, vamos a la casa de mis padres y nos
quedamos allí. Jugamos y comemos muchas cosas que engordan,
y le permitimos a cada persona abrir un solo regalo. (Está bien, a
veces convencemos a mi mamá que nos permita abrir dos regalos
en Nochebuena, pero generalmente ella insiste en la «regla de un
regalo»).

Es mi noche favorita del año. No por los juegos ni por la comida
exquisita ni aún por los regalos. Es mi tiempo favorito porque
estamos todos juntos. Después de que todo se tranquiliza y los
niños no están tan inquietos, mi padre siempre lee la historia de la
Navidad. Y aunque la hemos escuchado mil veces, es igualmente
emocionante cada año. Y, a veces, hay un culto de testimonios
espontáneo donde cada uno comparte algo por lo cual él o ella está
muy agradecido por ese año. Es algo especial.

Cualquiera que sean sus tradiciones, espero que incluya a Jesús
en ellas. No permita a Santa Claus y sus renos tomar el centro del
escenario. Entregue a sus hijos el verdadero significado de la Navidad
este año. Jesús es el motivo de la fiesta.

AL MAESTRO
*Padre celestial, gracias por enviar a Jesús como
un niño hace unos dos mil años. Amén.*

25 DE DICIEMBRE

«Pedro se acercó a Jesús y le preguntó: Señor, ¿cuántas veces tengo que perdonar a mi hermano que peca contra mí? ¿Hasta siete veces? No te digo que hasta siete veces, sino hasta setenta y siete veces, le contestó Jesús».

MATEO 18.21–22

La Navidad es la época del año cuando hacemos muchos regalos. Es también el tiempo en que los miembros de la familia se reúnen, quizás la única ocasión en que todos están juntos. Si ha estado abrigando algún rencor contra alguien en su familia, quizás un hermano o un primo o con sus padres, entrégueles el regalo del perdón.

Quizás pensaba que había perdonado a ese pariente, pero cada vez que piensa en esa persona, un dejo de amargura llena su corazón. Despréndase hoy de esos sentimientos negativos. Perdone a esa persona.

Podría decir: «Michelle ¡esa persona ni lo siente!». Está bien. Esa persona no tiene que sentirlo para que la perdone. Pídale a Dios que ayude a su corazón a perdonar y a su memoria a olvidar para que inicie el próximo año libre de cualquier bagaje.

Entregue el regalo del perdón, y recibirá otros regalos a cambio. ¡Libertad, amor, gozo y más! Es tiempo de perdonar y olvidar. Permita que Jesús llene su corazón hoy de modo que no haya lugar para ninguna herida. ¡Y que tenga una Feliz Navidad!

AL MAESTRO

Señor, gracias por perdonarme. Ayúdame a perdonar a otros. Amén.

26 DE DICIEMBRE

*«Yo soy la vid y ustedes son las ramas. El que permanece
en mí, como yo en él, dará mucho fruto; separados
de mí no pueden ustedes hacer nada».*

JUAN 15.5

Los regalos ya han sido todos abiertos. Los programas navideños se han terminado. Los cantantes de villancicos están afónicos. Los niños ya están aburridos con sus nuevos juguetes y está segura de haber subido cinco kilos en las últimas dos semanas. ¡Estoy con usted, hermana! Tengo ganas de entonar «Se acabó la fiesta». La emoción de hacer compras, envolver regalos, y hornear galletas se acabó, ¡pero siempre uno puede ir a las ventas de después de Navidad! ¡Oh, sí!

En serio, ¿no se alegra de que la Navidad sea mucho más que regalos, villancicos, galletas y Santa Claus» Si no fuera así, estaríamos tan vacías al día siguiente. ¡Pero podemos celebrar la Navidad todo el año porque Jesús vive dentro de nosotros! Podemos levantarnos cada día con alegría para ver lo que Él tiene para nosotras.

Si conoce a alguien que está deprimido en esta fecha del año, ¿por qué no compartir a Jesús con esa persona? Involucre a sus hijos. Salgan a testificar como familia. Entreguen el regalo de Jesús, el regalo que siempre Él sigue entregando a la humanidad.

AL MAESTRO

*Señor, gracias por darme una razón para celebrar
cada día del año. Te amo. Amén.*

27 DE DICIEMBRE

«En cambio, el fruto del Espíritu es amor, alegría, paz, paciencia, amabilidad, bondad, fidelidad, humildad y dominio propio».
GÁLATAS 5.22-23

Recientemente estuve en una multitienda local, y la cajera detrás del mostrador estaba totalmente estresada. Pensé que iba a ahorcar a la mujer delante de mí. Se dijeron palabras muy feas una a la otra, que no le ayudó al humor de la cajera.

Grandioso, pensé, *y yo tengo que hacer un cambio. Le va a encantar tratar conmigo.*

«¿Tiene su recibo?» ladró.

«No, fue un regalo», dije amablemente.

«¿No recibió un recibo del regalo?» preguntó irritada.

«Uh... no».

«Bueno, tendré que darle el precio de liquidación entonces», me explicó, lo que era prácticamente nada.

«Está bien», dije. «Comprendo».

Luego comencé a preguntarle acerca de sus fiestas. Le hice un cumplido acerca de sus hermosos anillos y tuvimos una agradable conversación. Solo necesitaba que alguien fuera amable con ella. Vea, tuve que hacer una elección. Podría haberme irritado acerca del precio de liquidación que me dio, pero escogí permitir que Jesús brillara a través de mí. (Por cierto, no siempre hago la elección correcta, créame). Cada día tenemos oportunidades de compartir gozo o compartir cosas desagradables. Escoja el gozo. Nuestros espíritus gozosos ganarán a otros para Jesús. ¡Querrán lo que tenemos nosotras! ¡Adelante, y esté llena de gozo hoy!

AL MAESTRO
Señor, ayúdame a compartir Tu gozo con otros. Amén.

28 DE DICIEMBRE

Quiero alegrarme y regocijarme en ti,
y cantar salmos a tu nombre, oh Altísimo.
SALMOS 9.2

Cuando el año llega a su fin, usted estará probablemente reflexionando acerca de los últimos doce meses. Es una buena época del año para recordar y reflexionar, siempre que esas actividades mentales no la conduzcan por los caminos de pesar, remordimiento y culpa. ¡Hey!, todas hemos cometido errores este año. Sí, incluso las mamás cristianas hacen ocasionalmente cosas que desagradan al Señor. Pero, no deje que esos errores nublen sus celebraciones. Si se ha arrepentido, Dios ya la ha perdonado y los ha olvidado. Por lo tanto, haga usted lo mismo. Dios dice en Su Palabra que ha separado su pecado tan lejos como está el este del oeste, ¡y eso es mucha distancia!

En vez de sentirse culpable o apesadumbrada por sus errores pasados, ocupe este tiempo en pensar en las cosas buenas que Dios hizo por medio de usted y en usted este año. Piense en todos los milagros que Él hizo por usted y su familia.

Si lleva un diario personal, ocupe unos minutos para leerlo, y como dice la canción "¡Mira lo que ha hecho el Señor!", alabe a Dios por las victorias, tanto grandes como pequeñas. Deje que Él sepa hoy cuánto lo aprecia. ¡Alábelo hoy! Esa es la forma de clausurar un año y comenzar otro, ¡alabando a Dios!

AL MAESTRO
Señor, Te alabo por todo lo que has hecho
y todo lo que vas a hacer. Amén.

29 DE DICIEMBRE

«Todo lo puedo en Cristo que me fortalece».
FILIPENSES 4.13

¿Existe algo que haya estado dejando de lado? ¿Ha estado descuidando su tiempo con Dios porque está muy ocupada? ¿Ha ido dejando de lado esa dieta y esos ejercicios porque tiene miedo de fallar otra vez? ¿Ha parado de organizar su casa porque usted no cree que sea posible tener un closet que no explote cuando se abre? ¿También ha estado dejando de lado el tiempo de oración compartida con su familia, a pesar de que usted piensa que los niños lo necesitan?

Cualquier cosa que sea lo que usted está dejando de hacer, ¡es tiempo de retomarla! Y aquí va la mejor parte: ¡usted no está sola! Dios está justo al lado suyo, listo, anhelante y con toda la capacidad para ayudarla. La tarea parece inmensa, pero nada es demasiado grande para Dios. Solo acuda a Su pericia. Si necesita fuerza de voluntad para mantener un programa sano de comida, pídale a Dios que cambie sus papilas gustativas para que solo le apetezcan comidas sanas. Si necesita más tiempo para acomodar un espacio devocionario familiar, pídale al Señor que la ayude a organizar mejor su día. Él la ayudará. Todo lo que debe hacer es pedírselo.

AL MAESTRO

Señor, necesito Tu ayuda hoy. Ayúdame a lograr lo que he estado postergando por demasiado tiempo. No lo puedo hacer sola, pero sé que Tú me ayudarás. Amén.

30 DE DICIEMBRE

«Sométete a Dios; ponte en paz con él».
JOB 22.21

En esta época del año, oímos muchas palabras acerca de la paz.
Las personas envían tarjetas de saludo que dicen «Paz a su familia».
Todas las redes de televisión incorporan comerciales de saludos
por las fiestas que proclaman «Paz en la tierra». La paz es un tema
muy popular durante las fiestas, pero como cristianos, podemos
disfrutar de paz durante todo el año. Y, como mamás, necesitamos
tremendamente la paz, porque si no tenemos paz, nuestros hogares
no serán pacíficos. Nosotros ponemos el tono de paz en nuestros
hogares. Necesitamos permitir que la paz gobierne nuestros
corazones, nuestros hogares y nuestros hijos.

Si dejamos entrar a Dios y le damos el control total de nuestras
vidas, se nos garantiza la paz. Él es el dador de la verdadera paz.
La paz de Dios no es algo temporal. No es afectada por el mundo
exterior. Es la paz que sobrepasa todo entendimiento. Cuando Dios
toma control de sus circunstancias, sus desafíos, sus situaciones y
sus embrollos, trae paz a la escena. Jesús no solo fue llamado «el
Príncipe de Paz». Él es el Príncipe de Paz. Vuélvase a Él hoy. Dé
prioridad a la paz en su vida.

AL MAESTRO
Gracias, Dios, por traer paz a mi corazón y a mi vida.
Ayúdame a caminar en esa paz cada día del año. Te amo. Amén.

31 DE DICIEMBRE

«En cambio, el fruto del Espíritu es amor, alegría, paz, paciencia, amabilidad, bondad, fidelidad, humildad y dominio propio».
GÁLATAS 5.22-23

¿Recibió un canasto de fruta este año para la Navidad? ¿O un queque navideño? ¿Recibió uno? (Si no lo recibió, le enviaré uno de los queques de frutas que recibí yo. ¡Uf! No me gusta mucho el queque de frutas). Pero, quizás a usted le guste. O quizás le gusta regalar canastos de frutas a sus amigos y miembros de su familia en tiempo de Navidad.

Permítame decirle que hay algo mucho mejor que dar un canasto o un queque de frutas, es dar el fruto del Espíritu Santo. Y no solo tenemos que dar amor, gozo, paz, paciencia, amabilidad, bondad, fidelidad, humildad y dominio propio durante las fiestas, ¡podemos irradiar esas cualidades todo el año!

Nuestros hijos necesitan vernos andando en estas cualidades. Necesitan sentir que el amor, el gozo, la paz, la paciencia, la amabilidad, la bondad, la fidelidad, la humildad y el dominio propio operan en nuestros hogares. Por cierto, vamos a fallar de vez en cuando, pero mientras estemos creciendo en esos dones, eso es lo que vale. Dios no está llevando la cuenta de cuantas veces perdemos el dominio propio; al contrario, está celebrando con nosotros mientras crecemos en cada fruto. Por tanto, adelante. Irradie buenos frutos hoy, ¡y si quiere hacerlo, regale uno o dos queques de fruta!

AL MAESTRO

Gracias, Dios, por el fruto del Espíritu. Ayúdame a crecer en cada fruto este año venidero para que llegue a parecerme más a Ti. Amén.

ÍNDICE DE ESCRITURAS

4.32 20/5
5.1-2 10/2
5.4 23/8
5.15-16 21/3
5.20 15/5
6.13 21/9
6.18 14/3

Filipenses d/m
2.13 18/7
4.6 22/8, 14/11
4.6-7 26/11
4.8 28/3, 15/4
4.13 9/1, 3/4, 21/4, 2/6, 11/6, 16/7, 29/12
4.19 23/3, 27/11

Colosenses d/m
3.12 29/4
3.16 14/5, 23/10
4.2 10/11
4.5 22/3

1 Tesalonicenses d/m
2.6 19/5
5.14 22/10
5.16-18 4/11

1 Timoteo d/m
2.1-2 5/5
4.12 19/3

2 Timoteo d/m
2.15 4/10

Tito d/m
2.4 30/9

Hebreos d/m
2.1 15/12
4.16 26/7
6.12 19/12
10.22 24/6
10.35 19/9
10.35-36 20/12
10.36 5/4
11.1 8/6, 13/11
12.2 20/1, 20/4
12.6 24/9
13.6 31/10
13.8 24/3, 17/12
13.16 4/5

Santiago d/m
1.2 18/5
1.17 27/4
1.25 18/4
3.2 25/4
3.5 11/4
3.6 21/6
3.8 1/8
3.12 19/8
3.16 1/4, 19/10
4.3 21/11
4.14 17/5
4.15 31/3
5.8 1/3
5.13 23/11

1 Pedro d/m
1.22 28/2
3.10 20/8
4.10 14/12
5.7 2/1, 2/7

2 Pedro d/m
1.19 23/12

1 Juan d/m
3.7 21/1
3.18 21/8
4.16-17 3/2
4.18 28/4
5.4 17/10
5.14 17.6